本书系国家社会科学基金项目"《中国国际私法典》涉外民事专属管辖权规则编撰研究"（项目编号: 23BFX148）的阶段性研究成果。

国际私法中的
属人法研究

杨妙 著

Research on lex personalis
in Private International Law

WUHAN UNIVERSITY PRESS
武汉大学出版社

图书在版编目(CIP)数据

国际私法中的属人法研究 / 杨妙著. -- 武汉 ：武汉大学出版社，
2024. 9. -- ISBN 978-7-307-24439-9

Ⅰ.D997.3
中国国家版本馆 CIP 数据核字第 202440XD13 号

责任编辑:喻　叶　　　责任校对:鄢春梅　　　版式设计:马　佳

出版发行:**武汉大学出版社**　　（430072　武昌　珞珈山）
（电子邮箱：cbs22@ whu.edu.cn　网址：www.wdp.com.cn）
印刷:湖北云景数字印刷有限公司
开本:720×1000　　1/16　　印张:15　　字数:228 千字　　插页:1
版次:2024 年 9 月第 1 版　　　2024 年 9 月第 1 次印刷
ISBN 978-7-307-24439-9　　　定价:68.00 元

导　言

　　属人法是国际私法中常见的系属公式之一。"属人法"（personal law）源于拉丁文"lex personalis"，其本身含有"隶属于人的法律"的意义。根据主体不同，可分为自然人属人法和法人属人法。自然人属人法常以国籍、住所、惯常居所作为主要连结点，指用于解决自然人的身份、能力、婚姻、家庭、继承等问题的法律。法人属人法主要指支配法人的成立、存续和解散以及法人的权利能力和行为能力、法人的内部组织等问题的法律。属人法的适用直接关系到涉外民商事法律关系主体的切身利益，因而具有重大意义。

　　首先，属人法的适用将自然人、法人与特定国家法律相连，直接关涉涉外民商事法律关系中自然人、法人权利义务的分配。面对日益增多的涉外纠纷，属人法的准确适用有利于公平分配各主体间的权益，建设公正的法治环境。因此，属人法的研究具有现实意义。就自然人属人法而言，其适用不仅关系着法律适用，而且对管辖权、判决承认与执行均具有重要意义。就涉外案件管辖来说，自然人属人法连结点（如国籍、住所）是法院对某一案件具有管辖权的重要依据，就判决承认与执行而言，自然人属人法连结点是审查外国判决的重要内容。就法人属人法而言，各国法人属人法立法和规则主要遵循成立地理论（Incorporation Theory）和真实本座理论（Real Seat Theory），其中，分别以成立地和真实本座地确定属人法，前者主要为英美法系国家所采纳，后者主要由大陆法系国家所遵循。不同连结点的选用将直接影响法人在一国享有的权益。进一步规范我国法人属人法的适用，有利于为法人在我国开展经营活动提供司法保障，优化投资环境，促进我国经济发展。

　　其次，自然人和法人是涉外民商事案件的重要主体，而属人法与涉外主体间的利益具有密切联系，如何适用属人法是我国涉外司法实践中常见又重要的法律问题。因此，属人法的研究还具有实践指导意义。

自然人属人法，一般以大陆法系国家的国籍、英美法系国家的住所作为连结点，通过这些连结点建立自然人与某一地域法律之间的联系。随着全球化进程加速，国际民商事交往日益纷繁复杂，各国国内法和一些国际公约都广泛采用惯常居所作为属人法的连结点。我国在2010年颁布的《中华人民共和国涉外民事关系法律适用法》（以下简称《法律适用法》）中多次采用经常居所作为连结点，与国际惯用的"惯常居所"接轨，有利于涉外民商事关系的处理。为避免过于僵硬而难以适用于灵活的实践，大多数国际公约均未对惯常居所下一个准确的定义。我国2012年《关于适用〈中华人民共和国涉外民事关系法律适用法〉若干问题的解释（一）》（下文简称《司法解释（一）》）的第15条（现2020年《司法解释（一）》第13条）详细解释了经常居所，但我国司法实践表明仍然存在不明确之处，尽管自《法律适用法》颁布后，就如何解释经常居所，国内研究成果蔚为大观，研究角度非常丰富，已就确定经常居所的概念提出了原则性指导标准。但是，已有研究成果并未明确各标准之间的关系，以及未就自然人居住意图、生活中心提出详细的确定方式。然而，这些存在已久的研究空白，也正是我国司法实践中面临的亟需解决的问题。

同时，公司不仅是涉外民商事法律关系的重要主体，公司海外投资也逐渐成为重要经济活动形式之一。由于跨国法人不断复杂化，如何确定法人属人法已成为规范法人行为、营造良好营商环境的重要内容。我国《法律适用法》第14条规定，法人属人法以成立地主义为主，兼采真实本座主义，但司法实践并未能较好实现真实本座主义对成立地主义的修正作用。研究属人法的规范立场，明确法人"主营业地"的确定，可以进一步规范我国法人属人法的司法实践。

属人法研究意义重大，已有研究成果丰硕，分别有专门研究自然人属人法和法人属人法的成果，但并不存在同时研究自然人属人法和法人属人法的著作，尽管二者起源不同，但法人属人法源于自然人属人法已是共识，因此二者之间具有密切联系。过去研究成果也包括属人法的确定研究，但在具体确定要素上，仍存在诸多不明确之处，如自然人属人法中，有关惯常居所的客观标准的适用、法人属人法中有关主营业地的确定等，均需进一步明确，这也成为我国属人法司法实践中亟需解决的问题。

鉴于此，本书主要研究属人法的确定问题，以属人法的适用为主干。在梳理属人法连结点的历史发展、对属人法不同连结点进行概念辨析的基础上，结合国内外司法实践，着重分析当前我国属人法主要连结点的适用现状以及司法实践中有关确定属人法存在的问题，结合国际发展趋势和选择，为我国涉外民商事审判中如何抉择属人法连结点、准确适用属人法提供思路与方案。

具体内容安排如下：

本书前三章分别研究了自然人属人法的三个连结点：国籍、住所、惯常居所。第一章以国籍为主要内容，阐述了国籍的含义与特征，以属人法发展为主线，追溯国籍主义的历史演变，着重研究国籍的确定、冲突及解决。第二章以住所为研究对象，由于国际上不存在统一的住所概念，本章以两大法系中具有代表性国家的有关住所解释为基础，总结住所应包含的要素。探究住所的确定、冲突的解决，以及与近似概念间的辨析，并着重探讨了英美法系国家确定住所时对居住意图的考量。在自然人属人法的发展历程中，国籍和住所分庭抗礼几百年，惯常居所应运而生，并逐渐成为国际组织和各国最广泛适用的属人法连结点，如何确定惯常居所成为当前普遍适用的惯常居所的重要内容，这也正是第三章的主要研究内容，包括客观标准、主观标准、除外情形，同时研究了各标准的具体适用，以及各标准之间的关系，对惯常居所的确定进行了深入研究。

本书第四、五章是有关法人属人法的研究。第四章首先将自然人属人法与法人属人法进行比较，尽管二者主体、基础不同，但仍具有密切关联性。法人属人法在自然人属人法基础上发展，又因与自然人在国际上活动、规制的差异而超越了自然人属人法制度。尽管法人属人法由自然人属人法延伸而来，但追根溯源，法人属人法问题的产生是法人自身发展的需要，源于不断拓展业务的外国法人在内国是否同样具备法人资格。由于外国法人承认涉及外国法人认可，因此本章对外国法人认可的基本问题也进行了阐述。第五章对法人属人法的连结点进行了系统的研究。国籍、住所同样是法人属人法的连结点，但在实践中均需通过其他标准才能进一步确定法人国籍和住所。确定法人国籍和住所的标准中，也包括成立地、主事务所所在地、营业中心所在地等标准，与法人属人法两大理论——成立地主义和真实本座主义的连结点相吻合。在两大理论逐渐成为各国有关法人属人法理论的共识后，成立地和真实本座地也成为各国法人属人法的主要连结点。而后，法人属人法中成立地主义和真实本座主义之争就如同自然人属人法中国籍主义和住所主义之争一般，形成对抗之势。两大主义因为起源、价值取向不同，因而各有优劣并呈现对立之势。欧盟是两大主义冲突的集中区域，欧盟建立单一统一市场的要求与各成员国追求各自利益之间存在着直接利益冲突，因此，本章以欧盟为视角，进一步探讨真实本座主义式微之势、对成立地主义的修正等问题。

第六章在前述对于自然人和法人属人法研究的基础上，结合我国司法传统及司法实践现状，兼采比较分析法和案例分析法，详细阐述了最适合我国的属人法确定方式。本章同时对我国自然人属人法有关经常居所的确定标准进行了总结，在已有的立法和司法基础上，应继续保持客观与除外情形相结合的标准，并具体、细化客观标准的适用。就法人属人法而言，本章梳理了我国有关法人属人法的立法沿革和当前司法选择。成立地主义和真实本座主义是我国一贯的立场，即以成立地主义为主、真实本座主义为辅，但在我国司法实践中，真实本座主义未能较好发挥对成立地主义的修正作用，而主营业地的确定成为真实本座主义发挥纠偏作用的关键，因而本章也探讨了主营业地的确定问题。

目　　录

第一章　自然人属人法连结点之一：国籍

国籍随着国家的产生而产生，关涉国家与国民、国内与国际多重关系，在处理国际关系上具有重要意义。在国际私法中，国籍是重要的属人法连结点之一，自 1804 年《法国民法典》首次采用国籍作为属人法连结点后，国籍逐渐被大陆法系国家广泛接受和采用。

第一节　国籍的含义

国籍是一国赋予自然人权利和义务的依据，会直接影响自然人的身份地位和行为表现。通过国籍连接国家和自然人，是一国行使主权的体现，也是自然人在特定领域获取权利的基础。

一、国籍的概念

当人民在他们自己的主权政府下定居在一块土地之上时，一个正当意义的国家就存在了。因此，国家由领土、人民、主权、政权组织机构组成。[1] 一国在自己领土范围内通过政权组织机构对内享有最高权，对外行使独立主权，管理国家并促使国内状况良好运行、保障国家在国际上的地位，行使自身权力，赋予人民权利。主权体现着国家的身份地位，意味着在国内社会的最高性和国际社会的平等性。国籍则意味着自然人是否可以享受本国所赋予的权利和应履

---

[1]　[德]奥本海、[英]詹宁斯、[英]瓦茨修订：《奥本海国际法（第一卷第一分册）》，王铁崖等译，中国大百科全书出版社 1995 年版，第 92 页。

1

行的义务，直接关涉国家对个人的保护和管辖。通过国籍确定为一国国民或公民，以给予本国人和外国人不同等的待遇。因此，国籍的确定直接影响着自然人的法律权利义务，同时也透露着一国的政治取向。

（一）法律概念

国籍所蕴含的法律意义，既体现在自然人与国家之间的联系，也体现在自然人与国际法之间的联系。

就自然人与国家之间的联系来说，从不同主体出发包括着不同的内容，其中，从国家角度出发，赋予自然人国籍是一国行使主权的体现；从自然人角度出发，自然人有获取国籍的权利，在确定国籍之后，也享有国家所赋予的权利和义务。一方面，国籍法属于一国主权范围内的事项，因而有权决定其国民国籍的取得、丧失，是否允许本国人放弃本国国籍或外国人、无国籍人加入本国国籍，以及相应的程序、条件等均属一国国内管辖事项。如在奥本海默诉卡特莫尔①（Oppenheimer v. Cattermole）案中，英国上议院在判定原告奥本海默是否具有德国国籍时，是用德国国籍法来裁量的，即便是在本国领土范围内审理外国人是否具有外国国籍也需以该外国的国籍法为准。国籍法主要体现为国内法，欧盟虽然确立了欧盟公民资格，但是并未取代各成员国的国籍法。② 尽管国籍法被认为是一个国家主权范围内的事项，但是如果一国因为签订了某些国际条约，抑或是对他国有其所应承担的国际义务，则该国在国籍法的制定上也并非完全不受限制。另一方面，自然人的国籍是指自然人作为某一特定国家的成员而隶属于该国的一种法律身份，③ 这种身份通过自然人国民身份所附带的权利和义务来表达。一般认为，公民身份的存在和归属来自国家，自然人将拥有获取一国国籍的权利，这种权利是一种"自然"的公民身份，不是血统或特权出生地的意义，而是属于一个国家或社区的意义，在这个国家或社区中，国

---

① 李双元、蒋新苗主编：《现代国籍法》，武汉大学出版社 2016 年版，第 16 页。
② 何志鹏主编：《国际法原理》，高等教育出版社 2017 年版，第 155 页。
③ 刘仁山主编：《国际私法》，中国法制出版社 2019 年版，第 103 页。

家可以承认、撤销自然人的公民身份。但是，如果将公民权认为是一项人权，则意味着拒绝任何持续剥夺公民身份的行为，不得让自然人处于无国籍状态。① 《世界人权宣言》第 15 条将拥有国籍确立为一项人权，② 国际上有较多公约确立了自然人的国籍权，如几乎得到普遍批准的《儿童权利公约》(*Convention on the Rights of the Child*)③第 7 条和《公民权利和政治权利国际公约》(*International Covenant on Civil and Political Rights*)第 24 条第 3 款④均规定每个儿童拥有国籍的权利，为各国确保儿童具有国籍提供了强有力的法律基础。此外还有《残疾人权利公约》(*Convention of the Rights of Persons with Disabilities*)第 18 条，以及区域性公约，如《非洲儿童权利和福利宪章》(ACRWC)第 6 条、《美国人权公约》(ACHR)第 20 条和《欧洲公民权利公约》等均确立了自然人拥有国籍的权利。

国籍确立了个人与国家之间的法律联系，同时，国籍这一连接因素也将个人与国际法联系起来。正如奥本海所说，国籍是个人和国际法的利益之间的主要联系。⑤ 通过确定国籍身份，个人可以行使国际条约下缔约国国民应当享有的权利和优惠待遇。同时，国家所签订的国际条约在国内执行也会对自然人施加义务。通过国籍，确立个人在国家法律体系和国际条约中的权利和义务，同时，国际条约也是一国法律体系的组成部分，因此，国籍实际上是个人与一国之间的法律联系，体现了国籍的法律含义。

---

① Caia Vlieks, Ernst Hirsch Ballin & Maria Jose Recalde Vela, "Solving Statelessness: Interpreting the Right to Nationality", *NETH. Q. HUM. Rts.*, 35(3), 2017, p. 161.

② 1948 年《世界人权宣言》第 15 条规定：人人有权享有国籍；任何人的国籍不得任意剥夺，亦不得否认其改变国籍的权利。

③ 《儿童权利公约》第 7 条规定，儿童出生后应立即登记，并有自出生起获得姓名的权利，有获得国籍的权利，以及尽可能知道谁是其父母并受其父母照料的权利。缔约国应确保这些权利按照本国法律及其根据有关国际文书在这一领域承担的义务予以实施，尤应注意不如此儿童即无国籍之情形。

④ 1966 年《公民权利和政治权利国际公约》第 24 条第 3 款规定，每一儿童有权取得一个国籍。

⑤ [德]奥本海、[英]詹宁斯、[英]瓦茨修订：《奥本海国际法（第一卷第一分册）》，王铁崖等译，中国大百科全书出版社 1995 年版，第 293 页。

(二) 政治概念

自然人国籍属于一国国内法律，界定了一个自然人的法律身份，但国籍不仅仅是一个法律概念，也是一个政治概念。

各国制定的法律是统治阶级意志的体现，其中就包括政治意愿，国籍法的制定和修订均会体现统治阶级和时代背景的需要。同时，各国基于互相之间的政治关系，对具有特定国籍身份的国民区别对待，国籍是各国间因政治关系不同而给予不同国民不同待遇的标准。于自然人而言，通过国籍确定自然人的公民身份，是否具有该国国籍会影响自然人在一国的政治权利，无国籍人基本不可能在一个国家内担任政治要职。

国籍本身就起源于臣民效忠于其国王的观念，这种观念残余仍然存在着。① 国籍是个人对国家的单方面忠诚关系或服从关系。拥有一国国籍的自然人，应当自觉、主动、始终遵守国家法律规定、维护国家利益，自觉坚定正确的政治立场。对国家的忠诚既是一项道德倡导，也是一国的法律要求。如果发生背叛国家的行为，不仅会受到道德的谴责，也会受到法律的惩罚。比如，我国《刑法》中设立专章规定危害国家安全的罪名，对背叛、分裂国家，以及颠覆国家政权等行为进行惩罚。

国籍在国际公法和国际私法中均具有重要意义，但在二者间具有重要区别。就国际公法而言，通过国籍赋予自然人享有本国法律以及国际公约中的权利和对国家履行效忠等义务。拥有一国国籍意味着可享有该国所赋予的权利，包括国家设定的身份和特权，但这并不意味着该国法律的规则即是自然人的属人法。在国际私法中，国籍法是诸多民商事法律关系的依据，诸多大陆法系国家规定自然人应当服从自然人的国籍国法。在国际民事诉讼中，国籍也是允许原告行使诉权的依据。但是，自然人属人法并不一定就是国籍国法，还可能是住所地法、惯常居所地法，但国籍国赋予其公民的身份地位和特权是确定无疑

---

① ［德］奥本海、［英］詹宁斯、［英］瓦茨修订：《奥本海国际法(第一卷第一分册)》，王铁崖等译，中国大百科全书出版社1995年版，第294页。

的。政治统治阶级通过国籍这一标签赋予个人权利和义务，从国际公法角度而言，国籍概念的内容更偏向政治性，而不是法律性。

二、国籍的特征

国籍将个人和国家、国际相联系，兼具国际法和国内法含义，同时也产生政治、法律效果。随着国际法理论的丰富和实践的需要，国籍的主体已不限于自然人，广义上还包括法人、船舶和航天器。

(一)国籍的双重性

首先，国籍的双重意义主要体现在国籍兼具政治、法律意义，既通过国籍确立个人的权利义务，同时也确立个人的政治身份、服从关系。

其次，国籍具有国际国内的双重意义。一方面，通过国籍确定主体分属何国管辖和保护，确定国籍后，该主体应当受该国法律约束，国籍是一国以该主体为对象适用本国法律的依据。另一方面，有关国籍的取得、丧失、恢复等确定国籍的问题，属于一国主权管辖范围内的事项，应当由各国法律规定，但从国际层面而言，一国管理国籍的权力也受到国际法，尤其是国际条约的制约。除此之外，国籍在国际和国内双重层面上均会产生法律效果。在国际关系方面，国籍是国家对个人实行外交保护的根据，是个人在国际民商事法律关系中的属人法依据；在国内关系方面，国籍是确定自然人在本国享有权利和待遇的依据。

(二)国籍主体多元化

国籍本专属于自然人，对于法人是否具有国籍颇有争论，既有赞同法人具有国籍的呼声，也有认为法人不具有国籍的意见。法人是依法成立的，并同自然人一样具有独立的权利能力和行为能力，因而，也同样需要明确法人的法律地位。在国际经济快速发展，法人成为重要对外经贸主体的背景下，尤其需要区分外国法人与内国法人的地位，以此准确确定法人的法律地位。因此，国籍的概念也适用于法人，通过国籍确定法人与特定国家之间的固有法律联系，确定法人的权利能力、行为能力等事项。

　　船舶、航空器作为具有特殊意义的物，区别于一般意义上的客体，在法律上具有一定的人格，具有法律主体的一些属性。为了对船舶、航空器等进行有效管理及控制，需要确定此类主体的国籍，并由船舶、航空器的国籍国行使和履行对第三国的权利和义务。

三、国籍的法律意义

　　国籍是将个人与国家、国际联系起来的重要因素，既用以区分国内外关系，也影响主体的国际、国内权利。

(一)关涉主体法律地位

　　主权国家可自主决定赋予本国范围内的自然人、法人何种程度的待遇。尽管在国际民商事领域普遍实行国民待遇原则，但是在具体权利的享有上内外国人、内国法人和外国法人不可能完全一致，各国为维护本国的利益，对外国人会施以不同程度的限制。国籍的区别会直接影响自然人、法人在一国所享有的权益。

(二)判断是否属于涉外民商事法律关系的根据

　　法律关系是指在法律规范调整社会关系的过程中所形成的人们之间的权利义务关系，包括主体、客体、内容三大要素。认定是否属于涉外民商事法律关系时，同样需要从法律关系的主体、客体、产生变更消灭法律关系的事实出发。其中，关涉主体的内容就需要确定当事人双方的国籍，通过当事人一方或双方是外国籍人，或经常居所地在外国，认定是涉外法律关系。

(三)国际民事管辖权的根据

　　原告就被告，以被告住所地作为管辖权的依据，同样也是国际民事诉讼的一般管辖依据，但是有的国家，尤其是大陆法系国家也将国籍作为管辖权的依据之一。《法国民法典》第15条规定，"法国人在外国订约所负的债务，即使对方为外国人的情形，得由法国法院受理"。被告具有法国国籍也是法国法院管辖权的依据。

(四) 确定法律适用的依据

属人法是重要的系属公式之一，包括自然人属人法和法人属人法。自然人属人法决定着自然人权利能力、行为能力以及身份关系等方面应适用的法律。法人属人法支配着法人的权利能力和行为能力、法人的成立和法人的性质、法人的合并分立等事项的法律适用。国籍作为属人法的重要连结点，被各国冲突规范广泛适用，在涉及自然人、法人的上述事项上将直接影响适用何国法律，进而影响案件处理结果。

四、国际公法和国际私法关于适用国籍的区别

国籍在国际关系和国内关系上均会产生法律效果，其中在国际关系方面的法律效果主要体现在国际公法和国际私法上，但国籍在二者间所涵盖的法律内容存在以下区别。

第一，依据国籍确定的自然人权利范围不一。国际公法相较于国际私法而言，强调"公"，更多涉及公法、政治相关的权利。根据国际公法，通过国籍确定个人政治权利、效忠义务，以及国家对个人的外交保护。国籍在国际私法中的主要定位为属人法的重要连结点，用以确定涉外民商事法律关系中自然人权利能力、行为能力和身份关系等方面的法律适用和具体权利享有。

第二，解决国籍主要法律问题内容不一。国籍的法律问题主要包括国籍的取得、丧失、国籍冲突及解决。国际公法关于国籍的法律问题，主要包括国籍的取得方式和丧失原因，是从一般意义上解决国籍的确定问题。国际私法并不涉及国籍的取得与丧失，主要解决国籍冲突问题，且在国籍的确定问题上，仅仅涉及具体个案的国籍确定。

第三，解决国籍法律问题的依据不同。国际公法对个人国籍的确定主要由各主权国家依照本国国籍法的规定，而国际私法关于国籍的确定主要通过各国的国际私法、法律冲突法解决。二者均适用本国法律，但所适用法律领域、依

据不一。尽管法律依据不一，在国籍的确定上，最终指向结果可能相同，也可能均将他国确定为自然人的国籍国。然而，二者并非绝对区别，仍有共同的法律适用依据，如关于国籍冲突问题，国家间签订的双边、多边条约无论在国际公法还是国际私法领域均可适用。1930 年通过的《关于国籍法冲突的若干问题的公约》关于国籍冲突的规定适用于缔约国间有关国际法领域的国籍冲突情形。

国际条约中关于解决国籍冲突的规则较为详细，从已婚妇女、子女、养子等不同主体为角度确定国籍，或者从出生、变更、放弃、剥夺等不同行为方面确定国籍，直接明确以哪一国家国籍为准，从而避免产生或解决国籍冲突。相较之下，国际私法关于国籍冲突主要是通过冲突规范确定应当适用的国籍法。

第二节　国籍主义的历史演变

国家由领土、人民、文化、政权组织机构组成，人民是国家的重要组成部分。是否将自然人纳入本国范围，需要通过国籍这一连接因素确定实现，因此，国籍这一概念是随着国家的产生而产生的。从国际公法的角度来看，国家通过国籍确定自然人国别身份，以行使对自然人的管辖权和保护。外国人即使在他国有住所，但要在他国获得法律、政治意义上的人格，仍需通过继受取得等方式获取该国国籍才能实现。在国际公法中，确定自然人的政治、法律身份主要通过国籍实现，住所无法实现国别上的区分；而在国际私法中，确定涉外民商事法律关系中的管辖权、法律适用等事项时，住所、国籍均是属人法中重要的连结点，在不同地域和历史时期都占据着举足轻重的地位。

属人法是常见的系属公式之一，主要用以解决涉及人的身份、能力、亲属、继承等方面的问题，是通过国籍、住所、惯常居所等连结点进一步确定的准据法。属人法也是最古老的系属公式之一，伴随着国际私法的发展，在国际私法的各个发展阶段中均能寻找到属人法的身影，其在国际私法的发展中不断变化、丰富，也形成了自己的发展主线，呈现出其独特的发展模式。

属人法的连结点并非属于多方位散发式发展,从住所地主义到住所地与国籍并存,形成国籍和住所两大主义分庭抗礼几百年之争的态势,为缓解两大主义的对立,国际上逐渐衍生出惯常居所这一新的连结点,并受到越来越多的青睐和关注。

一、国际私法的萌芽时期:以住所、种族为连接因素

正如马克思主义唯物辩证法的阐述,物质决定意识,意识反作用于物质。法律作为客观存在的人类知识文化产物并非从一开始就存在,从深层次上看是在一定社会物质生活条件下产生的,随着时代背景的变化产生了新的规则。国际私法的产生有其特定的历史条件和背景,并随着时代的发展,不断涌现出解决法律域外效力的新见解。属人法作为国际私法中重要的系属公式之一,确定属人法的连结点随国际私法的萌芽、创设而逐步产生、丰富。

(一)罗马法时代:以籍贯地①为属人法连结点

罗马是一座城、一座信念之城、一座包容之城、一座给世界带来光明的城。以罗马为主体的文明是灿烂的,它不仅为地中海地区带来了两千年的恩泽,更为西方未来的发展规划了路径,确定了方向。② 古罗马给后世留下了经过两千年依然挺立的遗迹,也给世界文化添上了丰富而精彩的一笔。其中,罗马法是罗马人民天才的最高体现,是罗马人留给人类文明的一份最宝贵的遗产。

古罗马建国初期,认为自己疆域之外均为敌国,而敌国人民的权利不应受到保护。因此,罗马法只承认罗马市民是权利主体,外国人被视为敌人。罗马帝国不断扩展疆域并需要对外开展贸易往来,亟需处理公民与异邦人、异邦人与异邦人之间的利益冲突,由此开始出现"万民法"(Jus Gentium)。

---

① 关于 Origo 有不同的翻译,[德]马丁·沃尔夫:《国际私法(上)》,李浩培、汤宗舜译,北京大学出版社 2009 年版中翻译为"原籍地";[德]萨维尼:《法律冲突与法律规则的地域和时间范围》,李双元等译,武汉大学出版社 2016 年版中翻译为"籍贯地"。
② 杨共乐等:《古代罗马文明》,北京师范大学出版社 2014 年版,第 2 页。

罗马法时期，虽有万民法的产生，但尚未形成主权国家的概念，也不承认外国国民所享有的权利，万民法仍属于罗马国内法，也并非法律的适用规则，不适用外国法，因此并未产生国际私法。没有国家的概念自然就不存在国籍的区分，但仍需要建立自然人同一个城邦共同体的从属关系，罗马人选择以籍贯（origo）和住所（domicilium）作为建立此种联系的连结点：通过籍贯和住所确定自然人是否承担市政义务、是否服从市政官管理义务以及应否适用该市的法律作为其个人身份方面的法律；① 通过籍贯确立市民身份，通过住所确立居民身份。市民身份可以通过出生、收养、解放奴隶、选择这四种方式获取，通过多种方式同时获得多重市民身份时以出生地法律为准。获取市民身份方式的多样性会导致一个人在多个城邦确立籍贯，而同时又因居住在另一个城邦获取住所，而与该城邦确立居民身份建立联系，进而导致一个自然人要同时遵守几个不同地方的城邦法律，这显然不合理，因此自然人需要在不同城邦中选择并只遵守一个城邦法。当市民身份和居民身份冲突，也就是籍贯和住所不一致时，以籍贯地为准。因为获取籍贯的方式由客观事实决定，相对稳定，而获取住所的方式可由自然人自行选择和更改，可能出现自然人为获取利益而挑选住所的情形。

综上所述，古罗马时期以籍贯地和住所地作为自然人与一城邦共同体联系的连结点，当两者冲突时，以籍贯地为准，若同时有多处籍贯地，则以出生地为准。②

（二）种族法时代：以种族为属人法连结点

公元 324 年，罗马帝国在君士坦丁的统一下，君主专制达到一个新的高度，这虽保证了罗马帝国的短期稳定，但也为新的腐败提供了温床。在晚期帝国专制下，城市财政枯竭，城市居民生存空间缩小，频繁的民众反抗，加之内

---

① ［德］萨维尼：《法律冲突与法律规则的地域和时间范围》，李双元等译，武汉大学出版社 2016 年版，第 16 页。

② ［德］萨维尼：《法律冲突与法律规则的地域和时间范围》，李双元等译，武汉大学出版社 2016 年版，第 36 页。

部经济的衰落、外部日耳曼人等蛮族入侵，最终，在公元476年，西罗马帝国灭亡。罗马帝国灭亡以后，欧洲各民族迁徙频繁，导致政权分散和脆弱，为了巩固自己的政权，对流动的本族族民进行有效的管理，各民族选择以种族为属人法连结点确立自然人和本族的联系，进行有效管理。

(三)属地法时代：属人法的没落

公元5世纪，欧洲开始进入中世纪，逐渐强化的封建制度，使得属地观念不断增强，统治者为维护自己的权威，要求本国居住的自然人都必须绝对地遵守本地的法律制度，而各国人民之间的贸易往来使得严格属地性下的法律冲突越发突显。为促使经济发展，处理这种空间法律冲突十分必要，从而为国际私法的产生奠定了时代基础。

然而，严格属地主义的环境下，几乎没有属人主义存在和发展的土壤，自然也就不会产生属人法中连接因素的问题。

二、国际私法创设时期：住所地主义盛行，本国法主义萌芽

肇始于意大利为解决各城邦之间的法律冲突，以促进城邦间商业贸易发展的问题，巴托鲁斯从法律规则本身出发，将其分为人法、物法，解决法律域外效力。16世纪，因贸易中心从意大利转移到法国，法则区别说在法国得到进一步的发展。

意大利因为其优越的地理位置，成为连接东西方的重要交通要道，这促使贸易往来、经济交往日益频繁。严格的属地法主义限制了外国人的法律地位，一人离开原所属城邦到一个新城邦居住，其原本所拥有的财产、所享有的财产都不再合法化。为了进一步促进城邦之间贸易发展，需要打破严格的属地主义限制，由人的属地法管辖不再能够满足当时时代发展要求，属人法因此也有了新的发展土壤。但当时的意大利尚未形成统一民族的国家，国籍概念尚未出现，住所是确定属人法的唯一纽带。

巴托鲁斯从法则本身性质入手，将法则分为"人法""物法""混合法"。"人法"及于所到之处，包括非本国领土范围，其原意指人的住所地所属的法

律体系具有属人性质，这被认为是属人法的最初雏形。①

　　法国的杜摩兰承袭巴托鲁斯的法则区别说，主张将法则分为人法、物法和行为法，不同的是其主张这样划分的前提是未经当事人意思自治。杜摩兰极大地扩张了人法的适用范围，其所主张的意思自治原则冲破属地原则的禁锢，他国对人法的扩张适用，深化了住所地属人法的影响。

　　同时期的荷兰，"国际公法之父"格劳秀斯于 1618 年因残酷的政治斗争入狱，在牢狱和戏剧般的流亡生活中，其依然坚持学术研究，笔耕不辍，并于 1625 年向世人展现伟大的成果《战争与和平法》，首次提出主权这一概念，并指出主权的共同主体是国家。在国家主权理论的启示下，荷兰学者胡伯提出了著名的三原则，在坚持属地正义的基础上，提出只要不损害本国的利益，根据礼让，也可承认外国法的效力。国际礼让说的提出，使得国籍开始成为国际私法中需要考量的因素。

　　法则区别说对同时期各国国际私法的立法产生了深远的影响。在欧洲，1756 年的《巴伐利亚法典》、1794 年的《普鲁士法典》、1804 年的《法国民法典》、1811 年的《奥地利民法典》均受到法则区别说的影响。如《法国民法典》第 3 条②的规定概括了自巴托鲁斯以来法则区别说的研究成果，具有国际私法作用领域扩大、本国法主义诞生等重大意义。③ 在《法国民法典》之前，包括法国在内的欧洲大陆国家的国际私法立法，多以当事人住所地法为属人准据法。④《法国民法典》的颁布，开启了国籍作为属人法的连结点。

　　国际私法的创设时期基本都是从法律规则本身出发来研究法律的域外效力，从法则区别说到国际礼让说，从人法、物法、混合法的区分到因为国家之间出于礼让适用他国法律，属人法的连结点逐渐丰富，住所之外开始以国籍为

　　① 杜新丽：《从住所、国籍到经常居所地——我国属人法立法变革研究》，载《政法论坛》2011 年第 3 期，第 313 页。
　　② 1804 年《法国民法典》第 3 条规定："有关警察与公共治安的法律，对于居住于法国境内的居民均有强行力；不动产，即使属于外国人所有，仍适用法国法律；关于个人身份与法律上能力的法律，适用于全体法国人，即使其居住于国外时亦同。"
　　③ 韩德培主编：《国际私法新论（上）》，武汉大学出版社 2009 年版，第 56 页。
　　④ 陈卫佐：《比较国际私法》，清华大学出版社 2008 年版，第 175 页。

连接因素，并逐渐从住所变为国籍。

三、近代国际私法：本国法主义盛行

进入 19 世纪，国际私法学逐渐摆脱了"法则区别说"的束缚，出现了诸多影响深远的国际私法理论。德国法学家萨维尼、意大利法学家孟西尼、美国法学家斯托雷和英国法学家戴赛等，都提出了各自的法律适用主张。他们独具创造性的学说，为近代各国成文国际私法的产生和司法实践的发展奠定了基础。①

德国萨维尼从法律关系的角度出发，认为法律关系依其性质总是与一定地域的法律相联系，创立了"法律关系本座说"。他将涉外法律关系分为人、物、债、行为、程序等几大类。关于人的身份，应以住所地法为本座法，因为住所与自然人联系最为密切。萨维尼在研究住所理论时，认为罗马法中的籍贯和住所理论赖以产生的基础已经消失，但相对于籍贯来说，住所更为抽象的性质在现代社会依然存在和被承认，他明确地将住所作为属人法的连结点。

国籍概念产生以前，属人法的连结点只有一个选项，即住所。② 但近代以来，国籍不断迎合资产阶级的管理基础，本国法主义开始盛行。

19 世纪民族复兴运动兴起，孟西尼以国籍作为属人法的连结点迎合了意大利资产阶级统一国家和维护民族主权的愿望，在当时也产生广泛影响。孟西尼于 1851 年发表了"国籍乃国际法的基础"的著名演说，表达了他有关于国籍的主要观点，国籍的构成因素是一个国家的景色、气候、宗教、生活习惯、语言、居民的种族和历史的传统，人们通过对这些因素的共同感而产生精神上的一致并形成国籍。这也体现了个人和国籍之间的密切联系，从而决定个人人格理应由自然人国籍决定。一个国家的法律应适用于该国的所有公民，无论他们身在何处。因此，根据民族主义，所有与个人身份有关的事项，包括身份、家庭关系以及继承权，均应受个人的国籍法管辖。③ 在孟西尼国籍思想的基础

---

① 刘仁山：《国际私法》，中国法制出版社 2019 年版，第 40 页。
② 郭玉军、向在胜：《国际私法》，中国人民大学出版社 2023 年版，第 129 页。
③ ［德］马丁·沃尔夫：《国际私法（上）》，李浩培、汤宗舜译，北京大学出版社 2009 年版，第 41 页。

上，经过意大利、法兰西、比利时的发展，形成了包括国籍原则、公共秩序原则、意思自治原则为主要内容的孟西尼国籍国法说。

欧洲统一民族国家的建立促进了欧洲资本主义经济的发展，为进一步促进经济的发展，这些国家不断将爪牙伸向海外，寻找资源，扩张殖民地。为了控制海外殖民地以及海外移民，将国籍作为属人法连结点，以从法律上对他们进行更密切的控制，在当时背景之下国籍主义迅速在欧洲大陆"取得胜利"。在孟西尼的倡导下，国籍思想在意大利以外也产生巨大影响，19 世纪中叶以后，国籍连结点在欧洲国家的国际私法立法上甚为流行；19 世纪后半叶，国籍原则在欧洲大陆的一个又一个法典中取代了住所原则。由于国籍概念的出现，住所作为一种法律冲突连接因素在欧洲大陆的重要性开始减弱。

正是这一时期的发展将大陆法系和英美法系国家在确定属人法上区别开来，因为英美法系仍坚持以住所作为主要连结点，只要在本国有"永久意义上的家"，即可确定自然人在本国的法律地位，而不要求具有本国国籍。大陆法系在法律适用上多采用本国法，因为这些国家多为单一制，且在历史上是大量向外移民的国家，这样有利于对海外移民实行法律控制；英美法系多采用住所地法，因为这些国家多为联邦制，如英国法律制度由英格兰法、苏格兰法等组成，美国各州享有自己的立法权，运行着自己独立的法律制度。各邦人员在身份及能力方面产生的区际法律冲突只有通过住所地法才能解决，同时，通过住所地法还能对外来移民进行法律管辖，以便于当事人参加诉讼解决纠纷。

四、当代国际私法：住所地主义和本国法主义并行

20 世纪以来，我们经历了两次世界大战，民族解放运动蓬勃发展，殖民地通过斗争逐渐成为新型独立国家，殖民体系瓦解，同时陆续出现新型无产阶级掌握政权的社会主义国家。第二次世界大战后，在欧洲又出现了恢复住所地为属人法连结点的倾向，国籍和住所作为连结点并行发展。同时，各国致力于发展自己的政治经济文化，形成完善的法律制度，资本主义国家间也已形成具有不同法律特征的大陆法系和英美法系。

大陆法系追求法律的确定性和可预见性，以国籍作为连结点满足了大陆法

系国家此种法律价值追求。大陆法系国家以及受其影响的国家在属人法上一般采用国籍国法，如奥地利、德国、日本、意大利等。具体而言，奥地利1978年《关于国际私法的联邦法》第9条关于自然人的属人法规定，自然人的属人法，即该人的国籍所属国法律。如一人除了具有外国国籍外，还具有奥地利国籍，则以奥地利国籍为准。其他具有多重国籍者，以与之有最强联系的国家的国籍为准。① 1896年《德国民法典施行法》第5条关于属人法的规定，如果被指引的是某人所属国法律，而该人属于多个国家，则适用其中与该人有最密切联系之国家的法律，此种联系尤其可通过其惯常居所或者其生活经历来确定，如果该人还是德国人，则该法律地位具有优先效力。另外，该法第二节关于自然人的权利及法律行为、第三节家庭法等均以国籍作为主要连结点。② 日本2006年《法律适用通则法》以国籍作为人身关系准据法的主要连结点，③ 如该法第7条规定："人的行为能力，依其本国法。"然而，也有大陆法系国家不以国籍为主要连结点，如瑞士1987年《关于国际私法的联邦法》将住所地法置于首位。

在民事法律关系上，国籍更偏向于是一个政治术语，体现个人与国家之间的法律关系，人们跨境流动性的增强进一步削弱了对国籍的依赖，住所更能体现当地与个人民事权利义务方面的相关性。各国对国籍定义所引发的消极、积极冲突，阻碍了国籍在确定属人法时发生的作用，并选择在国籍无法确定时，以住所进行替代。面对国籍本身以及全球化发展下所面临的问题时，意大利、巴西等开始重新采取住所原则，还有的国家同时采用住所和国籍原则。

英美法系国家赋予了法官较大的自由裁量权，采用灵活的方式解决千变万化的事实争议，这一价值追求体现在属人法上主要采用住所地主义，如英国、美国大部分州、澳大利亚、丹麦、冰岛等国家和地区。其中，英国的住所制度相对完善，并注重主观居住意图在确定住所时的重要性，主观意图的灵活性要

---

① 邹国勇：《外国国际私法立法精选》，中国政法大学出版社2011年版，第114页。
② 邹国勇：《外国国际私法立法精选》，中国政法大学出版社2011年版，第4页。
③ 李倩、石宏：《日本〈法律适用通则法〉的立法》，载《中国人大》2010年第12期，第48页。

求法官具有更高素质，对个案进行具体分析。英美法系国家虽主要以住所地法作为当事人的属人法，但这并不等于当事人的国籍在准据法的确定方面不起任何作用，相反在某些情况下，国籍这个连结点在一定程度上或多或少会产生一些影响，如根据英格兰法，对于英国人在外国的结婚方式、外国人在英国的结婚方式、外国人收养英国人等几个方面的问题，起决定作用的不是当事人的住所，而是当事人的国籍。①

在属人法连结点的选取上，大陆法系国家以国籍为主，但也有国家开始采用住所原则；英美法系国家则以住所为主，但也有采用国籍的法律规定。两大法系分别以国籍、住所为主，同时兼采另一连结点的现象释放出两大法系开始尝试解决属人法连结点矛盾的信号。一贯以住所为主要连结点的美国在冲突法革命中也开始改用惯常居所。

美国第一次冲突法重述代表了传统的美国冲突法。第二次重述实质上改变了第一次重述，这是美国冲突法革命的结果。然而，前两次重述并未对国际冲突法规则和国际惯例给予太多关注。当前世界各国呈现出比以往任何时候都更加紧密的联系，要求各国关注国际统一化趋势。就属人法而言，国籍和住所分庭抗礼几百年之后，各国开始倾向于采用惯常居所为连结点。

美国具有如同英国一样相对完善的住所制度，即使在美国第二次冲突法重述中仍以住所作为婚姻、家庭等事项的主要连结点，住所在管辖权、法律选择上发挥着主要作用。当第二次冲突法重述难以满足时代发展，无法与世界惯常做法接轨时，2014 年美国法学会(American Law Institute)开始第三次冲突法重述起草工作，考察将惯常居所作为主要连结点，以符合属人法国际发展趋势。即使在起草第三次冲突法重述期间，一项以惯常居住地替代住所的提案也遭到了强烈抵制，因此，在新的重述草案中仍旧坚持使用了住所的概念。② 但为了回应国内外法律冲突的变化，公平地定位美国法律冲突，以满足全球化世界的

---

① 李新天：《论国籍冲突的解决原则》，载《武汉大学学报(人文社会科学版)》2000年第 3 期，第 346 页。

② Mo Zhang, "Habitual Residence v. Domicile: A Challenge Facing American Conflicts of Laws", *Maine Law Review*, 70(2), 2018, p. 197.

需要，美国第三次冲突法重述仍旧决定采用惯常居所。①

第三节　国籍的确定、冲突及解决

国籍的确定属各主权国家法律范围内的事项。尽管在世界范围内形成了大致的确定规则，但各国具体的法律规定并不一致，从而导致了国籍的积极冲突和消极冲突，出现多重国籍和无国籍的现象。解决国籍冲突，实现国籍唯一性原则，才能发挥国籍的法律效果。

一、国籍的取得与丧失

(一)国籍的取得

根据各国现行有关国籍的立法和实践，自然人获得国籍的方式主要是因出生和加入而取得，也称原始取得和继受取得。因出生而取得国籍又可分为血统主义、出生地主义和混合主义。在继受取得上，既有国内法上的原因，如归化、婚姻、收养等，又有国际法上的原因，如领土变更。②

1. 国籍的原始取得

原始取得即是因自然人出生而取得，因自然人的出生事实而获得。自然人出生事实具有客观性，但原始取得并非当然等同于依据出生地取得，因为各国只是依据出生这一客观事实确立自己的标准。纵观各国立法和实践，各国依据出生地事实确立了血统主义、出生地主义、混合主义。其中，血统主义是从自然人之间的血缘关系出发，子女出生时，依据其父或母的国籍确定子女国籍；出生地主义从自然人与地域之间的联系出发，依据自然人出生时所处地域国家范围确立国籍；混合主义兼采两者，自然人出生时，其父或母具有本国国籍，

---

① Mo Zhang, "Habitual Residence v. Domicile: A Challenge Facing American Conflicts of Laws", *Maine Law Review*, 70(2), 2018, p. 197.

② 刘仁山主编：《国际私法》，中国法制出版社 2019 年版，第 104 页。

或是出生在本国领土范围内，可获得本国国籍。采用混合主义的国家，有的以成立地主义为主，有的以血统主义为主，具体内容并不完全一致。

2. 国籍的继受取得

自然人除了出生原始获得国籍以外，还可以通过自身行为以及外界影响获得一国国籍。通过结婚、收养、自愿申请加入一国国籍，也可能因为一国领土的变更导致国家更朝换代进而影响国籍。

(1)因婚姻而取得。因婚姻而取得国籍主要是指婚姻关系中女子国籍的变化。一国女子在与他国男子结婚后，男子所在国法律规定外国女子与本国男子结婚或本国女子与外国男子结婚均取得男子所在国的国籍，即妇随夫籍。同时，对于该外国女子或本国女子是否丧失其原本国籍各国规定不一致，有的规定是当然丧失，有的则要求满足一定条件下丧失，也有国家对于女子原有国籍的保持与丧失不做规定。随着国际女权运动的发展，逐渐确立妇女国籍独立原则，妇女国籍不再因婚姻关系的改变而改变或是依附于丈夫的国籍。

(2)因收养而取得。因收养而取得主要是指在跨国收养中，被收养者可以获得收养人国籍。世界上大多数国家法律均承认赋予被收养儿童取得收养国国籍，即本国公民收养一个外国人为子女，该外国人即可获得本国国籍。

(3)因准正获得。在过去，婚生子女和非婚生子女的法律地位不平等，而通过准正可以使得非婚生子女获得同婚生子女相同的法律地位。一般而言，非婚生子女出生时取得其母亲的国籍，该非婚生子女因准正取得准婚生地位后，可取得父亲的国籍。随着时代的进步，越来越多的国家对婚生子女和非婚生子女一视同仁，给予同等法律地位，如我国《民法典》第1071条规定，非婚生子女享有与婚生子女同等的权利。非婚生子女法律地位的变化，使得准正对非婚生子女的国籍问题没有影响，并不再是获得国籍的一种方式。

(4)因国家领土变更而获得。领土的变更会导致国家继承的发生，而国家继承则必然涉及被继承国国民是否丧失原有国籍与取得继承国国籍的问题。一国领土的变更可因分裂、合并、分离、独立、割让等情形发生，导致的结果是被继承国完全消失，或是部分存在。如果被继承国完全消失或被消灭，被继承国国民必定丧失其原有国籍。但如果被继承国仍然有部分存在，则被继承国国民的国籍应当依据国家之间的条约或各国法律规定来确定。

（5）因个人申请获得。因个人申请获得国籍的方式以当事人意思自治为突出特点而区别于上述其他获得国籍的方式，依据婚姻、收养、准正等方式获取国籍是依照各国法律规定而取得，不由当事人自主决定。

自然人可申请入籍并不意味着国家必须接受，主权国家可自由决定是否承认和许可自然人申请入籍，但对于各国自然人申请入籍时是否当然丧失原有国籍在国际上并无统一规定。由于国籍不仅是一个法律概念，也是一个政治概念，赋予自然人国籍则意味着在本国可取得相应的政治、法律的身份和地位，因此，大多数国家对于申请入籍，都要求必须具备一定的条件，如满足一定的居住时间、掌握语言技能、了解当地文化、知晓当地法律等。

（二）国籍的丧失

自然人可申请加入或放弃一国国籍，但是否赋予或剥夺自然人一国国籍需由该主权国家决定。国籍的丧失分为自愿丧失和非自愿丧失两种。国籍的自愿丧失主要有申请出籍和国籍的放弃等，国籍的非自愿丧失主要有婚姻、收养、入籍等原因。[1] 继受取得国籍的原因同样会导致丧失国籍。

1. 自愿丧失

赋予自然人国籍是一国行使主权的体现，也是自然人通过国籍确定身份以获得外交保护的依据，而自然人可以放弃这一权利，申请放弃国籍。正如自然人申请入籍时需要满足条件和履行手续一样，申请出籍也需要一定的条件和流程。自然人具有本国国籍是申请出籍的前提，除此之外，还应当具备完全行为能力以能做出真实的意思表示，并且不具有在该国还有未完成兵役、刑事惩罚等事项未履行完毕的情形。

2. 非自愿丧失

通过婚姻、收养、准正、领土变更获得国籍，也同样可能因这几种方式丧

---

① 韩德培主编、肖永平主持修订：《国际私法》，高等教育出版社、北京大学出版社2014年版，第60页。

失国籍。如在早期，根据妇随夫籍，本国女子同外国男子结婚，则丧失本国国籍或在一定条件下丧失本国国籍；因为准正非婚生子女取得准婚生地位，从而获得其父亲的国籍。但随着男女平等、婚生子女和非婚生子女被平等对待的理念成为时代的印记，婚姻、准正已不再当然地成为丧失国籍的原由。

二、国籍的冲突与解决

各国关于国籍的法律规定千差万别是导致国籍冲突的主要原因。为消除和防止国籍冲突，各国和国际条约规定和达成了解决国籍冲突的原则、规则。解决国籍冲突的法律主要分布在各国国籍法、各国国际私法和国际条约，不同法律规定分别从不同角度切入，内容各有侧重。

(一) 国籍冲突的原因

国籍的取得和丧失由各国国籍法规定，而各国法律规定不一致，自然人因跨国民商事行为涉及多国法律规定时，必然引发国籍冲突问题。

1. 赋予自然人国籍是一国主权范围内的事项，具有自主决定权

国籍是一个兼具法律、政治意义的概念，满足何种条件才能赋予自然人国籍会涉及一国对多种利益的权衡与考量，诸多国家将与国籍相关的具体规则细化并以《国籍法》的形式展现，在确定自然人是否为本国国民的问题上不受他国影响。

2. 各国规定取得国籍的方式不一

有关国籍的取得有原始取得、继受取得，有关国籍的丧失有自愿丧失、非自愿丧失，各种方式又有更为详尽的区分。各国在具体有关国籍取得和丧失的方式上采取不一样的规定，由此导致一个自然人同时具有多个国家国籍或不具有任何国家国籍的情形屡见不鲜。比如，自然人在一个采用出生地主义的国家出生，但其父母国籍国采用血统主义，那么，该婴儿出生时就会具有双重国籍；如果自然人在一个采用血统主义的国家出生，但其父母国籍国采用出生地主义，那么该婴儿在出生时就会成为无国籍人。

3. 涉外民商事行为日趋复杂

城市现代化进程的推进，交通、通信的发展为自然人跨国民商事交往提供了便利条件，促使国际交往内容丰富、形式多样，国籍民商事法律关系日渐复杂。同一法律关系可能涉及多国主体，从而与多个国家建立联系，此时则会涉及多国国籍法，导致国籍冲突问题更为明显。

(二) 国籍冲突的表现形式及后果

国籍的冲突主要分为两种：国籍的积极冲突和消极冲突。国籍的积极冲突是指一个自然人同时具有多个国家的国籍，包括双重、多重国籍的情形。国籍的消极冲突指不具有任一国家的国籍，即无国籍。

1. 无国籍

国籍是个人和国际法之间的联系。正是通过国籍这一媒介，个人才能正常地从国际法中享受到好处。① 国家通过国籍赋予自然人公民身份，意味着要求自然人承担责任的同时，也应当受到本国法律的保护。具有国籍身份的保护更为全面。一方面可以享受本国法律规定所有的权利，以区别于无国籍者仅可有限享有《联合国宪章》中的基本人权。另一方面，当本国国民权利受到他国侵犯时，主权国家可行使外交保护，维护本国国民的权益，而无国籍人被他国侵犯或虐待时，则无法寻求此种保护。因此，无国籍人因为缺乏国籍，无法获得任何主权国家的保护，也难以取得与具有国籍身份的自然人同等的法律地位。

2. 双重或多重国籍

无国籍所带来的后果主要是涉及自然人个体的利益，而双重国籍会涉及两个或多个国家之间的利益冲突，甚至引发国家之间的冲突，后果更为严重。

双重国籍意味着个人具有两个国家的身份，应当同时对两个国家履行忠实义务，遵守两国法律规定，而当两国法律相冲突时，该自然人不免陷入尴尬的

---

① ［德］奥本海、［英］詹宁斯、［英］瓦茨修订：《奥本海国际法（第一卷第二分册）》，王铁崖等译，中国大百科全书出版社 1998 年版，第 293 页。

境地，以其中任一国家的法律为准，都是对另一国的背弃，从而引发国家之间的冲突，甚至可能引发两国战争。如 1812 年，英国对已在美国人籍的英国人要求回国服兵役，最终两国因服兵役的问题引发战争。除此之外，双重国籍还可能引发两国管辖权冲突、逃避一国法律制裁等现象发生。由于双重国籍可能引发的冲突问题，绝大多数国家对这一现象进行了长期的抵制，国籍唯一原则在 1930 年《关于国籍法冲突的若干问题的公约》、1948 年《世界人权宣言》等国际性条约中也得以确认，并成为国际社会关于国籍的一项基本原则。

然而，"二战"结束以来，诸多国家开始承认或默认双重国籍政策，到 21 世纪初，世界上已有 93 个国家的国籍法承认了双重国籍。① 这与"二战"后国际发展状况密切相关。首先，全球化趋势促使国家之间的关系日益密切，国际间人员、资本加速流动，双重国籍的产生难以避免，很多人在不经意间就会获得多个国籍。

其次，承认双重国籍有利于在海外工作的本国国民回国工作、创业，享有与本国国民同等的待遇和政策，在吸引优秀人才的同时也能带来先进技术，实现促进本国经济、科技发展的目标。

再次，"二战"后，和平观念深入人心，和平安全共同体形成了更加宽松的国际环境，工业化国家之间战争的可能性降低，社会转向后军事化形态，征兵制和强制兵役制重要性下降，各国无需像以往一样强调个人与国家之间的效忠关系、单一归属关系。

基于上述变化，进入 21 世纪以来，承认双重国籍的趋势加快，就连一度对双重国籍持敌视态度的韩国、越南等也开始承认双重国籍，另外，德国也在欧盟成员国范围内承认双重国籍。在国际移民已成潮流、全球化趋势不可阻挡的形势下，双重国籍或多重国籍已成为一种趋势。②

我国《国籍法》第 3 条明确规定不承认中国公民具有双重国籍，随着时代

---

① 张磊：《外交保护国际法律制度研究》，法律出版社 2011 年版，第 36 页。

② 李安山等：《双重国籍问题与海外侨胞权益保护》，江苏人民出版社 2016 年版，第 26~31 页。

的进步、国际环境的演变，也有学者提出对于特定主体采取分阶段分步骤的方式承认双重国籍。

(三)国籍冲突的解决

国籍冲突在国际公法上会使得自然人主体地位处于一种飘忽不定或需承担多重义务的状况，影响国家之间的关系，破坏国际秩序，在历史上甚至出现因自然人国籍冲突而引发国家之间战争的情况。国籍同时作为国际私法属人法中的重要连结点，在确定自然人身份关系、权利能力等方面应适用何国法律时发挥着关键作用。因此，解决国籍冲突，确定自然人国籍在国际法上具有重要意义。

1. 积极冲突

国际公法中关于国籍冲突的解决主要有国际条约和国内法规定。国际条约包括全球性条约和区域性条约。

国内立法关于解决国籍冲突的规则主要是相互原则、"条件条款"或"自动条款"。[①] 国际上解决国籍冲突主要依据国家之间缔结的条约，如 1930 年《关于国籍法冲突的若干问题的公约》第 5 条规定，"具有一个以上国籍的人，在第三国境内，应被视为只有一个国籍。第三国在不妨碍适用该国关于个人身份事件的法律以及任何有效条约的情况下，就该人所有的各国籍中，应在其领土内只承认该人经常及主要居所所在国家的国籍，或者只承认在各种情况下似与该人实际上关系最密切的国家的国籍"。该条确定了唯一国籍原则，并以居所或最密切联系原则确定国籍。还有针对国籍消极冲突而签订的 1961 年《关于减少无国籍的联合国公约》。区域间国家有关国籍问题的协议，如 1933 年《美洲国家间国籍公约》、1963 年欧洲国家签订的《关于减少多重国籍和在多重国籍

---

① 相互原则指：如果一国的立法者规定一个人在某种条件下应当具有该国国籍，那么他也应当承认在相应的条件下，另一个人应当具有另一国的国籍。"条件条款"或"自动条款"是指：规定加入本国国籍的外国人以退出其外国国籍为条件，加入外国国籍的本国人即自动丧失本国国籍。参见：李双元、蒋新苗主编：《现代国籍法》，武汉大学出版社 2016 年版，第 83 页。

情况下兵役义务的公约》，不断促使有关地区国家的国籍法日益趋向一致化国际合作精神，不断推动国际协商解决国籍冲突。①

国际私法上关于国籍冲突的解决主要依据各国国内的国际私法规定。1896年《德国民法典施行法》第 5 条规定，自然人多重国籍中，若有德国国籍，则以德国国籍为准，若多重国籍中没有德国国籍，则以与之有最强联系国家的国籍为准。各国国际私法在解决国籍冲突时，大多数国家区分是否具有内国国籍，并采用了最密切联系方式。

比如，1936 年《泰国国际私法》第 6 条、1978 年《奥地利国际私法》第 9条、1987 年《瑞士联邦国际私法》第 23 条、1999 年《斯洛文尼亚国际私法》第10 条、2002 年《俄罗斯联邦民法典》第 1195 条、2005 年《保加利亚国际私法法典》第 48 条、2007 年《马其顿共和国国际私法》第 11 条、2007 年《土耳其国际私法》第 4 条在解决多重国籍冲突时，均以本国国籍优先，对于多重国籍中没有本国国籍的情形，各国解决方式稍有不同，但基本形成了三种解决方式：

第一种是以最后取得的国籍为优，如《泰国国际私法》，如果多重国籍是同时取得的，再以住所所在地国或最密切联系原则确定。

第二种是"一刀切"的方式，即直接以最密切联系原则解决非本国国籍冲突。具体而言，奥地利、瑞士、土耳其直接以最密切联系国籍为准，一步到位解决非本国国籍的多重国籍问题。

第三种是指以公民住所所在国家为准，公民所属国没有住所时，再通过最密切联系原则确定。斯洛文尼亚、马其顿共和国先以公民住所所在国家为准，在其所属国没有住所的，才适用最密切联系原则；保加利亚以公民惯常居所所在国家为据，在其所属国没有惯常居所的，再适用最密切联系原则；俄罗斯对于非本国国籍的多重国籍情形以住所为准，虽然也采用的是"一刀切"的方式，但没有规定住所难以确定时如何解决。相比之下，以最密切联系原则作为"一刀切"的方式，更能灵活解决更多的国籍冲突情形。

与上述国家在解决多重国籍问题时采用的解决方式不同的是，2000 年《阿

---

① 李双元、蒋新苗主编：《现代国籍法》，武汉大学出版社 2016 年版，第 85 页。

塞拜疆国际私法》第 9 条规定，自然人的多重国籍以与其有最密切联系的国家为准。阿塞拜疆对于自然人多重国籍不再以本国国籍优先，而是对所有多重国籍冲突的问题采用最密切联系原则。我国 2010 年《涉外民事法律关系适用法》第 19 条规定国籍的积极冲突也未要求以本国国籍优先，而是以经常居所所在地国优先且以最密切联系的国籍国为补充。

从上述各国解决国籍积极冲突的方式来看，大多数国家选择区分多重国籍中是否具有本国国籍，并选择在此种情形下以本国国籍优先，在不具有本国国籍时，均落脚到最密切联系原则。确定自然人国籍本属于一国主权管理事项，因此在国籍冲突时选择以本国国籍优先是一国行使主权的体现，而最密切联系原则是国际私法中重要原则之一，以该原则兜底，在解决多重国籍方面更具弹性，能灵活处理日渐复杂的国籍冲突问题。

2. 消极冲突

国籍冲突的形式除了积极冲突外，还有消极冲突，从各国对于国籍消极冲突的法律规定来看，基本上选择以自然人住所所在国或惯常居所所在国为准。但各国在国籍消极冲突上，并没有规定当住所或惯常居所难以查明时如何处理，也并未规定最密切联系原则可用以解决国籍消极冲突的情形。

在诺特鲍姆案①中充分体现了自然人与国籍之间具有密切联系的要求。诺特鲍姆 1881 年出生于德国，因其父母均是德国人，因此取得德国国籍。他在 24 岁时离开德国，开始在危地马拉经商。1939 年在其 58 岁时成功申请加入列支敦士登公国，并在危地马拉外国人登记簿上更新国籍。1941 年危地马拉和美国对德宣战，在危地马拉的诺特鲍姆被当作敌国(德国)国民予以逮捕。列支敦士登政府认为诺特鲍姆已经取得本国国籍，因此向危地马拉申请对他的外交保护，但被拒绝。列支敦士登就此向国际法院提起诉讼，反对危地马拉逮捕诺特鲍姆和没收他的财产，并给予损害补偿和补救。国际法院于 1953 年确认对本案的管辖权之后，在 1955 年做出判决，驳回列支敦士登的请求，诺特鲍姆在德国和列支敦士登间的国籍冲突下，具有哪国国籍应依真实有效原则确

---

①　The Nottebohm Case(Second Phase)，I. C. J. Reports 1955，4.

定。诺特鲍姆加入列支敦士登国籍是在德国进攻波兰为标志的第二次世界大战开始后的一个多月里，诺特鲍姆加入列支敦士登的原因是列支敦士登为并未参加第二次世界大战的中立国，其加入列支敦士登具有偶然性和特定意图，另外，诺特鲍姆的主要生活、家庭、业务经营、社会事务主要展开地是德国和危地马拉，并未与列支敦士登建立密切联系。

从诺特博姆案来看，即便存在正式的法定国籍，但缺乏真正的联系，也不应被视为持有该国国籍。虽然对于本案可否适用真正联系存有争议，因为一般认为真正联系原则应适用于解决双重国籍问题，而在该案中，诺特鲍姆在获得列支敦士登国籍后就已丧失了德国国籍，其并不具有双重国籍，但是将真正联系原则运用于双重国籍目的在于确定哪一国家与自然人具有更密切联系。在本案中，判断诺特博姆与德国、列支敦士登的联系程度正是最密切联系原则在确定国籍时的运用。该案中确定自然人国籍的考量要求表明确定自然人国籍需考量其与一国是否具有密切联系。自然人取得国籍的最主要方式是依据血统、出生地直接取得以及因婚姻、收养等加入取得，实际上，这些取得国籍的理由在国际法中通常被认为构成了与国家的充分密切联系。

国籍会直接涉及自然人权利的享有和义务的划分，因为国籍并非不加区别地授予的，而是通常反映了个人与国家之间存在的既定联系，这一逻辑也同样可以适用于解决无国籍冲突，一个人应该有资格从与其有实质性关系的国家获得公民身份。[①] 一个国籍，以及任何解决无国籍状态的办法，都应该基于有意义的联系。

个人与国家之间的真正联系，实际就是个人与国家间的最密切实际联系。根据最密切联系原则，当事实情况表明自然人与某一国家、某一地区具有最为密切的联系时，则具有赋予其国籍的基础。而在具体判断上述有意义、较为密切的联系时，可以通过诸如居住期间、自然人的家庭关系、社会关系等客观方面考量自然人与该地区的社会环境是否具有密切联系，同时从自然人持续居住

---

① Caia Vlieks, Ernst Hirsch Ballin & Maria Jose Recalde Vela, "Solving Statelessness: Interpreting the Right to Nationality", *NETH. Q. HUM. Rts* 35(3), 2017, p. 171.

的主观意图考量其与当地是否具有强烈的情感联系，通过主客观方面确定自然人与某一国家的联系。

3. 我国关于国籍冲突的解决

我国 1980 年《国籍法》关于国籍取得和丧失的规定，可用以解决国籍冲突问题。该法第 7 条对于无国籍人，如若愿意遵守中国宪法和法律，且满足中国人的近亲属、定居在中国等任一条件，则可申请加入中国国籍，解决国籍消极冲突。第 8 条、第 13 条分别对于被批准加入和恢复中国国籍的自然人，均要求不得再保留外国国籍，从而避免产生双重国籍问题。

我国《国籍法》从国籍的取得与丧失这一涉及产生国籍的源头避免国籍冲突问题，2010 年《涉外民事关系法律适用法》则直接针对国籍冲突问题，针对性地解决国籍冲突。该法第 19 条规定："自然人具有两个以上国籍的，适用有经常居所的国籍国法律；在所有国籍国均无经常居所的，适用与其有最密切联系的国籍国法律。自然人无国籍或者国籍不明的，适用其经常居所地法律。"通过该条的适用，确保涉外民商事法律关系中能确定唯一的国籍国法律。

除此之外，我国与他国签订的双边条约，以及加入的多边条约，涉及解决国籍冲突的内容也是我国解决国籍冲突的依据。

(四) 国际公法与国际私法解决国籍冲突的区别

国籍作为国际法上一个特有且重要的概念，其在国际法的分支中又发挥着不同的效用，这在国际公法与国际私法的对比中尤为明显。国际公法主要调整国家之间的政治、经济、外交、军事等关系，而国际私法主要解决涉外民商事法律冲突问题，两者因调整对象不一样，在调整目的和调整方式上也存在差异。作为国际法的两大研究方向，国际公法与国际私法均面临着解决国籍冲突的问题，但二者因调整对象、方式不一，在具体解决国籍冲突问题上存在多种差异。国际公法上关于国籍的解决方案主要着眼于预防国籍冲突情形产生，而国籍私法则着眼于具体个案的解决，旨在具体案件中确定自然人国籍，以适用国籍国法解决涉外民商事争议。

1. 目的不同

国际公法解决国籍冲突的重点是通过国家的国内立法以及国家之间签订的双边、多边条约，达到消除无国籍和减少、避免双重国籍的现象，以解决国籍冲突，最终达到国籍唯一的状态。① 国际私法是在确定涉外民商事法律关系中当事人的国籍国，其不从根源上解决国籍冲突的问题，仅仅是在每一个涉及国籍冲突的案件中确定当事人的国籍，进而确定所应适用的法律，即只确定当事人的属人法。当然，国际私法在确定当事人国籍时，也面临国籍冲突问题，实质上就是解决国籍冲突，但国际私法只解决具体个案中自然人国籍冲突问题，不同于国际公法旨在解决普遍性的国籍冲突问题。

2. 依据不同

国籍冲突是国际公法和国际私法均会面临的问题，在具体解决国籍冲突的内容上难以做完全的区分，两者在解决国籍冲突的方式上有共通之处，内容上也有重合之处，国内法、与他国签订的双边多边条约均会被运用到解决国籍的冲突中，只是两者所依据的侧重点不同。就国内法而言，国际公法所依据的主要是一国国籍法，国际私法在确定当事人国籍时，主要依据一国国际私法、法律冲突法的有关法律规定。

3. 功能不同

国际公法的目的是解决国籍冲突，对于问题的解决可以分别从源头预防和后果处理入手。国际公法关于国籍冲突的解决不仅可以事先通过各国法律规定和条约约定从当事人原始取得国籍时就尽量减少国籍冲突出现，也可以在发生国籍冲突后，寻求解决办法，因此国际公法同时发挥着预防和消除功能。国际私法只是为了确定当事人国籍，但在确定国籍后，国际上的国籍冲突依然存在，其并不能对国籍冲突起到消除作用，预防国籍冲突功能就更不在其范围之内了。

4. 效果范围不同

国际公法中确定自然人国籍在于确定自然人身份，确定自然人在一国所享

---

① 张庆元：《国际私法中的国籍问题研究》，法律出版社 2010 年版，第 42 页。

有的权利、承担的义务，解决并预防各国对国籍定义不一而引发的国籍冲突，不仅涉及关涉自然人的法律地位，还涉及自然人的政治身份。而国际私法中确定国籍只是为了确定特定涉外民商事法律关系中应当适用何国法律，主要涉及自然人的民商事权利。

第二章　自然人属人法连结点之二：住所

住所作为属人法中的传统连结点这一观点受到各国的青睐，尤其在英美法系国家拥有悠久的发展历史和系统的法律规定，并在此基础上形成了丰富的司法实践。各国关于住所的确定规则充分体现了涉外民商事法律关系中对自然人意思自治的尊重，其中，考量居住意图是意思自治的集中体现。各国有关住所概念、制度的不同导致确定住所不一，解决住所冲突，并比较辨析以区别于其他类似概念，实现住所确定的准确性。

第一节　住所的含义

如果国籍是在确定自然人的政治身份，那么住所更多的是在确定自然人的民事身份。国籍具有公法性，而住所更多体现其私法性。平等、自愿、公平是民法的基本原则，其中，平等原则集中反映了民事法律关系的本质特征，是民事法律关系区别于其他法律关系的主要标志，其要求民事主体享有独立、平等的法律人格，各主体可自由、独立表达自己的意志进行意思自治。由于国籍和住所源起存在的性质差异，使得住所相较于国籍最突出的特点是确定住所时考量了当事人的主观居住意图，体现了对自然人自由意志的尊重。

一、住所的含义

住所（domicile）在国际上并没有统一的概念，各国关于住所的规定也不一致，即便是在同一国家也可能因为案件争议事项不同而有不同理解。但从各国关于住所的概念来看，有共同考量的要素内容。总体来看，住所主要包括主观居住意图和客观居住事实，但不同法系对这两方面要素给予了不同的重视程度。

1. 大陆法系

较为完整的成文法体系是大陆法系国家的主要法律特征之一，这些国家对重要的法律概念都有明文规定，其中有关住所的内容通常在民法典中加以规定。

《德国民法典》第 7 条第 1 款规定："在一地久住的人，即为设定其住所于该地"；在第 7 条第 2 款规定："住所可以同时存在于两个以上的地方"，但《德国民法典》并未给住所下定义。① 《法国民法典》第 102 条第 1 款将住所称为"个人的主要居住的地方"②，《法国民法典》除了其住所规定仅涉及法国人外，有关住所的定义及住所的选择、儿童的住所、无行为能力人或限制行为能力人的住所等问题上基本与《德国民法典》的规定相一致，而且在某些方面还规定得更加具体和明确。③ 《日本民法典》第 13 条规定，个人生活的基本住处为其住所；住所不明时，视居所为住所。④ 《意大利民法典》第 16 条规定，民事上的住所为个人营利及其他业务上的中心地。⑤ 《西班牙民法典》第 40 条规定"住所是经常居住的地方"。⑥ 《罗马尼亚民法典》第 87 条以及相关条例规定，自然人的住所被定义为其声明的主要住所以及行使其公民权利和自由的地方。⑦ 《葡萄牙民法典》第 82 条规定，住所是人常居所所在地。⑧

① 陈卫佐：《比较国际私法》，清华大学出版社 2008 年版，第 178 页。

② 罗结珍(译)：《法国民法典》，北京大学出版社 2010 年版，第 46 页。

③ 单海玲：《论涉外民事关系中住所及惯常居所的法律适用》，载《比较法研究》2006 年第 2 期，第 95 页。

④ ［日］加藤雅信：《日本民法典修正案》，朱晔、张挺译，北京大学出版社 2017 年版，第 56 页。

⑤ 李双元：《国际私法(冲突法篇)》，武汉大学出版社 2001 年版，第 362 页。

⑥ Nadia-Cerasela Anitei, "How Do We Qualify Primarily the Concept of Domicile of the Individual in Romanian Private International Law", *JURNALUL dE Studii JURIDICE* 2, 2017, p. 14.

⑦ Nadia-Cerasela Anitei, "How Do We Qualify Primarily the Concept of Domicile of the Individual in Romanian Private International Law", *JURNALUL dE Studii JURIDICE* 2, 2017, p. 15.

⑧ 唐晓晴等(译)：《葡萄牙民法典》，北京大学出版社 2009 年版，第 19 页。

大陆法系国家关于住所的定义更加注重自然人是否在此形成生活、业务中心。有的大陆法系国家考量确定住所的居住意图，如瑞士《联邦国际私法》第20条第1款a项规定，自然人在其以定居的意思居留的国家内有住所。① 1996年《列支敦士登关于国际私法的立法》第9条规定，自然人的住所是指其有久居意愿而居留的地方。2017年匈牙利《关于国际私法的第28号法律》第3(c)条规定，住所是指个人永久居住地或以永久居住的意图居住的地方。《德国民法典》第7条规定取得住所不要求居住意图，但在废止住所时居住意图发挥着决定性作用。整体而言，相对较多的大陆法系国家在确定住所时更加关注生活中心是否已形成或是以客观居住状况为主。换言之，大陆法系国家在确定住所时更侧重于考量自然人的客观居住状况，并不要求兼具在此居住的意图。即便要求考量主观居住意图，也区别于英美法系中所述永久居住意图，只需有居住于此的意图即可。

2. 英美法系

古罗马时期以籍贯地和住所地作为自然人与一城邦共同体联系的连结点。事实上，在19世纪前的历史长河中，住所一直是作为确定自然人属人法的唯一连结点，19世纪因为国籍的出现迎合了资产阶级统一国家和民族的需求，才逐渐在一定程度上替代住所。

在罗马教会法和英国教会法中，住所是在一个教区的居住地。根据现代教规主义者的说法，domicilium 这个词来源于 domum colere，最初是指设祖先祭坛之处，也用来指称经常居住之处。英国的住所概念由此演变而来，英国住所法因其古老的根源而备受推崇。

英国莫里斯对住所的界定包含几个层面。首先，构成住所概念的根基就是"永久的家"，在一个国家有其永久的家的独立的人，住所也在这个国家；其次，如果没有"永久的家"，但住在一个国家且有永久在那里居住的意图，那

---

① 瑞士为了保持住所这一概念在民法典和国际私法上的一致性，采用《瑞士民法典》中"自然人在其以定居的意思居留的国家内有住所"这一表述。参见陈卫佐：《瑞士国际私法法典研究》，法律出版社1998年版，第59页。

么该国所在地即是其住所；再次，如果没有"永久的家"，也缺乏在其他地方居住地的意图，那么其原所在国家的原始住所为其住所；最后，如果选择新的住所，可以放弃原始住所，倘若未能获得新的住所，则恢复原始住所，对于受抚养者的住所，通过依赖于一个可查明的独立者住所来确定。① 在莫里斯关于住所的定义中具有两个突出的特点：第一个是同时强调客观居住状况和主观居住意图；第二个是确立住所的模式环环相扣，形成阶梯衔接式的确定方式，以保证每一个自然人都有住所，因为住所不仅作为管辖权、法律适用的连接因素，还对自然人享有何种权利以及承担税收等责任起着决定作用，是将自然人和某种法律制度联系起来的重要因素。

德国学者马丁沃尔夫，其著作《国际私法》以英格兰冲突法为主线，但也深深烙下了大陆法系的特征。② 马丁沃尔夫认为住所制度是一个人的身份、能力和个人权利，同他个人的家宅和家庭有着密切联系，因为家宅和家庭是他的生活中心。它允许一个人用他自己的私人行为，就是用变更他的住所的方法来变更那个决定他个人地位的法律。这是一个所谓个人主义的、自由的制度。③ 从马丁沃尔夫对住所制度的认识来看，首先，住所表明自然人与该地的客观联系，在该地形成其生活中心，这是大陆法系认定住所的显著标志；其次，住所的确立不同于国籍是国家主权范围内的事项，确定住所是个人行为，由自然人自由选择。正是因为由自然人自由选择和决定，因此住所必然涉及当事人主观居住意图。马丁沃尔夫认为，选择住所要同时符合三个要素：能力、居所和意思，其中意思是永久（无期限）居住的意思。客观居住事实和主观居住意图仍然是英国有关住所含义的主要内容。

英国 Scarman 大法官将住所定义为，一个人与一个受独特法律制度约束的

---

① ［英］J·H·C 莫里斯主编：《戴西和莫里斯论冲突法（上）》，李双元、胡振杰、杨国华等译，中国大百科全书出版社 1998 年版，第 148 页。

② 沃尔夫是德国柏林大学教授，在法西斯希特勒统治德国时期，被迫离开德国而到英国，在牛津大学研究英格兰的国际私法，写成《国际私法》这本著作。

③ ［德］马丁·沃尔夫：《国际私法（上）》，李浩培、汤宗舜译，北京大学出版社2009 年版，第 120 页。

领土之间的法律关系，其属人法由该制度决定，且住所是居住状况和主观意图的结合，包括原始住所和选择住所。①但同时，Scarman 大法官在 R. v. Barnet London Borough Council 案②中指出，住所这个概念由于依赖于个人思想变化，往往会耗费大量昂贵的司法审查，并导致住所成为一个多意模糊的概念。

英国法律中有关住所地法的核心要求是一个人对住所的主观选择优先于其他地方的个人和身体联系，强调主观居住意图在确定住所中的重要性。③ 法院通过在一段时间内对一个人生活的方方面面进行微观审查，以寻求自然人确立住所的真实意图。

在澳大利亚，住所被认为是一个人自愿固定他自己和其家庭的住所，不只是为了一种特殊的和临时的目的，而是出于一种目前使其成为永久住所的意图，尽管现在永久性家的根本含义已被普通法中所确立的规则修改，但居住事实和居住意图在确定住所时仍具有重要意义。④

英美两国关于住所制度中具有类似要求，两国关于住所制度可以说是基本相同，但也存在些许差异。

在 Mitchell v. U. S. 案⑤中，美国最高法院认为，住所是在特定地点的住所，并附有无限制居住的积极或推定证据。住所一词在其通常的含义中是指一个人居住和拥有住所的地方。Brennan 法官在 Mississippi Band of Choctaw Indians v. Holyfield 案⑥中解释到，对于成年人来说，住所是通过在一个地方的身体存在来建立的，与一个人想要留在那里的某种心态有关。由于大多数未成年人在法律上没有能力形成建立住所的必要意图，他们的住所由父母的住所决定。对于非婚生子女，从传统上说，其住所依赖于其母亲的住所。Brennan 法

---

① R. H. Graveson, "The Fuld Case", *The International and Comparative Law Quarterly* 15, 1966, p. 938.

② [1983] 2 A. C. 309.

③ Leon Trakman, "Domicile of choice in English law: an Achilles heel?", *Journal of Private International Law* 11(2), 2015, pp. 317-343.

④ 董丽萍：《澳大利亚国际私法研究》，法律出版社 1999 年版，第 26 页。

⑤ 88 U. S. 350, 352(1874).

⑥ 490 U. S. 30, 48(1989).

官强调了主观居住意图在确定住所时的重要性，尤其涉及儿童案件时。

根据美国《布莱克法律辞典》的定义，住所是指自然人在一个地方的实际存在，以及将该地方视为自己家的精神状态。① 但是，美国法律中并不存在关于住所的统一性规定，而且法院判例中关于住所的定义也缺乏统一性和明确性，尤其会因为居住意图导致情况复杂化。因此，美国试图对住所定义一个完整明确的概念，或者为住所中确定居住意图提供解决方案，因而随后开始适用惯常居所，强调客观居住事实，这在美国《第二次冲突法重述》中就有所体现。美国 1971 年《第二次冲突法重述》将住所定义为家庭之所在地，与英国强调永久的家不同的是，美国注重某人与某地的密切联系，② 反映的是自然人的居住状态与该地的实际联系，偏向于大陆法系国家确定住所是生活、业务中心所在地的含义，并要求确保每一自然人都有且仅有一个住所。第二次重述中还规定住所一经设定就继续存在，一直到被住所取代为止，但没有采纳原始住所恢复制度。

两大法系关于住所的定义各有侧重，而分属两大法系内的国家之间关于住所的含义也不尽一致。但整体而言，基本都包含客观居住状况和主观居住意图两大方面，其中，大陆法系侧重住所的客观方面，英美法系侧重主观意图。正是因为两大法系的侧重不一样，大陆法系国家的住所概念与英美法系的住所概念有着霄壤之别，大陆法系国家的"住所"类似于英美法系上的"居所"（residence）。在英国，当事人有且只有一个住所，但在德国、荷兰、意大利等，当事人可以被允许有多个住所。③ 仅从客观来说，同一时间自然人可能在多地居住，获得多个居所，但这绝对不符合英国住所唯一的要求。

---

① Black's Law Dictionary 523(Bryan A. Garner ed. , 8th ed. , West 2004).

② 1971 年《美国第二次冲突法重述》第 11 条规定：住所是一个地方，通常即为一个人之家，由于住所与一个人之一致性，国际私法规则有时赋予其决定之重要性；每一个人在任何时间都有一个住所，至少就同一目的而言，没有人在同一时间有两个以上的住所。

③ 董海洲：《从"身份"到"场所"——属人法连结点的历史与发展》，载《法学家》2010 年第 1 期，第 162 页。

第二节　两大法系有关住所的确定

纵观两大法系国家关于住所的含义，主要包括主观居住意图和客观居住事实两大方面。相较于大陆法系国家对国籍的接受，英美法系国家一以贯之将住所作为最主要连结点，因而关于住所规则的内容也更为细致和丰富。

一、大陆法系有关住所的确定

在属人法连结点的选用上，国籍更符合大陆法系国家的法律价值追求，因为获得国籍的因素相对客观，符合大陆法系追求法律的确定性和可预见性。因此大陆法系国家一般采用国籍作为属人法连结点，有关住所的规则不如英美法系详细。

根据前述大陆法系有关住所的概念内容可知，大陆法系确定住所主要以自然人在一地居住是否建立了自己的生活中心或业务中心为主要内容，而不要求具有永久居住意图。

英美法系有关住所的确定规则中，将住所分为原始住所、选择住所、从属住所，在不同情形下，依据对应规则确定住所。大陆法系国家关于住所的分类一般也有意定住所和法定住所之分，分别对应英美法系的选择住所和从属住所，但一般未见大陆法系国家住所的分类中有"原始住所"。

1. 选择住所

《德国民法典》第 7 条规定了住所的基本定义，同时也是选择住所应当具有的要素，主要要求在该地经常居住。《意大利民法典》第 44 条强调依法定方式进行迁移公示。不仅要满足客观迁移居住状况，还要依法进行公示，以产生对抗效力。《法国民法典》第 103 条、《魁北克民法典》第 76 条均是选择住所的规定，要求具有实际居住事实的同时，还具有将该地作为主要定居地的意图。

尽管在确定选择住所的条件中，各国要件不完全相同，有的国家还强调选择住所时居住意图的作用，但要求具有客观居住事实是各国共同之处。

2. 从属住所

《德国民法典》第 8 条的"非完全行为能力人的住所"和第 11 条的"子女的住所"即是相关从属住所的规定。① 前者以其法定代理人表示为准，后者以与子女具有相同住所或享有照顾子女权利的人的住所为准。《法国民法典》第 108-2 条、第 108-3 条分别是"没有解除亲权未成年人""受监护的成年人"从属住所的规定，② 分别规定以未成年人的父母住所、成年人的监护人住所为准。《意大利民法典》第 45 条关涉未成年人住所的规定，以其父母，或离异但共同居住的父或母一方的居所为住所。③《葡萄牙民法典》第 85 条是关于未成年人及禁治产人的法定住所，依照家庭居所地、照顾未成年人的父母住所、行使亲权的父母住所的顺序确定未成年人及禁治产人的住所。④《魁北克民法典》第 80 条、第 81 条分别是"没有解除亲权未成年人""受监护的成年人"有关从属住所的规定，均规定以监护人的住所为准。⑤

从典型大陆法系国家关于从属住所的规定来看，从属住所主要是有关未成年人的住所，通常以父母或监护人的住所为准，并强调是与未成年同住、照顾未成年人等行使亲权的父母的住所，这正是弱者利益保护原则的体现。

并非所有大陆法系国家均将住所分为选择、从属住所。比如，瑞士联邦国际私法中并没有关于妇女、亲权之下的子女以及被监护人的附属住所之规定。规定从属住所的国家也并非一定有选择住所的规定。

二、英美法系关于住所的确定

英美法系国家一般以住所地法作为属人法，将住所作为确定法律关系中属人关系的最主要的标准和方法，因此，英美法系有关住所的制度更加细致和详尽。

---

① 陈卫佐(译)：《德国民法典》，法律出版社 2010 年版，第 6~7 页。
② 罗结珍(译)：《法国民法典》，北京大学出版社 2010 年版，第 46 页。
③ 费安玲等(译)：《意大利民法典》，中国政法大学出版社 2004 年版，第 20 页。
④ 唐晓晴等(译)：《葡萄牙民法典》，北京大学出版社 2009 年版，第 20 页。
⑤ 孙建江、郭站红、朱亚芬(译)：《魁北克民法典》，中国人民大学出版社 2005 年版，第 12 页。

（一）住所的分类与取得

普通法系国家一般将住所分为原始住所、选择住所、从属住所,① 如美国、② 英国、加拿大、③ 澳大利亚④等，而许多国家的法律则不对住所做此种分类。⑤ 原始住所指每个人出生时即可取得一个原始住所，但原始住所不能等同于出生地，而是出生时父亲或母亲的住所地。选择住所是指每个独立的自然人，都能将住处与永久或无限期的居住意图相结合来获得一个选择住所。从属住所是指受抚养者拥有在法律上他所依靠的人的住所，但这不仅包括儿童和精神失常者，还包括已婚妇女。儿童、精神失常者的住所依附于抚养者，已婚妇女的住所与她丈夫的住所相同，并随着丈夫的住所变化而改变。

在住所的确定中，原始住所和从属住所均是依赖于客观连接因素，出生地、结婚、被抚养事实等，只有选择住所的确定需要结合主观居住意图和客观居住状况来确定。美国《第二次冲突法重述》第 16 条、第 18 条关于选择住所的确定也要求具有居住事实和居住意愿。⑥

1. 原始住所

原始住所的取得相对比较简单，取决于父亲（如果孩子是婚生子女）或母亲（如果孩子是非婚生子女）的住所地。因此，一个从未访问过特定国家的人可以拥有该地方的原籍，如在 Grant v. Grant 案⑦中，一个孩子出生在印度，其

---

① ［英］J. H. C. 莫里斯主编：《戴西和莫里斯论冲突法（上）》，李双元、胡振杰、杨国华等译，中国大百科全书出版社 1998 年版，第 153 页。

② 参见 1971 年《美国第二次冲突法重述》第 14 条~第 23 条。

③ 刘仁山：《加拿大国际私法研究》，法律出版社 2001 年版，第 39 页。

④ 董丽萍：《澳大利亚国际私法研究》，法律出版社 1999 年版，第 28 页。

⑤ 陈卫佐：《比较国际私法》，清华大学出版社 2008 年版，第 178 页。转引自李浩培：《李浩培法学文集》，法律出版社 2006 年版，第 63 页。

⑥ 1971 年《美国第二次冲突法重述》第 16 条规定：居住事实之要件，在某一地方设定一个选择住所，一个人必须在该地有居住之事实；但在某特定居住地方建立一个家，并非取得该一住所必要。第 18 条：意愿之要件，要在某地设定选择住所，一个人必须有意使该地至少在该时成为其家。

⑦ Grant v. Grant 1931 S. C. 238.

父母准备在 60 岁时返回英国，那么其原始住所应当与他父亲的原始住所一致，即在英国。由此来看，原始住所体现了一种血缘联系，而地缘关系在原始住所的确定中显得并不那么重要。

原始住所在住所法规则中是一个十分重要且根深蒂固的概念，一旦被确立就不易被改变。首先，如果一个人离开原始住所并打算不回来居住，那么他在另一个国家获得新的选择住所之前，他仍然被认为居住在原始住所。

在 Udny v. Udny 案①中，Udny 放弃原始住所后，恢复了其所拥有的原始住所，且其居住 9 年的法国也并未形成选择住所。在 IRC v. Bullock 案②中，一名原始住所在加拿大的男子在英格兰与一名英国妇女结婚并在此生活了 40 年，但他并未获得位于英国的选择住所。上诉法院裁定，他的原始住所仍然有效，因为如果他的妻子先于他去世，他打算回到位于加拿大的新斯科舍省(Nova Scotia)。在 Cyganik v. Agulian 案③中，一名即使在英格兰生活和工作了 43 年的男子也并未失去其在塞浦路斯的原始住所。

其次，恢复原始住所的规则，如果自然人放弃已经确立的选择住所，而且又没有获得一个新的选择住所，那么其原始住所恢复。

总之，未获得选择住所前，以原始住所为准；放弃选择住所后，原始住所恢复。因此，可以说原始住所永远不会丢失，而是处于休眠状态。从上述规则中也可看出关于原始住所的稳定性，在原始住所、选择住所、从属住所这三类住所中，原始住所最难丢失，最为牢固。

2. 选择住所

获得选择住所，要求自然人具有完全行为能力，并具有居住事实和无期限的居住意图。

(1)选择能力。确立选择住所，要求自然人具有获得选择住所的能力，未成年人、精神病患者因为行为能力的欠缺，不具有获得选择住所的能力。过

---

① Udny v. Udny(1869) L. R. 1 SC. & Div. 441.

② IRC v. Bullock [1976] 1 WLR 1178.

③ Cyganik v. Agulian [2006] EWCA Civ 129.

去，已婚妇女也被列为不具有获取选择住所的能力，但随着时代的进步以及对妇女地位的尊重和保护，已婚妇女也被给予获得选择住所的能力。

（2）居住意图。居住意图在原始住所和从属住所中不具有重要作用，因为原始住所依据出生事实，从属住所依据客观法律关系，但居住意图在选择住所中具有极为重要的地位。

确立选择住所要求具有在某地永久或无限期居留的意图，如果仅因具有特定目的而在有限期间内确定固定居所则难以构成住所，如在 Udny v. Udny 案①中，Udny 放弃在英格兰的住所后，选择在法国居住，但在法国居住 9 年也并未形成住所，理由是 Udny 后来又回到苏格兰结婚，不具有在法国永久居住的意图，但又因为 Udny 放弃了英格兰的住所，所以只能恢复其在苏格兰的原始住所。本案中，体现了居住意图在确定住所时的重要作用，即便在某地居住 9 年之久，但由于不具有在此地永久居住的意图，进而也否定了在本地形成住所。

有的英美法系国家开始不再强调"永久居住意图"，比如将确立住所的意图改为"不定期"，但这要求是在此安家的意图，如自己的家庭成员也搬来此地居住、在该地租房或购买不动产等。②

（3）居住事实。尽管如此强调居住意图的重要性，但是如果仅有居住意图没有客观居住事实也无法确立住所。如，在 Brown v. Smith③ 案中，需要确定被继承人 William 先生的住所，他在苏格兰出生，虽然他表达了倾向于居住在英格兰的意图，但是他并没有切实的将自己在苏格兰的居住转变到英格兰，他在英格兰居住只是因为在此服役，而且并没有打算在英格兰长期居住。最终，法院认为仅依据居住意图无法确立其住所在英格兰。仅声明有变更住所的意图，但是不具有在此居住的客观事实，那么新变更确立的住所也是无效的。

---

① Udny v. Udny(1869) L. R. 1 SC. & Div. 441.
② 澳大利亚 1982 年《住所法》第 10 条规定，住所的意图是指"在该国有设立不定期居住下来的安家的意图"，参见董丽萍：《澳大利亚国际私法研究》，法律出版社 1999 年版，第 32 页。
③ Brown v. Smith(1852) 15 Beav. 444.

住所要求自然人有客观居住事实，且不是偶然在此居住，但对于客观居住时长没有特定要求，有时候居住几天甚至一天就足矣，但这以当事人具有在此确立住所的意图为前提。如在 WINANS v. WINANS① 案中，一对夫妇婚前居住在纽约，后来到波士顿，表达了希望在此永久居住的意图，无意回到他们以前的居住地，并开始寻求居住地点和房屋。虽然夫妇在波士顿居住的时间只有两周，但是最终认定住所在波士顿，因为住所的取得并不取决于居住时间的长短，尤其有在此永久居住意图时，居住时间通常被视为证明居住意图的证据。除了居住时间长短，对于自然人是否在某地形成了生活中心、主要家庭、工作等日常生活关系的开展相关要素均不是确定住所时需主要考量的内容。

由于确立住所时需要考量客观居住状况，致使在诸多情形中，住所被视为等同于居所，或者说仅通过居所来确定住所。出现此种情形的主要原因是：首先，在一般的冲突法律规则中，在某地居住有居所被认为是确定住所的关键要素；其次，虽然住所在法律适用中是一个不易确定的概念，但是由于居住作为一种客观居住状态相对容易被确定，所以在司法实务中仍是十分受欢迎并被广泛适用的概念。② 然而，这里所表达的居所的含义是在某地客观居住，但是，实际上居所本身的含义就飘忽不定，仅仅以居所的其中之一含义等同于住所有断章取义的嫌疑，且居住只是确定住所的客观方面，不能仅因为在某地呈现出居住状态就确定该地为住所。

客观居住事实和主观居住意图已构成确定住所的必备要素，缺一不可，但是二者之间主观居住意图更为重要，客观居住事实可能成为主观居住意图的辅助证明方式，甚至只有作为证明居住意图的证据时才重要。另外，对客观居住状况、时长均无严格、特定的要求。

通过客观居住和主观居住意图可以确立选择住所，那么，停止在一国居住和永久的居住意图则能使自然人丧失选择住所。但是，放弃原有选择住所和确

---

① Supreme Judicial Court of Massachusetts, 1910. 205 Mass. 388, 91 N. E. 394, 28 L. R. A. (N. S.)992.

② Willis L. M. Reese & Robert S. Green, "That Elusive Word, Residence", 6 *VAND. L. REV.* 561, 1953, p. 580.

立新的住所并不是无缝衔接，在放弃选择住所而新的选择住所未确立时，通常以原始住所为准。

3. 从属住所

从属住所，在有的国家也称为依附住所、法定住所，规则主要是指已婚妇女、儿童、精神失常者的住所确定。

随着时代的进步，妻子作为具有独立人格的主体，不再依附于丈夫，因此已婚妇女住所附属于丈夫的规则已逐渐在诸多国家被摒弃，如英国 1973 年《住所和婚姻诉讼法》第 1(1) 节规定，已婚妇女的住所不仅必须通过婚姻来确定，还必须参考任何其他与其有关拥有独立住所的个人因素。妻子住所从属于丈夫不仅是野蛮文明的遗迹，更不利于保护女性的权益，当妻子被丈夫抛弃且下落不明时，妻子的住所也难以明确，此时，无法确定妻子起诉离婚的管辖法院和所应适用的法律。

儿童住所一般以父亲住所为准，但是当父母分居时、父母离婚父亲不再享有监护权时，这个一般规则不应当被继续适用，而应从属于其母亲的住所。虽然儿童的住所从属于父母亲，但是也需要考量儿童实际居住状况，考量对儿童弱者利益的保护，维护儿童的利益。

(二) 住所的丧失

住所的丧失主要包括原始住所和选择住所丧失。自然人获取新的选择住所时，原有住所就会丧失。由于原始住所相较于其他类型的住所更为稳定，有关原始住所丧失的证明条件更为严密。因此，从原始住所变为选择住所和选择住所变更新的选择住所，前者变化的证明要件比后者更加严格。

选择住所的丧失同样需要满足主客观要件。客观上，自然人离开原已确立的选择住所，具有不继续在此继续居住的事实；主观上，不具有继续将该地作为永久居住地的意图，只需证明具有离开此地的意图，不需证明未来也不再返回的意图。选择住所可以因主动放弃而丧失，也可以因获得新的选择住所而丧失，两种情形均可单独成为选择住所丧失的原因。但是，丧失选择住所不以获得新的选择住所为前提，那么当自然人放弃现有住所，而又未获得新的住所时，就会出现"无住所"的情形，对于这种情形，过去通过恢复原始住所制度确定自然人住所。这一原始住所恢复原则是 19 世纪英国盛行的原则，但在交通便利、人员流动频繁的当前时代，原始住所与当事人之间的联系已不再密切，因而该原则在诸多英美国家被推翻。在恢复住所规则被废除后，采用现有住所连续性规则，即现有住所不能改变，一直保持到获得新的住所为止。事实上，现有住所被放弃后，已不是严格意义上的"住所"，更符合"居所"的性质。然而，"无住所"的情形即是住所的消极冲突，对此各国普遍采用的方式正是以居所代替住所。

从属住所虽具有依附性，但并不会因为被依附主体住所丧失而丧失，依附者在满足具有获得选择住所的能力后可自由选择，依据自己主观意愿获得新的选择住所后，原从属住所丧失。但是也有被依附主体住所发生变化，依附者住所不一定随之改变的情况。比如，对于未成年者来说，父母拥有选择是否改变子女住所的权利，但前提是为了子女利益考虑，但是，精神病患者的住所不能由监护人行为改变。

各国对住所的概念、分类不一，导致其在国际上难以形成统一的概念。国际法学会(Institut de Droit International)曾在 1931 年做过一个调查，其结果显示世界上有 50 种不同的住所定义。① 同时，是否舍弃住所制度中仍存在具有较大争议的制度，如恢复住所规则等。就此，晚近的海牙公约将惯常居所作为主要连结点，以克服由于各国对住所概念(尤其是英国法上的住所概念)不同理解所造成的不便。②

三、住所居住意图的确定

大陆法系国家有关住所的确定主要依据客观居住状况，鲜有国家考量主观居住意图，但在英美法系国家中，住所的确定不仅同时考量主客观方面，甚至有主观意图发挥着决定性作用的情形。然而，居住意图具有易变、难以把握的

---

① 郭玉军、向在胜：《国际私法》，中国人民大学出版社 2023 年版，第 60 页。
② 陈卫佐：《瑞士国际私法法典研究》，法律出版社 1998 年版，第 60 页。

特性，如何准确确定居住意图，对于英美法系中住所的确定，乃至惯常居所中主观标准的考量均具有极其重要的作用。

(一)居住意图考量之困难

第一，居住意图受主观因素的制约，极大增加了住所的不确定性。居住意图的确定首先需要当事人表达主观意图，随后，还需要由法官在判断当事人所表达意图的真伪时加入自己的主观判断，双重主观意图的影响增加了确定住所时带来的不确定性。

当事人因为自己利益的需要，可能会存在随意变更自己居住意图的情况。法官对不同的案件可能有不同的参考因素，如法官需要考量一个人是否、何时、如何表达居住意图。但是，对待不同案件，法官对居住意图的判断是不同的，而不同的法官对同一案件甚至是同一行为也可能会有不同的判断。

法官对自然人客观居住行为的不同理解，会导致对居住意图不同的认定结果。比如，在确定居住意图时，对拥有某个国家护照的行为，法官会有不同的理解。在 Bheekhun v. Williams 案[1]中，一位毛里求斯人在毛里求斯独立后，获得英国护照，法院因此肯定了他长期以来将英国作为永久居所的意图，并据此能够确认英国为其住所。但在 F(F's Personal Representatives v. IRC)案[2]中，法院认为，当事人虽然获得英国护照，但只是为了方便在英国旅行，而且其没有申请获得英国国籍，因此不能确认其有在英国确立住所的意图。虽然这两个案件具体争议有所不同，但是对同样拥有护照这一客观行为所推断的主观意图，法官却有不同的理解。故而即便针对同一行为，也存有不同法官有不同理解和判断，这也说明法官对当事人居住意图的判断会极大增强居住意图的不确定性。

第二，居住意图需要较高的证明标准，使得居住意图难以被证明。对于一

---

① Bheekhun v. Williams, [1999] 2 FLR 229, 239.

② F(F's Personal Representatives v IRC), [2000] STC(SCD)1. 转引自 Leon Trakman, "Domicile of choice in English law: an Achilles heel?", *Journal of Private International Law* 11 (2), 2015, p. 329.

般的民商事争议，证据要求达到高度盖然性的证明标准，刑事案件中要求达到排除一切合理怀疑的证明标准。居住意图作为确定住所的主要因素，也是确定住所的重要证据，其所应达到的证明标准，至少应当符合民商事争议中要求的高度盖然性。

英国相关判例表明，对居住意图的证明标准普遍要求较高，如在 Ramsay v. Liverpool Royal Infirmary 案①中，确定当事人住所要求达到一个几乎无可辩驳的证明标准，类似于"超出合理怀疑"的刑法标准。另外，关于改变住所的证明标准，Scarman 法官认为，"如果要改变自己的住所，必须所有有关居住意图的要素都显示更换住所，如果存在任何一个相反的要素，变更住所的证明就会失败"。② 虽未达到排除合理怀疑的刑事证明标准，但仍然要求宣称改变住所的人承担严格的举证责任。

居住意图的证明标准应当达到比一般民商事争议所要求的高度盖然性更高的标准，这是由于居住意图本身主观性极强的特性决定的，只有充分的证明才能使主观意图得到合理的证明并使人信服。

(二)居住意图证明之要求

尽管居住意图因其主观性难以证明，但也并非完全无法考量，在满足居住意图的基本要求后，仍可通过一系列要素予以考量和确定。

1. 意图表达之有效性

居住意图要求具有真实性、有效性，但不要求当事人知道居住意图是确定住所的重要内容之一。

意图的表达是自然人选择在何地居住的最直观证据，从某种程度上来说，也是最可靠的证明，但是不排除其所表达的居住意图与其真实的想法不一致，之所以表明在此居住的意图，可能仅仅是为了给自己冠以在该地有住

---

① Ramsay v. Liverpool Royal Infirmary, [1930] AC 588, 598.

② Leon Trakman, "Domicile of choice in English law: an Achilles heel?", *Journal of Private International Law* 11(2), 2015, p. 328.

所的名义，以图实际享受某种权利。因此，对居住意图真实性的考量十分必要。

然而，当事人具有表达真实意图的能力是确保意图真实性的前提条件，因而认定意图表达是否具有真实性之前，首先需要确保居住意图表达在法律上的有效性。假定当事人是无民事行为能力人、精神病人，其受精神或智力的限制无法正常做出判断并真实表达自己的意愿，从而难以在法律上认定其所表达的居住意图是有效的。民事行为能力的有效性要求，自然人必须是一个能准确把握住所含义的成年人，或者虽未成年但是自己能够在经济上独立、已组建自己家庭而不受父母约束，同时，其精神状态也必须是正常的。在 Urquhart v. Butterfield ①案中，当事人在 Goa(印度果阿) 有一个原始住所，随后先到苏格兰接受教育，再到英格兰工作。法院认为，"当他是一个精神病人时，不能真实表达任何意愿，无论他的愿望如何，即便他现在的住所在苏格兰，但由于他在患有精神病之前，并没有选择居住在苏格兰，因此也不能直接确定苏格兰就是其住所"。另一个案例是 Re X. Y. 案，一个南罗得西亚人，完成了在英国的学习之后去了美国，但在美国学习期间患了精神病，随后，他被送回英国，上诉法院认为，即使没有能力表达意图，他也依然是本国的居民。由此可以看出，对无民事行为能力人住所的确定，可依据其原始的法定住所或其之前有能力选择住所时所确定的地点为依据。但其选择住所时，必须是有选择能力的，否则，其所做出的选择，所表达的居住意图就不具有有效性。

2. 意图表达之真实性

过去在英国法学家中，一度认为获得选择住所时，自由选择是必须具备的条件，因而诸如受官方义务的支配、债权人的要求甚至解除疾病之类的外部需要，都不因此而构成获得选择住所的意图。

自然人居住意图的表达必须是真实的，是当事人自主选择住所的内心真实愿望。如何查明其所表达的意图是否真实，可以通过居住意图表达的对象是谁、为什么目的、在什么情况下做出来的判断，同时，自然人所表达的意图必

---

① 　Urquhart v. Butterfield(1887) 37 Ch D 37.

须有相一致的客观行为来辅证，如此居住意图的真实性才能尽量免受主观随意性的影响。若客观居住明显是情势所迫，居住意图的表达即便与客观状况不符，意图也可能是真实的。这些情形包括被限制或者禁止出入境、强制接受精神治疗、被挟持拘禁、导致行动困难的肢体残疾、自然灾害、恐怖暴力事件等直接或间接限制当事人自主选择住所能力的状况，这些情形中当事人居住于此并非均是当事人真实主观意图之表达。在上述情况下，表达意图时处于一种被胁迫或是不自由的状态，反而此时如果当事人还表示愿意在该地居住，那么居住意图的真实性更应当受到质疑。

3. 意图本身之稳定性

由于当事人的主观意图可由当事人随意表达，且不需要办理任何登记或声明手续，在事实上变更自己居住地以伪证自己的居住意图并不难，其易于变化的特性容易导致极大的不确定性，这要求居住意图的变更应具备稳定性的要求，否则，自然人可能会因自身利益的需要随意变更和表达自己的居住意图。

住所对居住意图要求具有永久性，这不仅要求当前在此建立居所的主观意愿，还要求以后也居住于此，即将来也不存在改变居住意图的可能。对居住意图永久性的要求得以较好地限制其因主观性易变的特性，因此，过去英国和爱尔兰将住所定义为"永久的家"，以此保证居住意图的永久性。

(三)居住意图确定之要素

因为居住意图是自然人主观意图的表达，因此确定居住意图实际上就是判断其真实性。前述有关居住意图证明之要求中"真实性"主要指客观居住状况与主观居住意图明显相悖，而当二者相悖状况并不如此明显时，仍需对居住意图的真实性进行考量，以进一步确定居住于某地的意图。

1. 居住意图变更之背后动机

区分居住意图与居住动机也是颇为重要的一点，明确意图幕后的动机驱动，可用于辅助确定居住意图。意图是自然人在此居住的愿望，潜藏其后的动机可能是为了享受某地的权利、方便进行诉讼、承担较低税率，或仅仅是因为喜欢该地宜人的气候等。

居住意图的动机是一个人希望在这个特殊的地方建立住所的动因，既是证明是否具有在此居住的意图，也是衡量居住意图是否有效的重要因素。当一个人打算在某个地方建立一个新的住所，其意图背后的动机也对意图的确定有重要指导意义。因为自利导向原则的指引，会驱使其选择某地作为自己的住所。一般来说，只要改变意图的动机不违法，就不可否定其意图的有效性，但前提是，这种为获得某种好的法律后果或追求某些利益的动机背后的居住意图与客观居住状况相符。否则，如果仅仅存有动机，而没有相对应的确立住所的客观居住事实存在，也无法准确确定住所。

在 Rosenstiel v. Rosenstiel 案①中，Rosenstiel 夫妇在纽约生活五年后，婚姻关系破裂，Rosenstiel 先生将其在纽约的资产进行清算，并转入其在佛罗里达州的账户。完成这些之后，在佛罗里达州确定了新的居所。Rosenstiel 先生搬到佛罗里达大约两年后，在当地提起了离婚诉讼，但是妻子没有出庭，法院认为妻子默认丈夫的请求，最终判决离婚。在该判决生效之前，妻子在纽约获得了一项单方面禁令，以期限制丈夫在佛罗里达州法院继续寻求离婚诉讼。妻子在收到这项单方面禁令后，试图将此禁止令提交佛罗里达州法院，作为强制要求丈夫撤销他已经完成的离婚诉讼行为的理由。妻子认为，佛罗里达州法院并不是丈夫真正的住所，所以当地法院没有离婚管辖权。

法院并没有支持妻子的意见，认为 Rosenstiel 先生已经在佛罗里达州确定了新的住所，完成了事实上的变更，而且他在佛罗里达州实际居住了一段时间，与该州有实质接触。另外，法院认为，早在他搬到佛罗里达州的一年之前，他就向朋友透露，他希望将自己在纽约的业务全部转移到佛罗里达州。虽然他没有马上到佛罗里达州居住，但在与他人的各种言论交谈中都表明以后要在佛罗里达州居住的意图，表现出在此永久生活的意图。这些情况表明无论是客观居住状况还是主观居住意图，他都变更了佛罗里达州为他的新的住所。即便丈夫将住所变更到佛罗里达的动机是为了便于在该司法管辖区内进行离婚诉讼，但是他确实在佛罗里达居住了较长一段时间，而且意图永久居住于此，即

---

① Rosenstiel v. Rosenstiel(1973，SD NY)368 F Supp 51.

其真实居住意图与客观相符。再者，其变更住所的动机只是因为在佛罗里达州居住，在此进行诉讼方便，并不存在恶意损害第三人利益或恶意离婚的打算，因此，在本案中，他改变住所的动机对居住意图的确定无关紧要，最终，美国纽约南区联邦地区法院确认了 Rosenstiel 先生取得佛罗里达的住所，以及 Rosenstiel 先生在佛罗里达州的离婚判决是具有管辖权法院的有效判决。

由此可见，关于意图背后的动机，要求不违法、不得损害第三人的合法权益，同时要求动机所驱动的居住意图与客观行为状况相符，否则也可能否定居住意图的真实性。

当意图的表现比较模糊，而且有助于确定意图的要素较少时，改变意图背后的动机就是确定居住意图的重要影响因素。① 且通过背后动因，可推定真实居住意图，如在 Rosenstiel v. Rosenstiel 案中，Rosenstiel 先生在佛罗里达居住的动机主要是为方便诉讼，若暂且不考虑背后动机对居住意图有效性的影响，他有在此居住的动机，也可推定其的确具有在此居住的意图。

事实上，自然人选择属人法连结点的动机在国籍中也常被作为考量要素之一。国际法院于 1953 年确认对诺特鲍姆案②的管辖权，并在 1955 年做出判决。判决中否定了诺特鲍姆的列支敦士登国籍，理由是诺特鲍姆加入列支敦士登国籍的时间点是德国进攻波兰为标志的第二次世界大战开始后的一个多月里，加入原因是列支敦士登为未参加第二次世界大战的中立国，诺特鲍姆获取列支敦士登国籍具有偶然性和特定意图，不应获得列支敦士登国籍及拥有列支敦士登国籍下的外交保护。但是，住所中的动机主要用于考量居住意图的有无与有效，取得国籍的动机则主要影响变更国籍的正当性。

2. 证人证言

任一案件发生后，均会对社会产生不同程度的影响，不仅案件事实被人感知，而且也会形成自己的主观认识，每个人经过自己的理解、加工，再表达出

---

① Christopher H. Hall，"Establishment of Person's Domicil"，*Am. Jur. Proof of Facts*，4，(Originally published in 1984，April 2017 Update)，p. 23.

② The Nottebohm Case(Second Phase)，I. C. J. Reports 1955，4.

来也会成为还原事实真相的有力证据。证人证言作为一项主观性的证据，是证人就其所感知的案件情况向法院所作的陈述。在确定自然人住所时，也可以通过证人证言，包括当事人的朋友或关系密切之人，询问当事人选择居住地点等相关问题，通过他们对自然人日常生活开展情况的描述，认定当事人的生活中心、了解当事人的居住意图。当然，选取的这些证人，需要他们平时与当事人联系较多，这样才能了解当事人的客观居住状况和居住意图。

获取与当事人住所相关的证人证言，可以在层层深入的问题设计与回答的过程中获得确定当事人住所的有效信息。比如可以通过与当事人联系紧密的亲朋好友了解与当事人居住意图有关的以下内容：首先，是否知道当事人要在某地居住。其次，询问他们所了解到的当事人的居住意图是怎样的，当事人与他们在平时的闲谈中，是如何表述的，是否愿意在这个地方居住，以及打算在此居住多久等。如果当事人对他朋友所传达的是，自己非常愿意居住在这个陌生而全新的地方，居住于此十分开心，并希望能够在这里永久定居，或者虽然不确定在这里居住多久，但至少暂时会在这里居住，而且将来也可能会成为自己的家，这均可推知当事人希望在此居住。

除了询问与当事人居住意图相关的信息，还可以询问与当事人客观居住状况相关的情况，包括询问其家人当事人的不动产所在地，购买不动产的时间、不动产的状况及使用情况；银行账户所在地、账户类型、其钱款的用途；驾照发放地，及车辆登记的情况；参加社会和公民活动的情况；投票权行使情况；缴纳税款、办理业务登记的地点等与当事人生活息息相关的各方面；甚至还可通过当事人朋友询问当事人在与其交谈中所告知的与其生活状况相关的信息，如当事人喜欢哪个地方、喜欢居住于某地的原因，根据这些信息进而推定当事人所表达的居住意图的真伪性。

但是，由于以上证人与当事人关系密切之特殊性，一般情况下，与当事人具有利益关系的证人证言的可信度较小，所以不排除他们之间早已事前恶意串通才做如此回答，从而影响证人证言的真实有效性。因此，对这一类证人证言应当有相较于其他证据更高的要求，要求当事人能够通过一些客观要素做相应的证明，以判断证人证言的真实性。若与实际情况出入较大，则其家人、朋友的证言不可信，但若证人证言与客观居住情况相吻合、可信度高，则可作为判断居住意图的重要因素。

3. 依据客观居住状况推定居住意图

当事人的客观居住状况不仅是确定住所的重要内容之一，还是确定当事人居住意图的重要影响因素。这些相关居住目的所展现出的客观居住状况透露着自然人居住的主观意图。欧洲法院在"斯沃德林案"中，居住的时间长短和连续性、雇佣情况、家庭情况、迁移原因等均是推定当事人居住意图的客观要素。英国法院确定当事人居住意图时所权衡的因素较为宽泛，除因旅行、访亲等临时性居住不能够成为确定当事人居住意图的依据外，教育、经营或者职业、雇佣、健康、家庭或仅仅是恋爱都可能成为法院确定当事人定居意图的依据。①

自然人通过在某地居住展开丰富的社会生活，与该地建立起多层次的联系，包括购置不动产、就业情况、家庭关系，以及对当地人文、风俗、宗教的融合等，没有特定的规则和内容，需结合案件事实实际考量。

就住所的证明责任来说，证明改变原始住所比证明改变选择住所责任更加严格，但在不断的发展过程中，呈现出对严格举证责任趋于放宽的趋势。② 对改变原始住所和选择住所的证明责任也要求一致。但只要新住所所涉及的外国因素越多，为证明其获得住所所需的证据要素也就越多。

各国在确定住所时，居住意图作为当事人的主观性表达相对于客观居住状况更加难以把握，加之法官在自由裁量的同时掺入自己的主观判断，使得居住意图的确定表现出扑朔迷离的状态。这也成为英美法系国家逐渐弱化考量主观居住意图的原因。历史上，英国和爱尔兰这两个英美法系成员国非常强调当事人的永久居住意愿，甚至称住所为"永久的家"。随着时代的进步，其已淡化了主观方面的要求限制。③ 甚至认为，主观居住意图是为了核实住所，而不是

---

①　刘仁山：《现时利益重心地是惯常居所地法原则的价值导向》，载《法学研究》2013年第3期，第174页。

②　董丽萍：《澳大利亚国际私法研究》，法律出版社1999年版，第35页。

③　罗剑雯：《欧盟民商事管辖权比较研究》，法律出版社2003年版，第196页。

使住所服从于居住意图，简言之，主观居住意图应作为确定住所的要素之一，但绝非决定性作用。在否认居住意图决定性作用的同时，开始强调需要考量客观居住状况，包括婚姻关系、财产所在地等方面的联系。① 主观居住意图在住所中的重要性逐渐走低，这与惯常居所在国际社会备受青睐不无关系。如欧盟继承条例也开始强调，确定一个人的惯常居所，主要还是需要考虑一个人在一个国家逗留的时间、规律，以及条件和原因。惯常居所对客观性的强调也逐渐在确定住所时显现出来，但是，这也并不能取缔主观意图在住所中传统而稳固的地位，毕竟住所这一连结点具有古老的根源和悠久适用历史，在英美法系国家备受推崇，即便惯常居所成为当今世界为各国所普遍接受的属人法连结点，其依然具有适用的空间。

第三节 住所的冲突及解决

各国对住所的确定方式不一是导致住所冲突的直接原因，加之有关住所居住意图的不稳定性进一步深化了住所的冲突。解决住所的冲突现象，实现住所的唯一性是采用住所地法国家的必要事宜，以确定自然人在涉外法律关系中所应当适用的法律。

一、住所冲突的原因

首先，各国关于取得住所的法律规定不一。大陆法系国家倾向于采取客观标准，鲜有同时考量客观居住事实与主观居住意图的国家，英美法系国家兼采主客观相结合的标准。由于确定住所的法律规定及方式不一，即便是对同一自然人的居住事实分析，也可能得出居所不一的结果。

其次，自然人可自由选择住所，导致住所容易发生变化，造成住所的不稳定性，而在获得新住所时，原有住所可能并未失去。

---

① Leon Trakman, "Domicile of Choice in English Law: an Achilles Heel?", *Journal of Private International Law* 11(2), 2015.

最后，认定住所有关的事实复杂性容易导致住所冲突。从两大法系的做法来看，关于住所的认定主要包括客观居住和主观居住意图，但是主观居住意图自其产生之始就带有不确定性，而法官在案件中所掺杂的主观判断，使得有关于主观意图的认定产生不同的结果，进而影响住所的判断。自然人可自由选择、变更住所使得确定住所的情形进一步复杂化，导致同一自然人在同一时期具有多处住所或没有住所，产生住所的积极冲突和消极冲突。

二、住所冲突的解决

住所冲突的形式同国籍一样也表现为积极冲突和消极冲突，但住所应区别于国籍的性质，解决方式也与国籍不同，在不断的实践总结中，基本形成了解决住所冲突的独特方式与体系。

(一)积极冲突

任何自然人都只能拥有一个住所，这与国际私法的统一性、一致性、确定性的目标相一致，同时避免因难以通过住所将自然人与特定法律制度联系起来。关于住所积极冲突的解决方式主要有以个人意思选择地法、法院所在地法、内国法、法律关系所应适用的法等为住所地法。[①]

反观国籍积极冲突的解决方式，以内国国籍优先，多重国籍中不具有内国国籍时，则以住所所在国作为国籍，住所无法确定的，以最密切联系原则确定国籍。但是，当自然人具有多重住所时，以本国住所优先可能并不适宜，因为国籍与住所产生基础不等同，国籍身份是一国行使主权的体现，而住所是自然人自由选择的结果。以本国住所优先未能体现维护国家主权的必要，也不符合国际私法平等对待各国法律的价值目标。

住所的确定包括主观居住意图和客观居住状况，以个人主观居住意图决定住所也不甚合理。因为依据主观意图决定住所无异于直接由当事人自由选择其中一个作为住所，但是，当事人一方自由选择住所会直接影响所应当适用的法

---

①　韩德培主编:《国际私法新论(上)》，武汉大学出版社 2009 年版，第 91 页。

律，不利于平衡双方当事人的地位和利益。

将法院所在地确定为住所，即以法院地法为住所地法，但适用法院地法偏向于维护法院地国的利益，而与当事人之间可能并不存在任何实质联系，当事人可能既未在此居住，也不具有在此居住的意愿，仅受限于管辖权规则约束选择该国法院。

根据法律关系的性质或法律关系所应适用的法律确定住所并不能解决所有住所的积极冲突。如收养的条件和手续，适用收养人和被收养人住所地法，收养关系的解除，适用收养时被收养人住所地法或者法院地法。此时，仍需解决住所地，最终又回到问题的起点。

在住所的积极冲突中，需要区分多个住所是否是同时取得的。首先，如果两个以上的住所不是同时取得的，存在两种选择，即先取得的住所或后取得的住所。先取得住所地已经确定，相对稳定，也不会存在法律规避等问题。后取得住所地是自然人自由意志的体现，放弃原先的住所，选择一个新的住所充分尊重自然人在确定住所时的意思自治，且后取得住所与当事人现时之间的联系更为紧密。先取得住所地和后取得住所地各有存在的优势和适用的理由，因此在实践中被不同程度地采纳。其次，如果存在两个以上的住所是同时取得的情况，那么不存在先取得住所和后取得住所之间的抉择矛盾，此时多通过居所所在地或最密切联系的住所解决。

(二) 消极冲突

自然人无住所即为住所的消极冲突，当出现此种情形时，以住所地法作为属人法的相关法律问题都无法解决，此时需要寻求与自然人联系最为紧密的地点确定为住所。

就住所的消极冲突而言，各国的立法和司法实践多以居所替代住所；如果自然人没有居所或居所不明，则将当事人现在所在地认定为住所。就专门解决住所法律问题的国际立法而言，1979 年美洲国家间签订了《国际私法中自然人住所的公约》，该公约第 2 条规定，"自然人的住所首先以惯常居所地为准；没有惯常居所地，则以主事务所所在地为准；在无上述所在地的情况下，以单纯的居所所在地为准；单纯的居所所在地也无法确定时，以自然人所在地为准"。本条既包括住所的积极冲突，也解决了住所的消极冲突。在自然人惯常居所、主事务所、居所均无法确定或缺乏时，以自然人所在地为准。

解决住所的消极冲突问题，实际上是解决自然人住所从无到有的过程。无论自然人是否具有惯常居所、最密切联系地等确立住所的连结因素，自然人目前所在地、单纯的居所是一定存在的。因此，以自然人居所或目前所在地为准则能保障达到明确自然人住所的效果。就此，各国立法和有关住所的国际条约在住所消极冲突时，均以当事人居所或所在地为准，以在解决住所消极冲突时发挥兜底性作用。

英美法系国家的恢复原始住所制度同样可用于解决住所的消极冲突，然而该制度本身受到较多质疑。该制度是指，如果自然人放弃了他的住所而且暂未成功选择一个新的住所时，那么其原始住所就能得到恢复，以保障自然人在任何时候都能获得一个住所。① 恢复原始住所规则在英国确立住所规则中具有重要地位。

然而，以恢复原始住所的方式解决自然人住所消极问题的规则不尽合理，因为该规则被适用的基本前提是所有人均与原始住所保持着密切联系，但是在人口流动日益加速的今天，这一前提条件几乎是无法满足的，在大多数情况下，自然人都与其原始住所失去了密切联系，甚至是毫无联系。许多普通法系国家如英国、澳大利亚、新西兰已经放弃了恢复原始住所规则。相对而言，自然人与之刚刚放弃的最后住所具有更为密切的联系。如果自然人的最后住所已放弃一段时间导致自然人与该地之间联系逐渐弱化，那么，当前住所地才应当是与自然人的行为有最直接、紧密的联系。

从产生住所冲突的原因来看，最根本的还是由于各国有关住所的含义不一致，统一各国住所概念固然难以实现，但选择将住所的概念置于一个法律体系范围内具有可行性。其他有关自然人自由选择住所以及住所认定的复杂性等导

---

① John Kiggundu, "The Law of Domicile in Botswana: The Need for Reform", *African Journal of International and Comparative Law*2, 1990, p. 627.

致住所冲突的原因如果放置于一个法域体系内考量，也能得以顺利解决。因此，为了防止住所法律冲突，有的国家直接对住所问题以识别为依据采用法院地法，以在本国的法律体系下解释概念，不考虑住所会包含不同的法律意义这一问题。①

第四节　住所与国籍、居所之辨析

住所与国籍是属人法中的传统连结点，两者各有劣势之处，因此才会在历史上出现二者分庭抗礼几百年之争的历史情形。既然二者之间相互抗衡，并未能出现二者之一取代对方的结果，表明二者均各有优劣。为使各连结点得到更准确的适用，有必要对国籍、住所，以及近似概念如居所进行比较。

一、住所与国籍

尽管在自然人属人法连结点的适用上，基本形成了大陆法系以国籍为主，英美法系以住所为主，但也有大陆法系国家采用住所，英美法系国家采用国籍的情形。除此之外，还有混合采用两大原则的国家，如俄罗斯、奥地利、瑞士、匈牙利、墨西哥、委内瑞拉等。② 国籍和住所之间并不存在一一对应的关系，拥有某国国籍，并不意味着在该国一定有住所，而在某一国家拥有住所也并不意味着一定是该国国民。但是，具有一国国籍可能作为在该国确立住所的条件和考量要素。

任何一部法律都透露着确定性和灵活性之间的矛盾色彩，在明确指引已有情形的同时，又要尽可能多的囊括未能预见的现象，而这一对矛盾在国际私法中的显现尤为突出。根据国籍和住所之间的对比，可发现二者各自的优缺点，同时淋漓尽致地体现了国际私法制度中灵活性和确定性的矛盾。

---

① 如澳大利亚、美国等根据识别将住所问题适用法院地法。参见董丽萍：《澳大利亚国际私法研究》，法律出版社 1999 年版，第 41 页。

② 邹龙妹：《俄罗斯国际私法研究》，知识产权出版社 2008 年版，第 86 页。

从性质上来说，国籍偏向公法性，住所偏向私法性。国籍不仅是法律概念，更是一个政治概念，国籍关涉国家对自然人行使外交保护、自然人在祖国所享有的政治权利等内容，而住所只涉及自然人在其住所地所享有的民商事权利。由此来看，根据国籍确定自然人的身份下所享有的权利范围比住所更宽泛。

从概念确定性角度来说，住所制度是一个所谓的个人主义、自由的制度，① 且各国对于住所的定义、类型划分各异，这致使住所的含义较为丰富，但却也导致住所的概念在各国难以实现统一。住所概念的灵活性和多样性使得各国在确定自然人住所时容易发生争议。国籍制度由各国国内法确定，一国无权干涉他国赋予的国籍，虽各国对于取得和丧失国籍的规定大相径庭，但是仅国籍本身的含义并不存在较大差异。

从确定二者难易程度而言，住所的确定不仅需要从自然人客观居住状况来确定，同时也需要将主观居住意图作为考量要素，主观意图相对客观居住状况多变、难以把握，而国籍的确定主要依据一国国内法的规定，有确定的法律依据和客观存在的事实。因此，从确定难易、复杂程度来说国籍制度相对容易、简单。住所制度的概念之争、意图要素使得其本身相较于国籍制度更为灵活，确定过程也更加复杂。

从获得方式上来说，住所可以依据个人的主观意图和自由意志变换，可以选择任一地点作为其住所，任何组织和他人均无权干涉，具有绝对的自主性。但是国籍的取得需要依据特定国家国籍法的规定，个人虽也享有取得国籍的自由，但在国籍的变更上会受到更多法律约束和客观限制。

从变更难易程度来看，随着国际交往密切程度的提升，自然人变更住所变得常见也相对容易，且以居住意图作为确定住所的决定性要素致使以住所确定的准据法变得越来越不稳定，甚至当事人自己也难以预见。经过当事人申请和国家许可虽能变更国籍，但是各国规定了变更国籍的要件，这意味着当不符合

---

① ［德］马丁·沃尔夫：《国际私法（上）》，李浩培、汤宗舜译，北京大学出版社2009年版，第120页。

各国关于获取、丧失本国国籍的要件时，自然人申请变更国籍是难以实现的。

从最密切联系原则来看，住所与当事人的身份、能力及日常生活联系更为紧密。随着民商事交往日益频繁，自然人的日常活动区域早已长期突破原国籍国，此时国籍的确定性已难以满足人员的快速流动，与实际行动所在地缺乏必然联系。自然人与其原国籍国的联系可能已经非常微弱，若仍坚持适用国籍国不仅不利于促进民商事交往，也不利于保护当事人在新住所地国所应享有的权利。

由此来看，国籍、住所之间最显著的区别就是国籍的确定性和住所的灵活性，从某种程度上来说，二者各自所具有的优势和缺点均是由这一特性而来。住所相较于国籍而言，因其灵活性使得概念多义，而同时需要判断居住意图导致其相对难以确定。因此，住所的灵活性也导致了不确定性，但也正因为住所制度的灵活性，才得以满足当前国际社会因人员流动而产生的复杂情形下自然人住所的准确判断。国籍相较于住所而言，具有确定性的特征，易于操作和确定。但其确定性也导致在确定自然人属人法时过于僵硬，无法反映当事人与事实之间的密切联系，难以恰当合理地分配当事人的权利义务、约束当事人的行为。

正是因为国籍、住所分别具有自身的优势和缺陷，所以在属人法的发展历史进程中，并没有出现完全取代对方的情形。国际社会为解决二者之间的矛盾做出了不懈努力，海牙国际私法会议于 1955 年 6 月订立了《关于解决本国法和住所地法冲突公约》。

1955 年公约第 1 条规定，"如果当事人的住所地国规定适用当事人本国法，而其本国规定适用住所地法时，凡缔约国均应适用住所地国的内国法规定"。本条在本国法和住所地法之间冲突时以住所地法为准，体现了住所地主义的倾向。由此可见大陆法系国家在原本以国籍作为主要连结点上做出了让步。另外，该公约第 5 条明确规定，"住所是某人经常居住的地方，除非住所取决于他人的住所或机关所在地"。根据"经常居住"可知，本条将住所倾向于解释为惯常居所，英美法系扩大住所的适用，开始采用惯常居所。在本公约中，大陆法系国家同意采用住所，英美法系国家则将"住所"作扩大解释并开始适用"惯常居所",而大陆法系国家在确定住所时原本就更加注重考量自然人的客观居住状况,倾向于解释为"惯常居所",所以两大法系在属人法连结点的适用上均开始接受并采用"惯常居所"。即便该公约仅有 5 国签署尚未生效,但对缩小两大法系之间在属人法连结点问题上的分歧发挥了重要作用,在实践中也取得了积极效果。

大陆法系国家在保留国籍作为连结点的同时,开始采用住所作为连结点,如,瑞士 1891 年《关于定居的或暂住的公民的民法关系的联邦法》主要采取住所地法原则(该联邦法第 2 条、第 12 条及第 22 条),瑞士 1987 年《关于国际私法的联邦法》将住所地法放在首位,[1] 解决国籍积极冲突问题时,也以自然人的住所地为准确定国籍。英美法系国家也不再仅以住所作为连结点,属人法连结点逐渐打破两大法系分属国籍、住所的长期对峙局面,属人法连结点的适用逐渐开始融合,并寻求住所、国籍冲突的解决方式,从而出现新的连结点——惯常居所。

惯常居所相较于国籍具有灵活性,相较于住所的事实又与个案联系更为紧密,且客观事实具有确定性,其在确定属人法时体现了适度的确定性和灵活性。在国际私法中,无论是确定管辖权或是法律选择,均需要权衡灵活性和确定性之间的平衡。惯常居所的确定需要依据个案事实具体分析,具有灵活性。然而,其灵活性并非意味着完全不具有确定性,惯常居所所依据的个案事实虽不一样,但是居住事实是客观且相对确定的。因此,惯常居所在确定性与灵活性之间寻求了备受青睐的平衡,而如何准确确定惯常居所是实现这一平衡的秉轴持钧。

二、住所与居所

居所(residence)相较于住所,从事实状况而言,居所只是暂住或客居之地,从法律角度来看,设定居所的条件更为宽松,不要求有久住的意思,只需

---

[1] 陈卫佐:《瑞士国际私法法典研究》,法律出版社 1998 年版,第 57 页。

要有居住的事实即可,① 即强调有形到场，而不要求必须具有固定的居住形式。居所与住所有时重叠，有时也可能不一致。居所这一概念主要适用于英美法系国家，如在澳大利亚，居所与普通居所的意义相同，二者在使用时没有什么区别;② 在加拿大，基于不同的情况，对居所的理解有多重含义,③ 各国有关居所的概念并不统一。

对于居所是否应当具有主观方面的意图，普通法系国家在理论上并无一致的认识。在某些情况下，居所也被要求考量住所中的居住意图，但即便要求考量意图，也只是一段有限时间的居住意图，并不考量未来居住意图。相较于主观居住意图，居所更注重客观有形出现。

根据居所居住人同居所地的联系程度，居所可分为惯常居所和偶然居所。惯常居所是人经常居住的处所，居住人同其惯常居所地有较为密切的联系，在惯常居所地居住时间较长，是其主要生活中心地；而偶然居所指一个偶然居住的处所，居住人同其偶然居所的关系不太密切，选择偶然居所居住带有一定的偶然性，其居住的时间也较短。④ 普通居所(ordinary residence)不同于居所，在加拿大被认为是居所的其中一种。英国早在其 1806 年《英国所得税法》中就开始采用普通居所这一概念，后来逐渐扩大适用到婚姻案件的管辖权、外来移民法、社会保障法、税法等领域，以通过普通居所建立自然人与英国的偶然联系，实现特定法律目的。如被用来作为区分学生属于本地或海外，以确定是否可以获得政府资助。作为弥补住所地的缺陷而设立的一个使用较长久的连结点。英国常在实践中将普通居所等同于惯常居所,⑤ 认为二者并无实质区别。但是，英国在 Nessa v. Chief adjudication officer 案中， Slynn 法官认为"惯常居所"需要较短的居住期间，但"普通居所"对此并无要求。一般而言，惯常居所

---

① 韩德培主编：《国际私法新论(上)》，武汉大学出版社 2009 年版，第 90 页。

② 董丽萍：《澳大利亚国际私法研究》，法律出版社 1999 年版，第 43 页。

③ 刘仁山：《加拿大国际私法研究》，法律出版社 2001 年版，第 54 页。

④ 黄进、郭华成：《澳门国际私法中的国籍、住所和惯常居所》，载《政法论坛》1997 年第 4 期，第 100~107 页。

⑤ Ikimi v Ikimi [2001] EWCA Civ 873.

的形成更倚重客观居住条件，而普通居所能在一天内获得和改变，因此二者并不相同。

无论是上述居所中的哪一类型，均对主观意图无特殊要求。就客观而言，惯常居所要求一段可评估期间和有形到场，普通居所对客观无严格要求，偶然居所停留期间有限且多出于特定目的。

马丁沃尔夫在其书中指出，"居所"都不以实际上留在居所地为要件，由于居所只要求偶然的物理出现，而非惯常性的居住，而且对居住意图也没有必须要求，因此，一个自然人可以在一个时段拥有多个居所，其偶然性和多重性决定居所难以体现自然人与某一实际居住地之间的实质联系。从这一角度而言，对于居所的普遍理解倾向于普通居所、偶然居所。

尽管各国在住所、居所的概念理解上存在诸多差异，导致在确定自然人住所时会产生一定的困难，但整体而言居所的确定相对简单，居所相较于住所而言，居住意图非必要、决定性要件，相较于惯常居所而言，不需要持续、久住的形式。因此一些国家的国际私法有时以居所代替住所、以居所地法代替住所地法，将居所地法视为属人准据法，如 2001 年韩国《国际私法》第 4 条、2006年日本《关于法律适用的通则法》第 39 条即是如此规定。[1] 居所虽不是属人法中传统的连结点，但是在诸多国家法律中被采用。也有以居所替代惯常居所的实践，如我国 2010 年《涉外民事法律关系适用法》第 20 条规定，依照本法适用经常居所地法律，自然人经常居所地不明的，适用其现在居所地法律。我国仅规定以居所替代无法查明的经常居所，在其他确定法律适用规则中未以居所为连结点。

总体而言，居所仅仅是表示自然人在某地的物理出现，不需要通过主观意图和客观居住状况综合分析。因此，居所本身所发挥的功能既异于住所确立的民事地位，也不同于国籍是由国家主权所赋予的身份限定，其通常在住所、国籍发生消极冲突时被适用。

---

① 陈卫佐：《比较国际私法》，清华大学出版社 2008 年版，第 178～180 页。

第三章　自然人属人法连结点之三：惯常居所

惯常居所的出现打破了国籍主义和住所地主义之间长达数百年之争的历史状况，在解决国际属人法争议问题上取得积极效果，逐渐受到国际组织和各国的青睐，被国际条约和各国法律广泛采用，为促进国际社会统一适用属人法连结点奠定了基础。

第一节　国籍、住所之争的结果——惯常居所

有关惯常居所的定义，国际上并不存在统一的概念，海牙国际私法会议关于采用惯常居所的定位就是需要结合个案事实具体判断，体现了惯常居所的灵活性。但为方便司法实践的适用，各国、国际条约关于惯常居所的含义也都有专属于自己法律体系的理解和规定。

一、各国、国际组织、超国家组织关于惯常居所的规定

(一)各国立法

两大法系都开始广泛采用惯常居所作为属人法连结点，大陆法系国家在成文法中规定惯常居所的含义，英美法系则主要是通过判例法确定惯常居所的要素。

英国拥有较完善的住所制度，但早在 1952 年，由于考虑到住所中居住意图的不确定性，英国就提出了对住所制度进行改革的一系列举措和办法。受海

牙公约及世界广泛采用惯常居所的影响，一些以住所作为属人法主要连结点的国家如英国也开始在家事有关法律中采用惯常居所。如，1963 年英国《遗嘱法》、1973 年《住所和婚姻诉讼法》、1986 年《家庭法》等都广泛适用惯常居所。1963 年《遗嘱法》第 1 条规定，惯常居所可作为确定遗嘱形式要件的连结点之一。① 除了成文法中规定了惯常居所，英国法院也有关于惯常居所的判例法，其中与保护儿童利益有关的内容较多。在 Re J. 案②中，上议院被问及当一名儿童的母亲将其带走并定居在英国时，他是否就不再拥有在西澳大利亚州的惯常居所。Brandon 法官提出了两条基本规则：第一，惯常居民一词应根据其所包含两个词的普通和自然含义来理解。第二，一个人是否经常居住在某一特定国家是一个事实问题，需要参考每一特定案件的相关情况来决定。根据其所提出的规则，Brandon 法官强调的是客观居住。

根据英国法对住所制度的改革，在采用惯常居所时认为其是一个人实际居住的地方，惯常居所更偏向于是一个事实概念，而非法律概念，按照法律概念还可能影响对居住事实的判断。按照此种规定，当一个人在英国和另一个国家的居住生活时间大致相等，在两地都形成了习惯性居住的情况下，有可能被视为拥有两个惯常居所。然而，根据欧盟《布鲁塞尔条例 II》修订的规则，一个人不能同时在两个及以上国家拥有惯常居所，因为一个人在一段时间只能有一个利益中心地。

随着惯常居所在英国的适用，对惯常居所的确定标准也更加完善。英格兰在确定惯常居所时所考量的要素主要包括：第一，自然人必须是为了定居的目的自愿在此居住；第二，必须有一个相当可观的居住时间；第三，一个人可能同时拥有不止一个经常居所，如一个自然人很可能在一段时间内，在两地之间来回生活，且几乎平等地划分时间；第四，一个人可能没有惯常居所。如果一

---

　　①　第 1 条规定："凡是依遗嘱订立地、遗嘱人立遗嘱时或死亡时的住所地、遗嘱人立遗嘱或死亡时的惯常居所地、遗嘱人立遗嘱时或死亡时国籍国的现行国内法而作成之遗嘱，视为遗嘱已有效作成。"

　　②　Re J. (A Minor) [1990] 2 A. C. 562.

个人以不打算再回来的意图离开其原惯常居所地，并已准备在国外定居，就可能在其离开时就丧失了原经常居所，并由于不满足实际居住的时间要求而无法在新居所之地确立经常居所。① 在惯常居所中增加了主观居住意图。另外，英国斯卡曼法官所确立的斯卡曼规则认为，确定经常居所有两方面的构成要件：一是居住（定居）的意图，二是实际居住的时间与事实。但在具体实践中，法官对这两方面要件的侧重又有所不同。② 整体来看，英国确定经常居所的标准包括居住意图和客观居住事实，其中，客观居住标准包括居住时间与居住事实两大方面。

美国法律中最早使用惯常居所的概念是在1980年《难民法》中以惯常居所确定无国籍者的难民地位。就冲突法而言，惯常居所作为一个连接因素的首次使用是美国批准加入《儿童诱拐公约》之后。美国在一系列判例中规定了惯常居所的要素，如具有在该地居住的目的，并在此连续居住一段时间，③ 在该地居住时间较长足以适应当地环境。④ 对自然人居住状况的分析是对在确定惯常居所之前的客观情况进行考量，而不是考量其未来的居住情况。然而，法院认为，出于"将惯常居所作为普通法系住所的一个技术性术语"的考虑，他们没有制定关于惯常居所的详细和限制性规则，而应根据确定惯常居所的指导性原则从每个案件的事实和情况出发进行分析，要求一个人在任何特定的时间只能有一个惯常居所，惯常居所只能因地理位置的变化和时间的推移而改变。⑤ 然而，美国也不仅仅考量客观居住状况。美国国土安全部公民移民安全局（U. S. Citizenship and Immigration Services）为了确定海牙公约中儿童的惯常居所，发布了一份"政策备忘录"（policy memorandum），其中要求在确定惯常居

---

① Harding M, *Conflict of laws*, Abingdon, Oxon, UK, Routledge Press, 2014. p. 31.

② 刘仁山：《现时利益重心地是惯常居所地法原则的价值导向》，载《法学研究》2013年第3期，第174页。

③ Re Bates, [1989] CA 122/89.

④ Feder v. Evans-Fede, 63 F. 3d 217, 224(3d Cir. 1995).

⑤ Friedrich v. Friedrich, 983 F. 2d 1396, 1401(6th Cir. 1993).

所时必须具备客观居住事实和主观居住意图。① 美国关于惯常居所的较多案例是公约下关于儿童惯常居所的确定，但与惯常居所相关的基本理论分析具有普遍的适用意义。

加拿大魁北克省遵循大陆法系传统，规定惯常居所是自然人经常性、习惯性生活的地方，这一规定要求惯常居所相较于普通居所与居住地有更持久的联系。② 因此，惯常居所不能是偶尔经过的地方，要求一般的、经常的在此居住。

加拿大除魁北克省以外的其他区域属英美法系，在属人法上保持以住所作为属人法连结点的传统。加拿大法院过分强调原始住所的重要性，同时，过分重视对当事人改变住所意图的确定，从而也增加了证明当事人改变住所意图的困难，由于适用住所规则证明居住意图的困难，加拿大提出用惯常居所取代住所概念的建议。法院未对惯常居所进行界定，但一般是指经常的持续一定期限的有形到场，与个人居住的省或州之间具有较为紧密的联系。惯常居所除不具有住所中的主观性因素和住所的意图性要求外，可以认定其与住所在很大程度上具有相同意义，因此，可通过惯常居所取代住所并去除其中的主观性因素。③

在加拿大，经由《海牙公约》通过并使用的惯常居所这一概念现已成为加拿大法律的一部分。受海牙公约的影响，加拿大大多数省份在属人法连结点上相较于住所更青睐于惯常居所。因此，惯常居所在加拿大被用作解决国际民商事法律关系中管辖权和法律选择的主要联系因素，通过采用惯常居所以避免仅

---

① Criteria for Determining Habitual Residence in the United States for Children from Hague Convention Countries, https: //www. uscis. gov/adoption/immigration-through-adoption/hague-process/uscis-policy-for-determining-habitual-residence-in-the-us-for-children-from-hague-convention. March10, 2023.

② Gérald Goldstein, "The Concepts of Habitual Residence and Ordinary Residence in Light of Quebec Civil Law, the *Divorce Act* and the Hague Conventions of 1980 and 1996", Presented to Family, Children and Youth Section Department of Justice Canada. 2006.

③ 刘仁山：《加拿大国际私法研究》，法律出版社 2001 年版，第 52~66 页。

采用住所规则导致的僵化和武断。①

瑞士《联邦国际私法》第 20 条规定了惯常居所的定义，自然人在其居住了一段时间的国家内有其惯常居所，即使这段时间在开始时是有限的。与住所相比，惯常居所更注重"居住了一段时间"这一客观因素，但并不强调当事人有定居的意思这一主观因素，而且对于居住的时间也无严格规定，因而更易于取得并获得承认。②

比利时《国际私法典》第 4 条第 2 款第 2 项规定，为确定惯常居所，应特别考虑与该地方构成永久联系的具有个人或职业性质的各种情况或当事人构建此种联系的意愿。对惯常居所的规定也只是表明应与当地具有永久联系，并居住于此的意愿，但没要求具体的居住时间。

2005 年，保加利亚通过了第一部国际私法法典，惯常居所在该法典中被广泛采用。根据该法典第 48 条，具有双重国籍、无国籍或难民均以其惯常居住地法为本国法，其中，本条第 7 款规定，自然人的惯常居所是指，"该自然人主要为了生存需要而设立住所之地，且与为居留或设立住所必须的注册登记或许可证无关。在确立该地点时，尤其应考虑个人或职业特征等情况，这些情况可从该人与该地点的稳固联系或其创设这种联系的意图推断出来"。对惯常居所的考量包括客观和主观方面。

中国澳门地区《澳门民法典》第 30 条第 2 款规定，"个人实际且固定之生活中心之所在地视为个人之长居地"。③ 强调客观居住事实所形成的生活中心，同时要求较长的居住时间，两重条件均符合才能视为个人长居地。但仍有不少大陆法系国家在法律中未明确规定惯常居所的确定标准，如 1978 年《奥地利联邦国际私法法规》、韩国 2001 年 4 月 7 日《国际私法》、俄罗斯 2001 年《联邦民法典第六编》等。

---

① James G. McLeod, "The Meaning of Ordinary Residence and Habitual Residence in the Common Law Provinces in a Family Law Context", Presented to Family, Children and Youth Section Department of Justice Canada. 2006.

② 陈卫佐：《瑞士国际私法法典研究》，法律出版社 1998 年版，第 60 页。

③ 涂广建：《澳门国际私法》，社会科学文献出版社 2013 年版，第 195 页。

总而言之，各国关于惯常居所的定义，两大法系均认同客观要素的重要性，对于客观要素的考量主要包括居住事实、居住时间、个人与当地的客观联系，包括职业关系、家庭关系等。但是，对于主观要件的重要性各国规定不一致，有着源远流长住所制度的国家，如英国、美国，在确定自然人惯常居所时依然重视对主观居住意图的考量，但也并非所有英美法系国家在确定住所时都重视主观要素。

(二)国际立法

海牙国际私法会议于 1902 年在《关于未成年人监护问题的公约》第 9 条中首次采用惯常居所作为确定属人法的连结点以来，越来越多的海牙国际私法会议缔结的条约以惯常居所为连结点确定属人法。① 在随后的诸多公约中均采用惯常居所作为连结点，但为了使惯常居所免受确定规则的影响，并未具体规定惯常居所的确定标准。

海牙公约也曾作出努力，希望明确惯常居所的确定标准，如将居住时间要求为一年，但专家们在这一点的讨论上出现了大量的分歧，因此关于确立惯常居所对时间的具体要求也尚无定论。还有的建议认为，在案件中对时间的要求应因个案不同而存在差异。因此，随之而来的结果是随意对时间作出要求以确定是否已经确立经常居所。一方面，这样的做法貌似不利于当事人预测案件的后果，但另一方面却体现了规则的灵活性，有利于实现案件的实质正义。生活中心的形成必须以居住时长为基础，因此公约对时间的重视，也在某种程度上体现了对生活中心的关注。

---

① 何其生：《我国属人法重构视阈下的经常居所问题研究》，载《法商研究》2013 年第 3 期，第 87 页。惯常居所最早出现的公约有争议，有的学者认为最早出现在 1956 年《儿童抚养义务法律适用公约》，参见杜焕芳：《论惯常居所地法及其在中国的适用》，载《政法论丛》2007 年第 5 期，第 82 页；有的学者认为肇始于 1955 年海牙《解决本国法和住所地法冲突公约》，参见杜新丽：《从住所、国籍到经常居所地——我国属人法立法变革研究》，载《政法论丛》2011 年第 3 期，第 30 页。

（三）欧盟立法

欧盟 2003 年通过了《关于婚姻和父母责任事项的管辖权和判决的承认与执行并废除第 1347/2000 号（欧共体）条例的第 2201/2003 号（欧共体）条例》（以下简称《布鲁塞尔条例Ⅱbis》），惯常居所地成为该条例的主要连结点。从该条例来看，惯常居所适用的范围很广，包括夫妻双方或任何一方的、儿童的均被适用。

欧盟《关于合同之债法律适用的第 593/2008 号条例》《关于非合同之债法律适用的第 864/2007 号条例》《实行离婚和司法别居的法律适用领域加强合作的条例》（以下简称《罗马Ⅰ》《罗马Ⅱ》《罗马Ⅲ》）也均采用惯常居所的概念。《罗马Ⅰ》第 19 条规定，公司、社团和法人的惯常居所系指其主要管理中心所在地。在经营活动中实施法律行为的自然人，其惯常居所系指其主要营业机构所在地。① 《罗马Ⅱ》第 23 条第 2 款规定，自然人在其商业活动期间的行为的惯常居所地应当是其主营业所在地。② 三个文件均从法律适用的确定性、预见性、灵活性，以及欧盟统一市场的需要出发，虽然均未对惯常居所的认定要件做明确的规定，但从法条所要求的"主要管理中心所在地""主要营业所在地"可以看出，惯常居所与当事人的生活中心密切相关。

1972 年 1 月 18 日欧洲理事会讨论《住所及居所法律概念统一化》所作决议第 9 条中专门论及惯常居所，建议成员国在确定自然人的惯常居所时，应当考虑该居所的持续时间和连续性，以及自然人个人情况、其职业性质所反映出的与其居所之间的持续关系。③ 该法条中对惯常居所的确定不仅考量居住时间的长度即居住时间的持续性，还要求考量居住时间的连续性。同时，自然人生

---

① 邹国勇：《外国国际私法立法选择》，武汉大学出版社 2017 年版，第 464 页。

② Article 23(2)：For the purposes of this Regulation, the habitual residence of a natural person acting in the course of his or her business activity shall be his or her principal place of business.

③ 于飞：《论我国国际私法中的经常居所》，载《河北法学》2013 年第 12 期，第 39 页。

活、职业与其居所之间的持续联系，也即考量其与当地的密切联系是否足以形成生活中心。在确定经常居所时，欧洲议会对于生活中心的认定，主要从居住期间、居住稳定性、个人事务或职业方式等，从以上方面确保当事人和居住国保持持续的联系。①

根据欧洲法院的规定，惯常居住地是指当事人已经建立并打算在该地维持其永久或惯常利益中心的地点。② 欧洲法院确定惯常居所时主要考虑的要素包括：第一，欧盟有一个统一的规定，但是各成员国可以依据本国立法的规定对其进行解释；第二，惯常居所代表了自己永久或是主要利益中心地；第三，居住时间只是确定惯常居所的一个因素，但不应仅依据居住时间确定惯常居所。欧洲法院认为，自然人的惯常居所是永久或是其惯常利益中心地，因此短暂的更换居所并不会影响其已建立的惯常居所。③

欧洲法院还制定了一份关于确定自然人惯常居所的规则指南，其中包含确定惯常居所的基本因素，包括居住时间、未在此居住的时间和目的以及主观居住意图。④ 欧洲法院在确定惯常居所的判例中也对居住意图进行了考量⑤，明确了确定惯常居所的习惯性居住以及明显的居住意图，但不包含未来的居住意图。⑥

由此可见，欧洲法院对经常居所的确定标准包括对居住意图和客观方面的综合考量。主观标准主要考量当下的居住意图，客观标准需要通过居住时间的持续性和连续性，以及职业状况等社会联系所形成的生活中心来认定。

---

① 洪莉萍、宗绪志：《国际私法理论与实践探究》，中国法制出版社 2014 年版，第 155 页。

② Angenieux v. Hakenberg, 1973 E. C. R. 935；Di Paolo v. Office Nat'l de L'Emploi, 1977 E. C. R. 315.

③ Harding M, *Conflict of laws*, Abingdon, Oxon, UK, Routledge Press, 2014. p. 31.

④ Rafal Manko, "'Habitual Residence' as Connecting Factor in EU Civil Justice Measures", *Library of the European Parliament*, 2013, p. 1.

⑤ Di Paolo v. Office Nat'l de L'Emploi, 1977 E. C. R. 315.

⑥ Mo Zhang, "Habitual Residence v. Domicile：A Challenge Facing American Conflicts of Laws", *Maine Law Review*, 70(2), 2018, p. 184.

(四)我国立法与学界观点

我国 2012 年《关于适用〈中华人民共和国涉外民事关系法律适用法〉若干问题的解释(一)》(下文简称《司法解释(一)》)第 15 条(现为第 13 条)①是关于惯常居所②的具体规定，自然人在涉外民事关系产生或者变更、终止时已经连续居住一年以上且作为其生活中心的地方，人民法院可以认定为涉外民事关系法律适用法规定的自然人的经常居所地，但就医、劳务派遣、公务等情形除外。该条中，包括居住时间、生活中心的客观要素，"作为生活中心"也体现出对主观居住意图的考量，除此之外，还有"除外情形"，以对通过主客观方面确定的错误经常居所发挥纠偏作用。

我国理论界一般认为确定经常居所的标准是主观居住意图和实际居住时间。③ 虽未直接强调生活中心，但由于居住时间是形成生活中心的必要基础，因此，对居住时间的强调在某种程度上也反映了生活中心的重要性。

对经常居所的规定强调了生活中心的重要性，也有学者提出"生活中心"是我国现行法确定经常居所的核心。④ 因此，在此前对主观居住意图、实际居住期间的关注之下，也逐渐注重对生活中心的分析。由于法条对生活中心的表述是"作为其生活中心的地方"，因此有学者提出"生活中心"到底是一个主观要件还是一个客观要件？这涉及如何确定"作为其生活中心的地方"，是注重当事人的主观意愿，当事人的客观生活状况，还是综合考量？⑤ 对此，有学者

---

① 2020 年最高人民法院对 2012 年《关于适用〈中华人民共和国涉外民事关系法律适用法〉若干问题的解释(一)》进行修正，原第 15 条的内容现为第 13 条，法条具体内容未变动。

② "Habitual Residence"国际上通常译为"惯常居所"，我国在法律中采用"经常居所"这一表述，但两者含义基本一致。

③ 刘仁山：《现时利益重心地是惯常居所地法原则的价值导向》，载《法学研究》2013 年第 3 期，第 187 页。

④ 薛童：《论作为自然人生活中心的经常居所地》，载《国际法研究》2015 年第 6 期，第 114 页。

⑤ 杜焕芳：《自然人属人法与经常居所的中国式选择、判准和适用——兼评〈涉外民事关系法律适用法司法解释(一)〉》第 15 条，载《法学家》2015 年第 3 期，第 161 页。

表明，生活中心蕴含居住意图这一主观要素。但无论"生活中心"是作为客观要件还是主观要件，均应注重如何解释"生活中心"，达到什么样的程度才算是生活中心，强调"生活中心"蕴含着居住意图之考虑，并综合当事人客观居住事实，从而确定某地为其生活中心。① 虽然关于生活中心存在各种疑问，但其重要性已显而易见。本书认为，生活中心本质上应属于客观标准，之所以会有主客观性质之争，是因为"作为其生活中心的地方"这一表述蕴含对主观意图的考量，但这仅仅表明我国对经常居所的确定注重主观居住意图，而不应成为生活中心本身属性的影响因素。

综上所述，从世界各国、国际立法和超国家组织的法律规定来看，有关惯常居所的确定主要考量要素包括客观方面、主观方面。其中，客观方面主要指客观居住状况，包括居住时间、与居住地形成客观紧密联系的居住事实等，主观方面即是主观居住意图。除了客观、主观标准之外，还包括我国独有的除外情形。

惯常居所因主要依靠客观居住状况确定而具有稳定性，因为居住状况是客观且不能被随意改变的。同时，依据具体的客观事实分析而具有灵活性，满足了当前世界各国来往密切、人员频繁流动的现状。自然人与其国籍之间的联系不如过去紧密，而住所因为需要考量居住意图又过于灵活，惯常居所与自然人事实行为联系密切，最符合自然人现时生活、利益。惯常居所缓解了国籍和住所之间的矛盾，在确定性和灵活性之间寻求了相对恰当的中间点。

二、惯常居所与住所之比较

惯常居所(habitual residence)和住所(domicile)均要求同时考量客观居住状况和主观居住意图。但在具体对主客观方面的考量上，二者存在一定的差异。

(一)客观居住事实

客观居住事实包括自然人的家庭状况和关系、居住的时间、就业情况、从

---

① 于飞：《论我国国际私法中的经常居所》，载《河北法学》2013 年第 12 期，第 40页。

事其他活动等，可概括为与当地联系所形成的生活中心和居住时间。

惯常居所强调"习惯性"，描述的是自然人的客观行为表现和一种客观状态，惯常居所的"惯常"就意味着自然人在某地的居住事实和状态，通过这些居住事实判断个人日常生活行为所在地，确定自然人惯常居所。惯常居所尤其强调个人与惯常居所地之间的实际联系，需要对自然人生活的各方面要素进行分析，包括自然人的家庭、工作等生活相关的要素，并根据个案情况确定侧重考量的内容。比如，根据《国际诱拐儿童民事方面的公约》，儿童"诱拐的合法性与否"由儿童惯常居所地法确定，而依据欧洲法院（ECJ）的规定，确定儿童的惯常居所地，首要考虑的是由社会和家庭环境组成的各种因素，以确定儿童与有关国家居住地之间的真实联系。婚姻家事关系中确定惯常居所偏向于考量家庭关系，而其他诸如合同、侵权等法律关系则对自然人自身的就业、社会生活联系有更多考量。

住所同样需要考量客观居住状况，但住所对客观居住状况的考量可能只是为了辅助于证明主观意图，不同于惯常居所对客观方面的倚重和全面考量。

就居住时间而言，住所中的居住时间长短本身并不重要，只有在作为定居意图的证据时，居住时间才是重要的。① 然而，惯常居所强调"习惯性"，这不仅仅意味着居住，同时意味着"某种程度的永久性居住"。毕竟一个人的习惯需要一定的时间才能养成，因此，惯常居所对于居住时间还要求持续性和连续性。

无论是对客观生活中心要素全面考量与否，抑或是居住时间的持续性和连续性要求，在惯常居所与住所间对客观要素考量的最主要区别是，客观因素在确定惯常居所时发挥着决定性作用，但确定住所时并非如此，确定住所的首要要素是主观意图。

为确定自然人的真实居住意图，法院通常需要对一个人在一段时间内生活的各方面情况进行微观审查，需考量的内容包罗万象且涵盖诸多个人主观因

---

① ［英］J. H. C. 莫里斯主编：《戴西和莫里斯论冲突法（上）》，李双元、胡振杰、杨国华等译，中国大百科全书出版社 1998 年版，第 156 页。

素，审查内容的灵活性导致住所的确定也不稳定。相较而言，法院根据一个人与某地的物理联系，确定自然人的惯常居所更为客观和稳定。

(二) 主观居住意图

从前述各国有关住所的立法规定以及有关住所的判例可知，英美法系国家有关于住所的制度都十分重视对居住意图的考量，而惯常居所更侧重对实际居住地的事实分析，对当事人居住意图要求较低。

根据住所规则，为了使某个地方成为他的住所，需要具备在该地无期限居住的意图，如果不具备无期限居住意图则不能确定为住所。如，当居住在 A 国的人准备在 B 国长期工作并将其全家迁往 B 国时，但如果他打算在 B 国工作结束后返回 A 国，那么他的住所仍被视为在 A 国。同样的情形出现在确定惯常居所的情形时，该自然人的惯常居所不可能被认定为在仅有居住意图而无实际居住的 A 国。因此，在确定惯常居所时，不会完全依据居住意图确定或改变，居住意图在确定惯常居所时并无决定性作用。

住所中对居住意图的考量不仅是无期限永久的，而且是对未来的安排意愿。如，本居住在 A 国的一家人准备举家迁往 B 国，他们卖掉原在 A 国的房子，带着贵重物品到了 B 国，当他们到 B 国的后就立即拥有了 B 国的住所，因为他们具有未来在 B 国永久居住的意图。然而，惯常居所强调的是自然人当前生活所在地，根据其当前生活事实和状态来确定，而不是依据其对未来居住意图的明示声明。

由于惯常居所强调对客观居住事实的考量，对惯常居所的确定也主要是基于事实的分析，在确定惯常居所时是否考量其主观居住意图存在些许争议。否定在确定惯常居所时考量主观因素的理由是，主观意图的认定具有高度的主观性，会滋生不确定性，并导致失去惯常居所的客观确定性优势，而且容易导致惯常居所与住所概念之间混淆。

然而，根据惯常居所本身所具有的含义，习惯性、居住的持续性是自然人主观意志所决定的，因此也要求考量居住意图，但确定惯常居所时居住意图并不具有决定性，也不考量未来居住意图。关于确定惯常居所是否考量主观意图，各国意见不一。

综上所述，惯常居所与住所之间的区别主要包括：一方面，确定惯常居所的主导要素是客观居住，确定住所的决定性要素是居住意图；另一方面，惯常居所强调对客观事实的考量，尤其是对时下居住事实的考量，而住所不仅关注当下事实情况，更侧重对未来居住意图的考量。惯常居所相较于住所而言，更注重对居住事实的考量，一个人与一个地方之间的实际联系成为确定该地是否为自然人惯常居所的关键。在国际民商事活动日益频繁的情形下，惯常居所更能体现自然人与事实之间的密切联系。

第二节　确定惯常居所之客观标准

国际上没有关于惯常居所的统一、确切定义，但根据前述各国关于惯常居所的定义来看，诸如加拿大、瑞士、我国澳门地区等国家和地区在确定惯常居所时均仅考量惯常居所的客观居住状况。有的国家除了考量客观方面之外，同时考量主观居住意图，如美国、英国。我国在客观方面之外，还涉及对除外情形的考量，形成独具特色的确定标准。无论适用哪一种标准，确定惯常居所时，自然人的客观居住状况均需考量。因此，客观居住状况的考量是确定惯常居所时的主要方面，需要重点探讨和研究。

确定惯常居所的客观标准具有客观公正、易于考量、便于操作等优势，因此历来为各国所青睐，成为各国在确定惯常居所时重点关注的方面。我国《司法解释（一）》第15条（现为第13条）[1]规定，"自然人在涉外民事关系产生或者变更、终止时已经连续居住一年以上且作为其生活中心的地方，人民法院可以认定为涉外民事关系法律适用法规定的自然人的经常居所地，但就医、劳务派遣、公务等情形除外"。显然将居住时间（连续居住一年）与生活中心作为客观标准的主要内容。从其他各国法律、超国家法律以及国际条约的规定来看，客观标准主要包括居住时间、与当地联系紧密的客观居住事实这两大方面的内

---

[1]　我国经常居所与国际通行的惯常居所概念一致。

容，而后者与我国《司法解释(一)》第 15 条(现为第 13 条)确定经常居所的基本内容之一"生活中心"一致。因此，关于惯常居所或者说经常居所的客观标准主要包括生活中心和居住时间。一方面依据相对硬性的居住期限来判定，即经常居所是"持续一定时间的经常居住"；另一方面依据相对弹性的生活中心甚至最密切联系原则来判定自然人的经常居所。两大方面看似简洁，但包含内容丰富，生活中心的形成需要分析自然人生活状况、与社会所形成的各种联系、主要财产尤其是不动产所在地等，居住时间不仅仅是长短的问题，还关涉居住的连续性。

惯常居所在国际上已得到广泛适用，其重要性不言而喻，在我国更是如此。我国 2010 年《涉外民事关系法律适用法》首次采用经常居所这一概念，在25 个法条中出现 40 余次，随后在 2012 年《司法解释(一)》第 15 条(现为第 13条)对经常居所做了详细的解释，其重要性也显而易见。无论是立法上，还是司法实践中，经常居所都具有举足轻重的地位。

为了使经常居所得到准确的适用，我国《司法解释(一)》对经常居所进行了具体解释，但在具体确定经常居所上仍然存在疑问，尤其在我国司法实践中存在对生活中心的分析厘定不清、要素不明等情况，需要进一步讨论，比较探讨国内外有关惯常居所的适用实践，探讨客观标准的内容和适用。

一、生活中心

虽然各国在确定经常居所时均会考量客观居住状况，但并非所有国家都使用"生活中心这一表述"①。生活中心的形成依赖于自然人在该地经常生活，基于此，本书认为，"生活中心"是客观要件，因为"生活中心"是衡量自然人是否与该地具有密切联系的标准，而是否具有密切联系需要通过客观居住事实来判断。但是，"作为其生活中心的地方"是主观要件，因为选择此地作为自己的生活中心，需要主动与该地保持密切联系，这是由当事人主观选择决定的，

---

① 有的大陆法系国家在定义经常居所时采用"生活中心"的表述，如《匈牙利国际私法》第 3 条。

是其主观意愿的表达。①

在我国学术界，有学者认为，生活中心蕴含居住意图这一主观要素。② 也有学者认为生活中心是一客观要件，因为其是确定经常居所的客观方法，由当事人的客观居住状况决定。但从我国司法实践来看，我国更多的是将"生活中心"作为一客观要件来认定，且认定"生活中心"的要素不确定、不统一。如果自然人在此居住较长时间、与该地在空间上、内容上均有密切联系，那么，应认定其在该地形成了生活中心。

自然人生活中心内容丰富，因此该要件包含多方面的要素，但也并非无迹可寻，本书根据国外对生活中心的认定要素③，同时对比我国司法实践中对生活中心的认定情况，总结为以下三大方面的基本认定要素，并一一论述。

(一) 个人生活状况

个人生活状况指自然人在某地的生活开展状况，主要体现为物质层面的生活状况和精神层面的生活状况，包括权利行使与法律义务承担、参加当地社会组织的状况、驾驶执照登记地、与邻里的关系、社区生活融入程度等与当事人日常生活密切相关的各个方面。

1. 物质生活状况

自然人在某地建立生活中心的基本条件是在此居住，展开日常生活，如申报、缴纳税款，申请执业经营许可证，以教会会员的身份参加活动，以消费者或出售者身份所形成的商业关系等。

---

① 刘仁山：《现时利益重心地是惯常居所地法原则的价值导向》，载《法学研究》2013年第3期，第185页。

② 于飞：《论我国国际私法中的经常居所》，载《河北法学》2013年第12期，第40页。

③ 本书所选取的案例中，有关于认定住所的案例，虽然住所与惯常居所不能等同，但两者在客观方面有相似之处，均要求有事实居住，因此有关于客观标准的考量要素可以相互借鉴。

在 Reiersen v. Commissioner of Revenue 案中①，上诉税务委员会在确定纳税人的住所时，认定当事人住所在菲律宾，而不是马萨诸塞州，因为存有各种证据表明其愿意居住在菲律宾：他曾表示愿意留在菲律宾工作；在菲律宾租住；拥有汽车和驾驶执照；持有银行账户；参加菲律宾的社会组织，并保持广泛的商业业务和社会关系。虽然纳税人没有放弃美国公民身份，且保留了位于马萨诸塞州的驾驶执照、银行账户；在马萨诸塞州还拥有居所、他的家人也住在这里；平均每年两次回到马萨诸塞州探望他的家人，并在此居住一段时间，但从整体的客观事实状况来看，菲律宾才是其商业、社会联系的中心，而他在马萨诸塞州的财产状况，家庭联系均不足以推翻其在菲律宾客观生活中心的形成。事实上，在本案中，当事人与马萨诸塞州和菲律宾均具有客观联系，结合居住时间仍难以确定时，可以结合主观标准共同判断。在本案中，法官直接认定当事人住所在菲律宾的原因主要是出于确定纳税人的住所。为达到特殊的法律目的而有选择的确定经常居所，除了税收，还可能出于为达到公共政策、保护特定自然人等相关法律目的。②

在 Jimenez-Franceschini v. Bentley 案③中，因为波多黎各公寓所有权人未能尽到检查公寓楼梯木制栏杆破裂的过失责任，致使租住于此的 Maria 的母亲从四楼摔下来而伤害。Maria 根据波多黎各法律为母亲和自己所遭受到的损害寻求赔偿。但所有权人即被告声称，波多黎各法院对原告不享有管辖权（subject matter jurisdiction），因为 Maria 的住所不在波多黎各，而在其当前就读学校所在地宾夕法尼亚州。因此，要求公寓所有权人证明 Maria 将住所从波多黎各变更为宾夕法尼亚州。

法院对 Maria 与波多黎各和宾夕法尼亚州的联系进行了以下分析。Maria

---

① Christopher H. Hall，"Establishment of Person's Domicil"，*American Jurisprudence Proof of Facts*，4.（Originally published in 1984，April 2017 Update）. p. 29.

② 杜焕芳：《自然人属人法与经常居所的中国式选择、判准和适用——兼评〈涉外民事关系法律适用法司法解释（一）〉第 15 条》，载《法学家》2015 年第 3 期，第 158 页。

③ Jimenez-Franceschini v. Bentley，867 F. Supp. 2d 276（2012），United States District Court，D. Puerto Rico. June. 14. 2012.

在宾夕法尼亚州的维拉诺瓦大学生活了三年，这的确说明她在此实际居住的事实，但是，她并未确定大学毕业后是否继续留在宾州；也没有确定是否会继续在宾夕法尼亚攻读研究生或在宾州就业；也不是宾州任何宗教或民间组织的成员；她在宾州校外公寓的所有电费单都是她室友的名字；此外，她所提供的租约副本是空白的，缺乏证据证明她在宾州有合法承租法律关系。法院认为，以上客观方面难以证明她有居住于宾州的意图，也难以在此形成住所，同时 Maria 虽然表示她不想返回并居住在波多黎各，但是，她保留了在波多黎各颁发的驾驶执照；在经济上依赖于住在波多黎各的父亲；她投票参与过波多黎各的小选，但没有申请在宾州的投票资格；她在学校假期期间也常居住在波多黎各等，诸如此类的客观生活状况表明 Maria 与波多黎各联系更为紧密。因此，法院比较 Maria 与波多黎各、宾州的社会联系，最终确定其住所仍然在波多黎各，驳回被告的异议，允许再次诉讼。本案中，Maria 虽然居住在宾州，但主要目的是学习，而且她也常回到波多黎各，其他日常生活联系、人际关系等也均在波多黎各展开，因此与波多黎各的联系更为紧密。

一自然人可能同时在两地及以上地方展开社会生活，从表面上看，但凡是在某地展开个人生活就可能与该地形成社会生活联系，进而认定为生活中心。从上述两个案例来看，通过个人生活在某地的展开状况判定自然人与该地的联系，要求是实质性的联系，而不仅仅是在此存在客观表现的联系。这也正是因为我国《司法解释（一）》第 13 条设置除外情形的原因，在某地仅仅是学习、就医等不会与当地产生实质性联系，不能认定为是自然人生活中心。

2. 精神生活状况

物质生活和精神生活是自然人生活状况不可或缺的两方面内容，前者是自然人在居住地存在的广泛客观联系，后者是自然人与当地社会群体的共同心理和意识，或对于当地意识层面的了解。主要包含自然人与当地社区之间的联系、参与社区活动的程度，可具体表现为自然人与经常居所语言、宗教、风俗习惯等方面的融合。语言沟通能力是展开交流的基本要素，若不具备这一技能，几乎不可能展开在该地的生活，也难以与当地形成密切的社会联系。

通常说来，属人法所调整的都是与人身有密切联系的法律关系如婚姻、收养、继承等，而这些方面与经常居所地的道德情操、伦理准则以及公共秩序都有着极为密切的关联。① 自然人不可能在宗教、行为方式和习惯都与其本国有很大差异的国家获得选择住所。②

因此，自然人对居住地道德、伦理风俗的了解十分重要，对居住地风俗文化的了解程度决定了自然人在该地的生活质量。如果并不信仰当地的宗教，不了解当地的历史文化传统，甚至对这些风俗文化表示疑惑、抵制，从而不会接受当地的风俗习惯，还可能引起争执，更不可能融入当地的生活，形成生活中心。

确定儿童惯常居所时，社会融入状况对其影响更为明显和重要，因为儿童对环境的适应性不如成年人迅速，儿童一旦习惯居住于某地，生活环境的突变要求其改变本已适应的生活风俗习惯、忘记所内化于心的社会文化，其接触的一切均是陌生的，这会对儿童的心理造成极大的波动，不利于其健康成长。

我国法院判决鲜有关于判定"生活中心"详细论证的案例，即便是当事人提供充分证据证明自己的生活中心，法院也不予分析，直接否定无法认定为生活中心。③ 2016 年"郭某闵、李某珍与青岛昌隆文具有限公司股东资格确认纠纷案"④是我国法院少有的对生活中心进行较为详细论证的案例。本案关于认定"连续居住一年"将在下文中论述，关于"生活中心"的认定，该法院判决论证如下：对于"作为其生活中心的地方"这一标准，既要注重考察当事人的主观意愿，又要看当事人的客观生活状况。这一论述表明该法院将"作为生活中心"认定为包含主客观两方面内容的综合要件。

法院认定郭某伟生前是以中国青岛作为其生活中心，主要是从其在青岛的财产状况、居住证明、驾驶执照、公用事业收费服务便民卡持有情况等各方面

---

① 田曼莉、李腾：《"经常居所地"规定之思考》，载《公民与法》2012 年第 4 期，第 7 页。

② ［英］J. H. C. 莫里斯主编：《戴西和莫里斯论冲突法（上）》，李双元、胡振杰、杨国华等译，中国大百科全书出版社 1998 年版，第 162 页。

③ 上海市第一中级人民法院，（2020）沪 01 民终 7597 号民事判决书。

④ 山东省高级人民法院，（2016）鲁民终 2270 号民事判决书。

综合分析而得出的结论。再从李某珍在青岛连续居住情况也可以看出其在郭某伟生前以中国青岛作为生活中心。因此，法院认为，我国大陆地区既是两人的共同经常居所地，进而确定大陆地区法律为本案夫妻财产关系争议和继承关系争议的准据法。

另在岑某 3、陈某等与岑某 4 等法定继承纠纷案①中，法院分析了确定生活中心的相关要素，法院认为，对于"作为其生活中心的地方"这一标准，既要审查当事人的客观生活状况，又要考察当事人的主观意愿，然后综合判断，即应从当事人的主观意愿、家庭生活、社会关系、主要职业、财产状况等各方面进行综合考察。

因为自然人的生活丰富，涉及面广，内容也十分复杂，所以自然人社会生活状况的判定要素难以穷尽列举出来，但主要包括个人生活状况表现出的与当前所处环境下的各种社会联系，如行使选举投票资格权利、履行缴纳税款义务、参加的社会组织、驾驶执照登记地、与邻里的关系、各种商业联系、接受教育学习的情况、当事人与当地语言及风俗的融入情况等，因每个人的生活状况而各异，当事人生活相关的所有活动展开，以及融入社会状况均会成为影响其生活中心形成的重要因素。

(二) 主要社会关系展开地

个人生活状况是自然人个人与当地社会联系的集中体现，而与自然人关系最为密切的外在联系是工作关系和家庭关系，二者占据了自然人生活的绝对多数时间，因而也成为影响自然人惯常居所形成的重要原因。

例如，英国法律规定，需要在英国拥有经常居所才能享受英国的福利待遇。因此在下面这一案例中，申请人能否享受英国的福利待遇，关键就是能否确定其经常居所在英国。申请人从出生一直到 1992 年都生活在缅甸，但在 1962 年时，她已经持有英国护照，并因此获得在英国的居留权。由于她在英国的居留权，1965 年时，缅甸当局宣布其为外国人。1992 年，她离开了缅甸，

----

① 广东省佛山市顺德区人民法院，(2016) 粤 0606 民初 11568 号民事判决书。

与一个朋友一起住在英国，随后，在英国的一所医院注册并就业。两年后即1994 年 5 月，她被医院解雇，然后开始从事餐饮行业的助理工作。因为收入低、生活艰难，她在英国申请并享受收入支持福利。1994 年 7 月，她得知在缅甸的丈夫患病，因此返回了缅甸，并于一年后，再次返回英国。① 此时，当她再次申请获得收入支持的福利时，她的申请被拒绝，理由是她的居住状况并不符合在英国确立经常居所的标准，虽然申请人在英国生活过两年，但她的家人从未在英国生活；另外，她的医生执业资格没有得到认可，而且已经被医院解雇，其就业前景令人担忧。

但是 Howell 专员反对法官的上述理由，认为申请人在英国居住的时间符合确立经常居所的时间要件，且申请人的行为已暗示其自愿决定永久居住在英国的意图，因此她有权根据 1992 年《社会保障缴款和福利法》第 124 条享有收入支持权利，享受英国福利。

在本案中，英国社会保障上诉法庭(the social security appeal tribunal) 对经常居所的确定所考虑的因素主要包括：家庭生活、工作状况和就业前景。但是，这两个因素在该案中均不应成为阻却其确立经常居所的理由。首先，虽然她家人不在英国生活，但是她本人在英国长期居住的事实已毫无疑问，而在缅甸居住时间甚短，虽然她的医师执业资格没得到认可，但是并不代表她无法从事其他的工作。其次，她在此居住的期限符合建立经常居所的时间要求。最后，她在英国建立经常居所的推断与其所主张的意图相符，期间她虽有回到缅甸的事实，但原因是其丈夫患病，且在丈夫病情稳定不久后又回到英国，说明其主观上并不希望居住在缅甸。

就业状况和家庭关系是自然人在某地持久、固定展开生活的重要原因。其中，自然人通过就业为该地做出贡献，反馈给自然人的优渥待遇吸引当事人更稳定的居住于此。但是，不能因为当事人短暂的失业等同于当事人在此没有进行工作，因为自然人在后续还可能会继续在该地展开就业。另外，上述案件

---

①　Hardy S, "Jobseeker's Allowance and the ' Habitual Residence ' Legacy", *Journal of Social Welfare & Family Law*, 19(1), 1997, p. 73.

中，当事人的家庭关系在缅甸会对其经常居所在英国的判断背道而驰，但不影响对其个人经常居所的确定，但倘若是婚姻家庭纠纷，家庭关系主要展开地则对自然人经常居所的确定会产生更直接的效果。

因此，在确定自然人经常居所时，其自身就业状况必然发挥着重要作用，家庭关系只能是辅助性要素，但在不同类型案件中，对家庭关系予以考量的分量也应各有所侧重，在家庭类纠纷案件中，应对当事人的婚姻家庭关系和状况展开情况更多地考量，毕竟以当事人家庭关系展开地作为自然人的经常居所更有利于案件的审查和家庭人员的利益。①

反观我国司法实践，在确定经常居所时，却鲜有对当事人家庭生活、就业状况的分析，对本可以将家庭、就业因素作为考量因素的也并未纳入。如在李某华与蔡某、张某民间借贷纠纷案②中，尽管是民间借贷纠纷，但是蔡某、张某是夫妻关系，因而也涉及夫妻财产关系，依据《法律适用法》第 24 条的规定，在当事人未协议选择适用的法律时，首先需要确定夫妻共同经常居所。一审法院认为，蔡某系香港永久性居民，张某也以在香港永久居住而获得了香港居民身份，且两人在香港注册结婚并在香港拥有作为住所的房产，香港应为蔡某和张某的共同经常居所地，一审法院适用香港法律处理该二人夫妻债务的承担问题。二审法院改判深圳才是夫妻双方的共同经常居所地，理由是夫妻双方婚后主要居住在深圳。对于本案，法院主要是通过居住时间认定双方居住在深圳，并未通过对生活中心的认定进而确定经常居所。事实上，在该案中，夫妻双方主要居住在深圳，两人主要的家庭关系在深圳，同时，两人主要的生意业务即工作关系也集中在深圳展开，通过重要的社会关系展开所在地也可确定经常居所在深圳，进而确定适用内地法律解决夫妻财产争议。

人的本质属性是社会性，每个自然人均与社会存在着紧密联系，这种联系呈现在政治、经济、文化、法律等各个方面，而所有的这些社会关系都与当事人展开家庭活动、工作就业息息相关，甚至所有这些社会关系是以自然人家

---

① Marinos v. Marinos, [2007] 2 FLR 1080.
② 广东省高级人民法院，(2015) 粤高法民四终字第 163 号民事判决书。

庭、工作为基础而展开的。另一方面，从活动的时间来看，工作和家庭活动均占较大比例，因此将这两个方面作为确定经常居所的要素既合理也必要。但是，除了家事类案件，就业状况相较于家庭关系在确定经常居所时具有更为重要的意义。

(三) 主要财产所在地

不动产不仅是自然人的主要财产，也是其建立"家"所在地的必备物质基础，因此，不动产相对自然人所拥有的其他动产对其有更为重要的意义。但是由于不动产的价值以及人们对其喜好、需求不一，不动产所在地在确定经常居所时只能作为辅助性因素考量。

在 Ogden v. Gray 案①中，法院认为，Gary 有资格参与新奥尔良市 E 区的议会，因为 Gary 经常居所在此，最主要的依据就是其客观居住状况中的不动产所在地位于此。Gary 在 2012 年 11 月 6 日初选时就在 E 区的温彻斯特公园大道附近居住至少两年时间，除此之外他们在该地区没有任何其他财产。而且 Gary 先生及其妻子于 2012 年 7 月 31 日获得抵押贷款，用该笔钱来翻新他们在温彻斯特公园大道的这座因飓风而受损的房屋。在该房屋翻新期间，他们曾借住在新奥尔良东部唐人街道上的活动房屋，以及 Gary 母亲的家，但这些居住地点均在新奥尔良境内，而且 Gary 的唯一不动产所在地就位于新奥尔良内，法院综合以上情况确定其生活展开中心地，进而确定经常居所在新奥尔良。

由于不动产一般是家所在的地方，也是休息居住地，甚至有案例将当事人休息所在地作为确定经常居所的主要因素。如在 R v. Vice-chancellor ect 案②中，牛津大学圣约翰学院的一个学生经常到学校宿舍区，但很少在学校过夜，反而喜欢在几英里之外的菲尔德居住，从而他被认为并未在牛津大学居住，也没有资格参加集会。法庭在牛津大学与菲尔德之间将菲尔德确定为他的惯常居

---

① Ogden v. Gray, (La. App. 4 Cir. 9/11/2012) 99 So. 3d 1088, Court of Appeal of Louisiana, Fourth Circuit. 2012-1314.

② R v. Vice-chancellor ect, (1872) L. R. 7QB. 471. 转引自 Mcclean J D, "Meaning of Residence", *International & Comparative Law Quarterly*4, 1962, p. 1154.

所。本案中，在何处度过大部分休息时间是确定惯常居所的决定性因素，而长期休息所在地需要以家、住所为依据，这也体现了不动产所在地对确定当事人惯常居所的重要性。不动产所在地作为确定生活中心的重要影响因素在我国司法实践中也得到印证。

上述案例中之所以将不动产所在地作为确定经常居所重要要素的前提是自然人在案涉不动产居住、生活，倘若只是名义上用于投资等目的的不动产无法作为确定经常居所的主要要素。

我国司法审判实践中，也有案例将当事人不动产所在地作为考量客观标准的要素之一。在李某华与蔡某、张某民间借贷纠纷案①中，除去欠款数额争议之外，因蔡某向李某华就借款而产生的夫妻债务承担的法律适用问题也是本案的焦点之一。前文已论述到，本案一审法院主要依据当事人的不动产所在地、香港居民身份等确定当事人的经常居所在香港，进而确定应当适用香港地区法律处理该夫妻二人债务的承担问题。

关于在某国或某地区取得的永久居留的身份，并不能据此直接认定该地即自然人生活中心，正如本案中不可因为当事人具有香港永久居留身份就认定其客观实际居住于香港。但是，如果能明确其在香港的出入境状况，进而确定在香港的实际居住时长，那么永久居留身份可以作为实际居住状况的辅助证据。

该案二审法院查明，当事人蔡某自 2002 年至 2012 年，张某 2006 年至 2012 年间数次前往香港，但均只是短暂逗留，蔡某、张某结婚后，2005 年至今在深圳居住长达 10 年之久，据此认定双方主要生活在深圳。蔡某过去 30 年的生活、生意、婚姻联系均在内地，且入港逗留只能算作旅行居留；张某在香港只是短暂逗留，大部分时间都不在香港，也并不是因为在香港永久居住而获得香港居民身份，而是因为与蔡某结婚，符合香港关于配偶一方是香港永久居民，另一方可以申请定居香港的规定，进而取得香港身份。根据以上事实，法院最终认定蔡某、张某的经常居所均在深圳。

由此可见，本案一审、二审法院对当事人的生活中心的认定，主要通过对

---

① 广东省高级人民法院，(2015) 粤民四终字第 163 号民事判决书。

不动产所在地、香港居留身份、相关出入境记录、居住时间等要素进行考量。

不动产固然是当事人主要财产，与不动产息息相关的财产权利的行使也是法院在确定生活中心时的考量要素。如，在吴某荣、庄某民间借贷纠纷案①中，庄某向原审法院提供了出入境记录查询结果、集体土地使用证、承包林场合同、从化市（现广州市从化区）江埔街鹊塱村委会出具的《证明》等证据，原审法院经核对证据后，认为上述证据基本可以证实广州市从化区已成为庄某的一个生活中心，据此认定庄某的经常居所为广州市从化区并无不当。

在邱某与被告谢某琪特许经营合同纠纷一案②中，被告谢某琪（中国香港居民）向无锡市中级人民法院提出管辖权异议，认为自己经常居所在上海，理由是自 2009 年起至今长期租住上海市长宁区。法院认为，一方面，当事人在合同中约定就本合同在履行中所发生的争议，提交甲方（谢某琪）所在地人民法院解决，而甲方的地址在上海市长宁区。合同该条款的约定未违反国家相关法律，因此应认定为有效，对双方当事人均有约束力。另一方面，被告谢某琪向本院提供了房屋租赁合同、房地产权证、房屋租金交付收据等复印件，表明自己经常居住在上海市长宁区。依据本案，法院在确定经常居所时，也将房屋租赁、房屋产权等情况作为考量要素。但是，就法院在判决中的论述而言，在确定法院管辖权时，存在混淆适用经常居住地与经常居所这两个概念的现象，第一，本应是对当事人经常居所的确定，最终结论却是对当事人经常居住地的认定；第二，若是对当事人经常居住地的认定，只需依据 2015 年（现 2022 年）民诉法司法解释第 4 条③的内容，不需对当事人社会生活联系、就业家庭、不动产等要素进行综合分析，但法院在判决中涉及对当事人不动产情况的考量。由此可见，法院意图在确定管辖权的同时，不仅依据 2015 年（现 2022 年）民诉法司法解释第 4 条，同时也将《司法解释（一）》第 15 条（现第 13 条）作为确定

---

① 广东省广州市中级人民法院，（2020）粤 01 民辖终 302 号民事裁定书。

② 江苏省无锡市中级人民法院，（2017）苏 02 民初 60 号民事裁定书。

③ 2015 年第 4 条：公民的经常居住地是指公民离开住所至起诉时已连续居住一年以上的地方，但公民住院就医的地方除外。2022 年新修订的《最高人民法院关于〈民事诉讼法〉的解释》关涉本条的规定仍在第 4 条。

经常居所的法律依据，混同使用经常居所和经常居住地。2020 年付某龙与王某荣、陈某股权管辖裁定①中，也有类似情形出现，在确定当事人经常居所时，同时将上述两个条文作为依据。

本书认为，首先，经常居所与经常居住地是两个不同的概念，在我国法律体系中，前者规定在 2010 年《涉外民事法律关系适用法》中，作为重要的连结点，后者则规定在《民事诉讼法》中，是确定国内案件管辖权的依据。相较之下，经常居住地便成为了国内地域概念，经常居所是一个涉外概念。

其次，在涉外民事案件确定管辖权时，可不再依照民诉法司法解释第 4 条，而直接依据《司法解释(一)》第 15 条(现为第 13 条)确定被告的经常居所，进而确定法院管辖权。理由：第一，《法律适用法》在冲突规范连结点、认定是否为涉外民事关系时，使用经常居所地概念，但属人管辖问题上仍然沿用住所、经常居住地等概念。这种在不同法律部门中区分适用不同属人连接因素的做法，可能会在实践中侵害法律适用的内在一致性。② 第二，2015 年(现 2022 年)民诉法司法解释第 4 条，其主体"公民"无法适用于外国主体，因此，但凡是涉外民事案件，若仅以 2015 年(现 2022 年)民诉法司法解释第 4 条为依据，实际上难以确定管辖权的情形。然而，涉外民事关系法律适用法规定的"自然人""当事人""法人"等民事主体，既包括中国的民事主体，也包括外国的民事主体。③《司法解释(一)》第 15 条(现为第 13 条)用于确定经常居所的标准涵盖了民诉法司法中确定经常居住地的内容，也有利于解决涉外民商事法律关系时实现管辖权和法律适用的有机统一。第三，通过自然人经常居所确定案件是否涉外时，可一并解决案件管辖权问题，提高司法效率，节省司法成本。

回到生活中心要素的认定问题上，本书认为，确定当事人经常居所时，关于客观标准之生活中心的认定，可以从自然人的社会生活状况、主要社会关系

---

① 自贡市中级人民法院，(2020)川 03 民辖终 2 号民事裁定书。

② 薛童：《论作为自然人生活中心的经常居所地》，载《国际法研究》2015 年第 6 期，第 120 页。

③ 王胜明：《涉外民事关系法律适用法的指导思想》，载《政法论坛》2012 年第 1 期，第 2 页。

展开地、主要财产所在地这三大方面来予以考量。但从我国既有司法实践来看，对客观横向标准生活中心的重视程度不够，也缺乏对生活中心的详细分析和论证，甚至有判决直接得出结论认为该地即为当事人的生活中心的案例。如在下条真一与李某威民间借贷纠纷案①中，因原告下条真一与被告李某威之间的民间借贷纠纷，首先需要解决的问题即本案的管辖权。法院认为，一方面，依据《民事诉讼法》第 23 条规定，因合同纠纷提起的诉讼，由被告住所地或者合同履行地人民法院管辖。根据原告下条真一提交的起诉书及双方的陈述，双方借贷关系形成及履行均发生在北京市朝阳区。另一方面，依据《司法解释（一）》第 15 条（现为第 13 条）规定，认定李某威在北京市朝阳区已经连续居住一年以上，且以北京市朝阳区作为生活中心。故李某威的经常居住地亦在北京市朝阳区，属本院辖区，故本院有管辖权。再如，2014 年原告李某明（美国国籍）与被告马某雨（中国国籍）民间借贷纠纷案②中，一审法院在判决中论述，根据《司法解释（一）》第 15 条（现第 13 条）规定，马某雨在北京市朝阳区已经连续居住一年以上，且以北京市朝阳区作为生活中心。故马某雨的经常居住地亦在北京市朝阳区，属本院辖区，故本院对本案有管辖权。2019 年范某兴与林某风、陈某花夫妇民间借贷纠纷案③中，关于被告林某风、陈某花夫妇的经常居所将直接涉及各自的债务分配，因为夫妻双方在婚姻关系存续期间是否存在夫妻共同承担债务的规定在香港地区和内地法律规定大相径庭。本案中，深圳中院认定香港为生活中心的主要理由是没有证据表明深圳为其生活中心，并进而确定香港为其经常居所。2019 年孙某、钟某法定继承纠纷一案④中，二审法院不仅没有分析当事人居住时间，对生活中心也是直接认定。无独有偶，2020 年陈某、何某离婚后财产纠纷一案⑤中，一审法院没有对当事人的生活中心和居住时间做任何分析，直接确定香港是经常居所。

---

①　北京市朝阳区人民法院，(2013)朝民初字第 7395 号民事判决书。
②　北京市第三中级人民法院，(2015)京三中民终字第 5828 号民事判决书。
③　广东省深圳市中级人民法院，(2019)粤 03 民终 9271 号民事判决书。
④　广西壮族自治区梧州市中级人民法院，(2019)桂 04 民终 1358 号民事判决书。
⑤　广东省广州市中级人民法院，(2020)粤 01 民终 6186 号民事判决书。

这几例案件的判决表明，法院对当事人生活中心的认定是直接得出结论，没有任何论证和解释，而出现这一现象的根源是由于我国现行法律规定尚未对如何判定"生活中心"给法官提供可资参考的法律依据。同时，我国继受了大陆法系的传统，法官并不拥有极大自由裁量权，无法在司法实践中确立生活中心的认定标准。对生活中心这一横向标准应当包括什么要素，以及经过论证需要达到怎样一种程度才符合生活中心，均未明确，也正因如此，才会在司法实践中出现直接认定此地就是当事人的生活中心而无任何其他论证的现象。

综上所述，关于我国在涉外民商事审判中对生活中心的认定，需要明确以下三个问题：

第一，生活中心之主客观之争。从我国实践来看，虽然对"作为生活中心"是主观要件还是客观要件尚未有定论，但是从各国法院对认定生活中心的主要要素以及我国司法实践多从当事人客观持续居住状态来判断是否为生活中心的选择来看，司法机关更加偏向于将"作为生活中心"这一整体视为确定经常居所的客观要件来考量，偶尔也会认为其是确定经常居所的主观居住意图。为解决这一混乱现象，需要明确"作为生活中心"是主观意图的表达，也就是主观确定标准，而"生活中心"应当属于客观确定标准。

第二，厘清生活中心与居住时间的关系。我国不少案例是依据居住时长判断生活中心，但如果仅依据居住时间判断生活中心，又会与法条中"连续居住一年"这一要件相重复，生活中心在法条中的设置就会失去其存在的意义，进而导致法条出现语义重复的问题，这显然不是立法者的本意。本书认为，"连续居住一年"是客观标准的内容之一毫无疑问，但"生活中心"也应当是一个独立的客观要素，需要将两者结合起来考量，形成相对全面的客观标准。

第三，对当事人生活中心的确定需要多要素综合考量。以作为"内因"的社会生活状况和作为"外因"的主要社会关系展开地双重因素，辅之以主要财产所在地进行综合考量确定。社会生活状包括物质生活状况和精神生活状况，这一要素已为确定当地是生活中心定下基本旋律，而自然人的工作关系与家庭关系是与外界展开联系的外部因素，这能进一步确定经常居所的判断是否正确。另外，不动产如果是自然人用于日常生活居住时可作为考量要素，但若是用于投资的不动产则应纳入社会生活展开状况中考量。

第四，并不存在符合一定事实、满足某一方面的要素就必然能够得出当事人在某地设立生活中心的公式。对于不同的案件，相类似的客观居住事实在认定当事人的生活中心时应当有不同的权重。如对当事人家庭争议纠纷需要侧重考量其家庭关系，与当事人权利行使有关的纠纷则需要以其在当地展开生活和融入状况为主，但这并不意味着不需要考量其他要素，只是相对次要的地位。

整体而言，我国法院鲜有案例对生活中心的认定要素做具体分析，法院在论证时大多直接将某地认定为是生活中心而无具体的分析说理。即便有个别案例将生活中心作为考量内容，也只是停留在相关要素的表面罗列，并无详细的论证。因此，将以上三大要素作为认定生活中心的具体规则并运用到我国司法实践中，有利于明确指引客观标准的确定。

二、居住时间

生活中心的认定涉及自然人生活各个方面，是客观标准的广度，属于横向的影响因素；而居住时间是客观标准的深度，属于纵向的影响因素。有学者认为，居住时间是确定经常居所的决定性因素，如当自然人拥有几个经常居住之地，自愿将每个地方都暂时作为生活之地，若从国际私法的角度来确定经常居所，其中被作为最主要的居住之地，或者他耗费时间最多的地方就是其经常居所。① 经常居所的"惯常性"要求在某地居住必须持续一定时间，但是直接通过居住时间确定经常居所，或是将居住时间要素等同于生活中心并不可取。然而，无论如何居住时间是确定经常居所客观标准的重要内容之一，虽然各国对居住时间的要求不一致，但将其作为确定经常居所的重要内容已是各国共识。根据居住时间的属性和内涵，各国对居住时间的考量因素主要包括两方面：第一，关于居住时间长短的要求；第二，居住时间的连续性如何认定。

---

① Stone P, "Concept of Habitual Residence in Private International Law", *Anglo-American Law Review* 29(3), 2000, p. 349.

(一)居住时间长度

各国在确定经常居所时对居住时间的长短有不同的要求。在大陆法系国家，如瑞士 1987 年《联邦国际私法》对经常居所更注重"居住了一段时间"这一客观要素，不强调当事人有定居的意思这一主观要素，而对于最短应当停留多长时间，法条并无严格规定，只是表明不要求在此永久居住。比利时 2004 年《国际私法典》对经常居所的规定也只是表明与当地具有永久联系，并居住于此的意愿，并没提出具体的居住时间要求。列支敦士登 1996 年国际私法立法对于最短应当停留多长时间，也无严格规定。

英美法系国家在判例中对居住时间的要求尚无定论，基本随个案的情况而各异，短则几个月，长至几年不等，对此，笔者将在下文逐一展开论述。

1. 英美判例中对时间长度的要求

英国对经常居所的确定标准主要包括主观意图和客观居住时间，但法条并没有规定具体的居住时间，需要由法官在个案中根据多种因素进行综合判断。[1]

英国关于经常居所的确定依据源于 Scaman 法官在 Shah and others v. Barnet LBC 案中所确立的规则，确定经常居所需要两方面的构成要件：一是居住(定居)的意图，二是实际居住的时间与事实。[2] 但在随后的 Re J 案[3]中，布兰登法官解释说，为了在一个国家建立经常居所，个人必须有一个相当可观的居住期限。因此，无论一个人的居住意图如何，包括搬到新国家的移民，甚至是返回原籍国的人，都不会在到达这一国家时立即获得经常居所。后来，随着 Slynn 法官在 Nessa v. Chief Adjudication Officer 案[4]中的判决，以及欧洲法院在

---

①　Harding M, *Conflict of laws*, Abingdon, Oxon, UK, Routledge Press, 2014, p. 31.

②　刘仁山：《现时利益重心地是惯常居所地法原则的价值导向》，载《法学研究》2013 年第 3 期，第 174 页。

③　Re J, [1990] 2 AC 562. 转引自刘仁山：《现时利益重心地是惯常居所地法原则的价值导向》，载《法学研究》2013 年第 3 期，第 174 页。

④　Nessa v. Chief Adjudication Officer, [1999] 1 W. L. R. 1937.

Swaddling 案①中均强调应充分考虑立法目的及当事人的居住意图，而不应过分拘泥于居住时间长短，法院更加注重对当事人居住意图的考量，而降低了对居住时间的重视，但对居住时间的具体要求，无明确规定，在判例中会因法律背景而异，比如涉及税收案件时所需时间较短，而涉及申请社会福利案件时所需时间就较长。② 总体而言是因个案而异，从几个月到几年不等。

如 Re A 案③中，当事人是一名美国军人，他已经在英国生活了五年，在此期间他与一位英国女士相识并结婚，随后他们到冰岛生活了至少 3 年，大约 2 年后，妻子将孩子"诱拐"到英国。Cazalet 法官认为，依照美国法律，丈夫是因海外军事职务来到英国，这一特殊身份决定了其经常居所仍在美国密歇根州。但依据英国法律，他们在英国和冰岛均有连续居住的状况，且时间较长，符合确定经常居所时实际居住这一要件。在本案中，持续数年的居住一定满足确立惯常居所的时间要求。

但在有的判例中，法院对居住时间的要求只有几个月，如在 Cameron v. Cameron 案④中，三个月即可取得惯常居所。在 Re F 案⑤中，上诉法院判决一个月的实际居住期限就满足确立经常居所的居住期限要求。一般而言，若少于一个月，比如两三个星期是不够的，或者甚至是 7 到 8 天则更加难以满足确定经常居所对居住时间的要求。

若在两地之间均符合一般确立经常居所的时间要求，英国法院认为两地均是当事人的经常居所。如在 Re V 案⑥中，一个家庭分别在希腊和英国各有一个居所，并根据季节性模式分配他们在两地的居住时间。就整体状况而言，他们每年在英国居住的时间不超过五个月，Douglas Brown 法官认为，他们常年

---

① Swaddling v. Adjudication Officer，［1999］2 C. M. L. R. 679.

② Lamont R，"Habitual Residence and Brussels Ⅱbis: Developing Concepts for European Private International Family Law"，*Journal of Private International Law* 3(2)，2007，p. 264.

③ Re A，［1996］1 WLR 25.

④ Cameron v. Cameron，［1996］SC 17.

⑤ Re F，［1992］1 FLR 548(CA).

⑥ Re V，［1995］2 FLR 992. 参见 Stone P，"Concept of Habitual Residence in Private International Law"，*Anglo-American Law Review* 29(3)，2000，p. 349.

在希腊以及英国这两个居所居住，因此这一家人的经常居所在两国之间交替出现。故根据英国法律，一个人可以同时拥有两个经常居所地，当然，也可能在某一时段没有经常居所。Douglas Brown 法官的意见可适用于在两地居住时间几乎相等的情况，但如果一个家庭在两地间度过的时间相差较大，如每年在纽约度过十个月，剩下的两个月在墨西哥度过，此种情形下不再适用 Douglas Brown 法官的意见，但实际上此种情形不应存有争议，一般直接以居住时间长的地点为经常居所即可。①

由此可见，一般情形下，判例法系国家对确定经常居所的居住时间没有规定一个硬性而具体的时间要求，多是依照个案情况灵活的确定对居住时间的要求。对于存有几地均符合确定经常居所时间要求的情形时，则认为这几地均是当事人的经常居所。英美法系国家对居住时间赋予极具弹性的要求，这与英美法系国家适用住所的历史中注重意图而将居住时间作为辅助要素的历史习惯不无联系。

2. 我国依时间长度确定经常居所的司法实践

相较于英美判例法国家对居住时间的灵活要求，我国《司法解释（一）》第15 条（现为第 13 条）对经常居所的时间要求是硬性连续居住一年以上，这一要求在我国既有的司法实践中也得到了印证。

比如，在何某、郑某民间借贷纠纷案②中，法院认为，原告已取得日本"永住者"身份且在日本已居住满一年，依据《司法解释（一）》第 15 条（现为第13 条），直接认定其经常居所在日本，据此认定本案涉外，应当由中级人民法院管辖。在胡某雨、郭某等返还原物纠纷案③中，也是以当事人自 2016 年起一直在加拿大工作，自判决做出的 2021 年的 5 年间仅有短暂回国，根据其较长的居住时间，认定被告的经常居所在加拿大。

---

① Stone P，"Concept of Habitual Residence in Private International Law"，*Anglo-American Law Review* 29(3)，2000，p. 349.

② 广西壮族自治区桂林市秀峰区人民法院，(2021)桂 0302 民初 3758 号民事裁定书。

③ 广西壮族自治区桂林市秀峰区人民法院，(2021)桂 0302 民初 625 号之一民事裁定书。

在中国工商银行股份有限公司济南经二路支行与王某等金融借款合同纠纷案①中，需要认定被告的经常居所地进而确定管辖权，被告丛某 2010 年离境前往美国，并持有美国永久居民卡（美国绿卡），且丛某在美国生活居住已有五年时间，因此，依据《司法解释（一）》第 15 条（现为第 13 条），认定被告经常居所在美国，而本院对该案无管辖权，应由济南市中级人民法院管辖。一年之隔，在齐鲁银行股份有限公司济南英雄山支行与山东鼎达房地产开发有限公司等金融借款合同纠纷案②中，法院同样以被告张某因在新加坡生活居住已有八年时间，认定其经常居所在新加坡。因此，依据《司法解释（一）》第 15 条（现为第 13 条），法院认为应由济南市中级人民法院管辖。这两个案例无疑均是通过认定被告因在国外生活长达五年、八年时间，进而认定此地即为当事人经常居所。

再如顾某某与陈某抚养纠纷一案③，上诉人称我国法院没有管辖权，理由是原被告均系美国公民，且在中国境内无固定居住地，故认为本案应当由美国法院管辖。上诉法院认为，上诉人因为其从离开住所地至起诉时，已在我国境内连续居住一年以上，因此，其经常居所地在上海市普陀区，我国法院享有管辖权。

在前述 2013 年游某汉诉游某英继承纠纷案④中，法院认为，被继承人游某龄在台湾地区死亡，其在死亡前长期生活在台湾地区，故应适用台湾地区有关规定。本案中确定当事人经常居所的主要依据即因为其长期生活在台湾地区。

我国以上司法实践案例均是通过居住时间就得以确定当事人经常居所，但无一例外居住时间均长达几年之久，符合法条对时间的要求，因此在居住时间

---

① 山东省济南市市中区人民法院，（2014）鲁市商初字第 2415 号民事裁定书。
② 山东省济南市市中区人民法院，（2015）鲁市商初字第 521 号民事裁定书。
③ 上海市第二中级人民法院，（2015）沪二中民一终字第 1734 号民事裁定书。上诉人称，原、被告均系美国公民，被抚养人也亦系美国公民，且在中国境内无固定居住地，故认为本案应当由美国法院管辖，原审法院对本案没有管辖权。
④ 福建省高级人民法院，（2013）闽民终字第 533 号民事判决书。

上几乎不存有争议。但若当事人在此居住少于一年时，此时仍严格依据法条要求，则经常居所就会出现无法确定的状况。某些案件的居住期间处于临界状态，如连续居住 355 天，此时，当事人可能因为少一天而未能在此建立经常居所。但实际上，一天的居住事实并不能对经常居所的确定产生实质性的影响，如下文的上诉人欧某 1 与上诉人翁某抚养纠纷案①，法院因为欧某 1 最长居住时间仅 11 个月 25 日就否定其在台湾的经常居所。更重要的是，有时自然人居住虽少于一年但已在此确立了生活中心，且有明确居住于此的意图，此时已经可以确定经常居所，若还硬性要求必须居住满一年，反而并未能准确地确定当事人的经常居所。

整体而言，我国在确定经常居所时对居住时长要求必须居住一年以上。但在当前国际民商事交往日益密切，社会高速运转的时代背景下，自然人流动频繁，融入社会的能力也不断增强，在经常居所的确定上若仍严格要求一年，可能过长，反而不能体现当事人的真实意图，难以建立实际居住地与自然人之间的联系以保护其自身利益。同时，结合英美国家的判例来看，也未曾有国家严格规定当事人必须居住一年以上才可确立经常居所，我们可以结合当事人生活中心的客观联系、居住意图的表达，灵活确定对居住时长的要求。

总之，缩短对居住期限的要求具有多项好处。可以避免因居住期限尚未达到硬性规定而无法确定经常居所的情形；可以与大多数国家在确定经常居所时放松对时间的做法相适应；还可以避免因居住期限不符合确立经常居所的客观标准，而完全依赖于居住意图，致使法庭被当事人自我陈述的虚假证据所误导的风险。

由于法律的地域性特征，不同的国家对法益理解和选择存在差异，在确定经常居所时，对时间的要求也必然因事因地而异，而居住时间作为确定经常居所客观方面的重要影响因素，这就要求立法者和司法者对居住时间中有关标准的设定和认定保持谨慎和理性，不可"一刀切"地对所有确定经常居所的情况均要求为一年。

---

① 桂林市中级人民法院，(2016)桂 03 民终 2111 号民事判决书。

(二) 居住时间连续性要求

关于居住时间的连续性，是指居住于某地的期间内，是要求绝对性的不离开还是可以有短暂的离开。

1. 国外对居住时间连续性的要求

鲜有国家在法条中明确规定确定经常居所的时间要求，更不会涉及对时间连续性的要求。偶有判例要求关注当事人居住的连续性和缺席原因。①

尽管住所与经常居所对客观标准要求的程度不一，但是考量内容和要素具有重叠性，因此造成当事人居住期间缺席的原因也可作为确定惯常居所时居住时间的考量内容之一。若是由于当事人主观意图决定离开，且离开时间较长，在客观上极易在新所到之地形成生活中心，此时定会影响早已形成的经常居所；但若是自然人被迫离开，只要未在新居住之地形成事实上的经常居所，都应当肯定其原有经常居所。当然，不管当事人缺席的原因或时长，最主要的仍是其是否在该地形成事实上的经常居所，所以，相对而言，客观上是否形成生活中心更为重要。

2. 我国司法实践对于"连续居住"的认定

在我国司法实践中，由于确定经常居所对生活中心的关注甚少，因此主要依据当事人的居住时间来确定经常居所，依据居住时间确定经常居所的案例更为丰富。但关于"连续居住一年"的规定，依然存在诸多问题。应当如何理解"连续"，在某地居住满一年但是中途有一些或长或短的离开是否会影响对连续的认定，以及多久的离开或是什么性质的离开会破坏"连续性"。这些疑问的存在均会影响经常居所的确定。

实践表明，司法机关对"连续居住一年"有着不同的判定。例如，有的法院认为，连续居住一年必须是严格不间断的一年，中途间断一天均不符合"连续"的要求；有的法院认为，居住时间的要求并非绝对不可间断，而是相对的，偶尔的缺席并不影响整体居住状况的确定，只要居住时间在总量上达到一年；

---

① Di Paolo v. Office Nationale de L'Emploian, C-76/76 [1977] ECR 315 ECJ.

甚至还有法院对相似案件事实有不同的时间认定结果。

在上诉人欧某 1 与上诉人翁某抚养纠纷案①中，上诉人翁某以一审中涉及程序违法等理由上诉，并请求由自己抚养欧某 2。本案一审中，采用简易程序进行审理，但若为涉外案件，则一审程序违法。因此，主体是否涉外是本案焦点之一。二审法院认为，欧某 1 不是台湾地区居民，因为根据出入境记录查询结果，在欧某 2 出生以后，欧某 1 从 2013 年 8 月至 2016 年共有 15 次出境到达台湾，但其在台湾居住时间最长也只有 11 个月 25 天，未满 1 年，不符合确定经常居所对时间长度的要求，故本案不属于涉外民事案件，一审法院对本案适用简易程序并无不当。

本案既涉及居住时间长度，也涉及居住连续性。法院认为居住时间必须达到一年且不可间断。欧某 1 在台湾最长居住时间为 11 个月 25 天，与法条所要求的一年仅相差 5 天，但自然人与某地社会生活状况的融合非一朝一夕所成，是一个渐进的过程，因此这 5 天实际上难以对当事人在此形成生活中心产生决定性影响。就连续性来说，欧某 1 共有 15 次出境到台湾，在台湾居住的总体时间一定超过了一年，且最长一次居住时间已经接近一年，仅因为这一年的居住时长有中断，就完全否认其在台湾的经常居所，难免让人心生疑惑。

但在有的案件中，法院认为这一年的时间并不要求是连续不断的，而只需总体上居住达一年即可。

在岑某 3、陈某等与岑某 4 等法定继承纠纷案②中，尽管被继承人岑某江在 2015 年 3 月 1 日至 2016 年 3 月 31 日期间的出入境记录显示，岑某江在去世前一年，在澳门居住时间为 316 天，在中国大陆居住时间仅为 33 天，相较之下，这一年间在澳门居住的时间更长。但是，继承人岑某江已连续在顺德生活居住达数十年以上，其出入境记录仅仅是反映其来往大陆、港澳的情况，结合其生前患病就医情况及经商的需要，不能据此认定澳门系其经常居所。在本案中，法院认为连续居住一年以上并非严格要求绝对的、没有任何间断的连续，

---

① 桂林市中级人民法院，(2016)桂 03 民终 2111 号民事判决书。
② 广东省佛山市顺德区人民法院，(2016)粤 0606 民初 11568 号民事判决书。

而可以存在一定时间的缺席，只要居住总时长达到一年以上即符合确定经常居所的时间要求。

在秦某、耿某1抚养纠纷案①中，耿某2是耿某1与秦某的非婚生子女，耿某1、耿某2均为中国香港居民，秦某是大陆居民定居广州，关于耿某2的抚养权、抚养费问题是本案的焦点。这一焦点的处理首先需要依据《涉外民事关系法律适用法》第二十五条的规定确定法律适用，耿某1、耿某2、秦某经常居所的确定又是确定法律适用的关键所在。广州市中院经再审认为，抚养人耿某1与被抚养人耿某2虽均为香港居民，但耿某2随其母秦某长期生活在广州，出入境记录情况反映耿某1自2011年至2016年以来每年超出2/3时间在中国内地生活，因此足以认定耿某1在中国内地已经连续居住一年以上且作为其生活中心。因此，二审判决适用抚养人耿某1与被抚养人耿某2的共同经常居所地法律即内地法律审理抚养权及抚养费纠纷实体问题并无不当。本案中，法院以耿某1每年以2/3时间在中国内地生活即符合"连续居住一年的要求"，说明对一年时间的要求只需要是相对连续即可。

另在2016年郭某闵、李某珍与青岛昌隆文具有限公司股东资格确认纠纷案②中，也认为"连续居住一年"并不要求绝对连续的居住状态。

本案焦点之一是郭某伟是否为青岛昌隆文具公司的股东，进而确定其父郭某闵、其妻李某珍可否继承郭某伟在青岛昌隆文具公司的股东资格，以及各自继承份额的确定问题。这与本书关于经常居所的确定并不紧密，在此就不再赘述。

另一焦点是对郭某伟经常居所地的认定，进而确定郭某伟与李某珍夫妻财产关系争议和继承关系争议的准据法。一审法院根据郭某伟2011年至2013年的出入境记录认定其经常居所在青岛，但是郭某闵反驳称，该记录并未显示郭某伟在青岛连续居住超过一年，而且在本案中未出现李某珍的出入境记录。二审中，李某珍另外提交了郭某伟的纳税证明，以及郭某伟在青岛的各种生活证件，包括居住证明、驾驶执照、公用事业收费服务便民卡等，并说明其提交的

---

① 广州市中级人民法院，(2016)粤01民再131号民事判决书。
② 山东省高级人民法院，(2016)鲁民终2270号民事判决书。

出入境记录也完全可以证明自己至今均长期居住于青岛。

山东省高院认为，由于司法解释并未明确"连续居住 1 年以上"中的"连续"是绝对连续还是相对连续，是否要求必须连续不断居住 12 个月甚至 365 天以上，这需要法院在本案中予以判断确认。该院认为，所谓"连续居住 1 年以上"，是指一种相对持续的状态，即使当事人居住间断，但只要其居住状态是相对持续的，且达到 1 年以上，就不应影响对其经常居所的判断。本案中，根据郭某伟和李某珍的出入境记录来看，在大陆停留的时间和相对连续状态均可以认定为在大陆地区已连续居住 1 年以上。因此，大陆地区是郭音伟与李恕珍的共同经常居所地。

换言之，山东省高院认为，连续居住一年只要求相对连续，而非绝对的连续状态。在相对连续的基础上，居住时间只需总体达到一年即满足确立经常居所的时间要求。

3. 评析

以上我国司法实践表明，法院对"连续"的理解更多的是认为其是一种相对连续的状态。在郭某闵、李某珍与青岛昌隆文具有限公司股东资格确认纠纷案[1]中，虽然郭某伟、李某珍的生活时间没有绝对连续的 1 年，但是法院经查发现，当事人总体生活时间达到 1 年，而且有将该地作为生活中心的表现；在杨某珍与胡某娜、林某伟民间借贷纠纷案[2]中，胡某娜在大陆整体居住时间达到一年，因此大陆是其经常居所。以上判决内容表明，"连续居住 1 年"只要求当事人以相对连续的状态，居住时间总体上达到一年即可。而在上诉人欧某 1 与上诉人翁某抚养纠纷案[3]中，法院要求时间是绝对连续，最终以欧某 1 在台湾地区居住最长为 11 个月 25 天而否定了其在台湾地区的经常居所，认定内地为其经常居所，存在为方便法院管辖和适用法律的法院地法倾向与嫌疑。

短暂离开居住地不应影响经常居所的认定，理由如下：第一，经常居所不

---

[1]　山东省高级人民法院，（2016）鲁民终 2270 号民事判决书。
[2]　广东省高级人民法院，（2017）粤民申 79 号民事裁定书。
[3]　桂林市中级人民法院，（2016）桂 03 民终 2111 号民事判决书。

会因为短暂的离开而消失。经常居所不同于住所，不能在一天之内获得，经常居所的确立需要长时间的居住。① 正是因为经常居所的确立需要相对较长一段时间的居住，因此，经常居所不会在一天或者是短时间内消失。即便在居住期间内有短暂的离开，也不影响经常居所的形成。第二，经常居所的确定还受生活中心的限制，而生活中心一旦形成也不会因为短时间的离开而瓦解，如当事人因出差、旅游、探亲等离开原经常居所地，并不会即刻破坏其早已形成的固定的社会经济联系，更不会因为其在这段时间的离开，原有的社会联系、经济财产均不复存在。因此，大可不必强行要求以绝对连续居住满一年才能确定经常居所。反而，若仍严格要求绝对连续居住，几近又回到了我国对经常居住地的认定方法，即仅仅考量居住时间的长短，导致未能真正发挥经常居所在涉外民商事关系中的真正意义和作用。第三，随着当前交通、科技的飞速发展，人们活动范围扩大、交流频繁，整个社会呈现一种高速运转的状态。若仍然严格要求绝对连续的居住状态，可能会与人们当前的生活交流方式、社会运转模式相冲突。因此，《司法解释(一)》第 15 条(现为第 13 条)对"连续居住"的要求，应当不是绝对连续，而是相对连续即可。

综上所述，本书认为，对客观标准中的"连续居住 1 年"应当作如下理解：

第一，关于"连续性"。连续居住的状态只需要相对连续即可，长久形成的客观居住状态不会因为短暂的变化而失去意义。对于时间的连续性，需考量"缺席"的时间和原因，若离开时间较长，导致在新居住地已基本形成生活中心，且已准备在新到之地展开生活，则影响连续性的要求；若离开的原因是类似于旅游等不可能形成生活中心的情况，则不影响时间的连续性。对于"缺席"的原因，由于主观意愿"缺席"相较于客观被动"缺席"，更容易否定经常居所的连续性，因为主观上的离开大概率会影响未来继续在此居住，而由于客观原因被动离开，则设法回来居住的可能性更大。

第二，对居住时长的要求。由于各国各地区风俗习惯各异，加之案情复杂

---

① J. G. COLLIER, Conflict of Laws, Third edition, Cambridge：CAMBRIDGE UNIVERSITY PRESS，2001. P. 56.

多变，统一严格要求 1 年的居住时间不利于人口的流动与管理，也不利于实现个案的实质正义。但是，我国法律体系不同于英美判例法系国家，不能完全由法官在个案中自由裁量居住时间的长短。基于此，我国可以设置一个基本时间要求为 1 年，避免法官过度随意确定。居住时间的长短本身并不重要，它只有作为定居意图的证据时，才是重要的。因此，可以在结合生活中心、居住意图的基础上，确定居住时长的要求。若自然人在此居住意图很明显，且在这一段时间的居住已满足形成生活中心的要求，如家庭关系、就业联系均在此，也是社会生活联系地、不动产所在地，表现出与当地语言、风俗、宗教的融合，那么就不必再严格要求必须居住满 1 年；若居住意图难以明确，生活中心也不明显，则仍应要求居住时间满 1 年。总之，将居住时间基本要求为 1 年，再结合生活中心的形成、主观居住意图，可上下浮动对 1 年的要求。

三、非法居住与客观居住

客观居住是确定惯常居所的重要内容，但若自然人的客观居住为非法居住，那么是否仍能满足惯常居所的客观居住，抑或是说是否会因为自然人的非法居住否定自然人位于该地的惯常居所呢？莫里斯认为，选择住所不能通过非法居住获得，因为法院不能允许一个人藐视法院本身所实施的法律而获得一个住所。① 虽然非法居住不能获得选择住所，这一原则多年来受到学术界的推崇，但该原则在英美法系判例中受到颠覆，涌现非法居住并不一定阻止获得选择住所的新观点。② 尽管住所与惯常居所两者不能等同，但两者均对客观居住有一定要求，那么，非法居住不一定能阻止获得选择住所的观点是否也能适用于惯常居所呢？非法居住是否影响惯常居所的获得也急需明确。

居住本身是一个事实问题，但是居住地的确定可能涉及法律问题，因为只有某些事实才足以确定居住地，居住地涉及法律判断。在确定这一"法律和事

---

① ［英］J. H. C. 莫里斯主编：《戴西和莫里斯论冲突法（上）》，李双元、胡振杰、杨国华等译，中国大百科全书出版社 1998 年版，第 157 页。

② Jablonowski v. Jablonowski.（1972）28 D. L. R.（3d）440；Plyler v. Doe.（1983）72 L. Ed. 2d 786，806，n. 22.

实的混合问题"时，必须考虑到所有情况，根据情况的不同，对事实各个方面考虑的权重也不同。非法居住可能会影响对居住事实的考量，但它不能否定该事实的存在。因此，将居住视为事实问题，而将非法居住视为不存在，否定居住事实，这明显是相互矛盾的。同样道理，惯常居住是事实，即便自然人是非法居住，但依然不能否认其在该地惯常居住的事实。

自然人非法居住与获得惯常居所分属两个步骤，自然人在进入一国之前由国家决定是否具备进入本国的条件，进入本国之后所发生的个人生活事实才能决定是否在本地拥有惯常居所。非法居住只能否定自然人进入该国的非法性，并不能否认自然人在该国生活的事实。

但在判断是否为惯常居所地时，需要依据一国法律进一步确定。各国对于确定惯常居所的条件主要有客观条件、主观意图，但并未将合法居住作为硬性规则，合法居住不属于确定惯常居所传统标准中的内容。而且，有的国家在法律中直接规定自然人经常居所是其主要居留地，而不论是否在主管机关注册和公示，是否有居留或定居的许可。① 同时，规制非法居住行为保障的是一国公共利益，不应置于解决与个人身份能力、婚姻等事项有关的私权领域内解决。

非法居留②是一自然人未在有效期内办理签证或居留许可证所导致的违法行为，所维护的法益是一国的公共利益，如我国 2012 年《出境入境管理法》第一条规定，为维护中华人民共和国的主权、安全和社会秩序，有利于发展国际交往，特制定本法，该条款所要求的合法居留规则体现了公共政策要求。公共政策只应适用于涉及公共领域的事项，自然人政治地位是其中的一个方面。因自然人非法居留而使用驱逐出境的权力是在为保护公共利益的情况下予以适用，如果自然人仅仅是为获得婚姻等事项上的便利时，不会触及社会秩序，也不会影响公共利益。公法利益的考量在私法中予以限制并不恰当。与惯常居所

---

① 黑山共和国《关于国际私法的法律》第 12 条，参见邹国勇：《外国国际私法立法选译》，武汉大学出版社 2017 年版，第 344 页。

② 在我国，居留一般用于外国人，而居住是国内居民居住，如《出境入境管理法》《出境入境管理条例》涉及有关外国人停留居留问题，《民法典》第 14 章规定居住权。但是，居留和居住都表示一种在某地停留的状态，无实质差异。

相关的是私权事项，需要与涉及公共利益的事项区别开来。确定惯常居所是为了解决与自然人身份、婚姻、家庭、财产等个人事项相关的问题，并不直接牵涉公共利益。一个自然人是否可以进入外国，取决于其政治地位，而不是公民地位。①

因此，自然人如果在某地形成惯常居所，非法居留并不会影响获得惯常居所，因为非法居留保护的是国家公共利益，而且已有相关部门法②进行调整。非法居留行为本身以及后续其他行为有相应法律规范进行惩罚，如我国 2012 年《出境入境管理法》第七章规定了警告、罚款、居留、追究刑事责任、驱逐出境等惩罚。但其中的惩罚并不包含否定其惯常居所在此的认定，因为以否定其惯常居所在此的惩罚方式无法达到惩罚的效果。

如果自然人在非法居留期间，从事不正当、违法事项，会受到当地法律惩罚，由于自然人在此居住，以其惯常居所为基础行使管辖具有事实依据；相反，倘若以非法居留规则否定自然人的惯常居所，会将与其联系最为密切的法律分离开来，并可能因此否定本国管辖权。如果自然人的确存在非法居留的情形，由于确定惯常居所的客观条件不仅仅涉及纵向的时间长度，还需考量横向居住性质、状态。随着时间的推移、生活中心的形成可能会逐渐战胜居留非法性，因为其客观居住状况已经形成与当地的密切联系。从这一角度来看，非法居住不仅不应影响惯常居所的获得，反而通过惯常居所确立管辖更有利于查清事实、惩罚处理，在维护本国利益的同时也实现案件的实质正义。

毫无疑问，确实存在自然人未经许可的情况下进入一个国家，在该国非法居住，并且通常会持续相当长的一段时间。这些人即使在非法居留期间同样需要受当地法律约束，如纳税、刑法惩罚等。在承受法律约束、履行义务的同时，也应当被赋予权利，享有在居留期间所应获得的权利，给予自然人对在适用其属人法方面的权利和预期，比如，基于在此居住确定惯常居所进而获得与身份、婚姻家庭等事项的便利。

---

① AhYin v. Christie. 4 C. L. R. 1428, 1431.

② 2012 年《出境入境管理法》、2013 年《出入境管理条例》。

从非法居留的事实性、涉及公共利益的调整以及权利义务对等性三方面综合考量而言，非法居留并不能否定惯常居所客观居住的事实，也无法成为直接否定获得惯常居所的要件。

综上所述，从我国立法、司法实践来看，确定经常居所的客观标准包括生活中心与居住时间两大方面的内容，英美国家的判例以及比利时等典型的大陆法系国家也主要据此两方面确定经常居所。纵观我国既有司法实践，缺乏对当事人生活中心的考量是最主要的问题，这归因于"生活中心"过于笼统，难以为司法实践提供明确的指引。本书结合我国案例和英美判例，将生活中心的考量因素总结为社会生活状况、主要社会关系展开地、主要财产所在地这三大方面，以期实现生活中心确定标准的规则化。由于生活中心的形成是一个长期过程，因此也不必要求居住时间必须是绝对连续。同时，从当前快速变化的社会现状、确定经常居所的多重标准来看，可降低对居住时间的要求，严格要求1年，反而无法反映与自然人当前最密切联系地的关联。居住时间也是生活中心形成的基本条件，若无较长时间的居住，则难以融入该地的社会生活，更不会形成"生活中心"、形成经常居所。两者相辅相成，共同作为确定经常居所的重要客观标准。另外，非法居住也并不影响已经形成的客观居住状况，不能成为确定经常居所的否定性条件。

客观标准是确定惯常居所的重要内容，甚至可以成为单独确定经常居所的内容，我国在众多实践中即采取这一方式。但在某些情形下，仅依据客观标准无法准确确定惯常居所，加之有的英美法系国家依循住所中考量主观居住意图的传统，形成了主观、客观标准相结合的方式。因而需要进一步探讨确定经常居所的主观标准。

第三节　确定惯常居所之主观标准

惯常居所"习惯性"要求重视自然人居住事实，决定各国确定惯常居所主要依据客观居住事实并以此作为主要方式。但有的国家，尤其是英美法系国家也同时考量主观居住意图。在自然人属人法的发展历史进程中，英美等国的住所制度相对丰富和完善，而居住意图在确定住所时发挥着决定性的作用。受住所制度的影响，沿袭住所制度的特点，英国、美国等在确定惯常居所时不仅考量客观居住状况，同时也考量主观意图。大陆法系国家一贯坚持法律确定性，但在确定惯常居所时也有国家开始考量主观意图。这些国家在确定惯常居所时，表现出对居住意图不同的重视程度，在考量客观标准的同时，也考量主观标准。

我国对于惯常居所的定义规定在《司法解释（一）》第 15 条（现为第 13 条），其中"作为生活中心"则意味着对主观意图的考量，但我国既有司法实践表明对居住意图的考量尚有欠缺。从理论上说，无论我国是否应当采用除外情形，在实践中对于一些特殊的个案分析均有必要结合主观意图共同考量。他山之石，可以攻玉，我们可以借鉴其他国家对居住意图的确定方式，以备不时之需完善我国确定经常居所的主观标准。

一、主观标准之国外适用概况

惯常居所的客观性使得不少国家主要以客观标准内容为主，但无论是两大法系国家或国际组织均表现出对居住意图的重视，在确定经常居所时也同时考量主观标准。

（一）各国采用主观标准的规定及适用

总体而言，采用主观标准的英美法系国家数量相较于大陆法系国家数量更多，这与英美法系国家住所中相对完整的居住意图制度具有密切联系。

在国外，英文教科书几乎不注重惯常居所这一概念，通常简单地将其简述为是关于住所漫长讨论的附属物。[①] 但在具体适用中确立了惯常居所的适用规则，英国法中的斯卡曼规则确定经常居所有两方面的构成要件：一是居住（定居）的意图，二是实际居住的时间与事实。但在具体实践中，法官对这两方面的要件又各有所侧重。时而强调当事人居住的意图，时而强调当事人居住的事

[①]　Peter Stone, The Concept of Habitual Residence in Private International Law, 29 Anglo-Am. L. Rev., 2000, p. 342.

实和时间，如何判定当事人的居住意图与持续居住的具体期限等问题上，法院并没有形成统一的规则。①

英国法院的 Nessa 案中，同时考量了惯常居所的主客观方面。Nessa 在英国申请社会保障补贴申请，但被社保专员驳回申请，理由是她不是英国的"惯常居民"，因为她从未在英国居住，丈夫也已经在英国去世，她的其他所有家庭关系都在孟加拉国。Nessa 向社会保障上诉法庭上诉，上诉法庭认为，她是自愿来到英国的，并且为了在英国定居的目的，根据强烈的居住意图可以确认她在英国有惯常居所，有权获得经济支持。社会保障上诉法庭还表明，据说"通常居住"和"习惯居住"具有相同的含义。因此，对于习惯性居住和普通居住来说，有固定目的的自愿居住就足够了。如果这是正确的，那么在第一天就完全有可能获得惯常居所。随后，社保专员向社会保障委员会上诉，认为社会保障上诉法庭只考量了居住意图，未考量 Nessa 的居住时间。尽管，最终上议院认为，确立惯常居所需要综合包括主观、客观在内的各种要素，但并未要求固定的居住时间。具体需要多长的时间，因个案而异，需结合案件事实情况决定。有的案件很长，有的很短，甚至一个月就足够。

在有的案件中，法官认为，只要当事人有足够的居住意图，一个月的实际居住也能满足确定惯常居所的主观标准。② 短时间的客观居住，居住意图的作用与地位就更为突出。

英国惯常居所的概念不同于欧洲大陆对这一概念的理解。英国惯常居所这一概念常常与英国法律中使用的"普通居所"一词交织在一起。在英国，人们认为"这两个概念之间没有真正的区别"，或者至少"它们有共同的核心"。

如上议院在 R. v. Barnet LBC ex p. Shah③ 案中，将"惯常居所"解释为"普通居所"，但二者之间也存在一定差异，普通居所意味着居住的间接性、持续性，但没有定居意图。相较之下，惯常居所意味着永久或无限期地在英国生活

---

① 刘仁山：《现时利益重心地是惯常居所地法原则的价值导向》，载《法学研究》2013年第 3 期，第 174 页。

② Re F. (A Minor)(Child Abduction)[1992] 1 FLR 548,[1992] Fam Law 195.

③ [1983]2 AC 309 HL.

的意图。尽管二者均要求具有客观的居住，但惯常居所还要求具有居住意图。

美国法院在确定惯常居所时往往试图从两大重要因素出发，即实际居住和定居目的。然而，美国也不仅仅考量客观居住状况，也注重居住意图，尤其是在确定儿童惯常居所时更是如此。① 如在 Friedrich v. Friedrich 案②中，儿童惯常居所的界定应该从儿童的角度出发，考虑儿童在一国生活与其家庭和社会环境形成的联系，如果儿童在一国居住了足够长的时间而适应该国环境，则可表明儿童形成了在该国居住的意图。而单独以父母确定儿童的居住意图，不利于实现儿童最佳利益保护。

加拿大魁北克省遵循大陆法系传统，规定惯常居所是自然人经常性、习惯性的地方，强调客观居住。除魁北克省以外的其他区域，虽也接受适用惯常居所，在属人法上保持以住所作为属人法连结点的传统，并强调居住意图的重要性。

根据两大法系各自的特征，英美法系国家确定惯常居所时对居住意图的考量在诸多判例中得以体现，大陆法系国家对居住意图的考量则主要体现在其成文法律规定中。

2004 年比利时《国际私法典》第 4 条第 2 款第 2 项规定，惯常居所应特别考虑与该地方构成永久联系的具有个人或职业性质的各种情况或当事人构建此种联系的意愿。

黑山共和国 2013 年《关于国际私法的法律》第 12 条规定，一个自然人的经常居所系指该自然人的主要居留地，而不论是否在主管机关注册和公示，是否有居留或定居的许可，也不论该居留是否自始就有时间限制。对于经常居所的确定，应考虑能体现与该地点的长期联系或者有建立此种联系意图的个人或职业性质等情况。③

----

① Criteria for Determining Habitual Residence in the United States for Children from Hague Convention Countries, https://www.uscis.gov/adoption/immigration-through-adoption/hague-process/uscis-policy-for-determining-habitual-residence-in-the-us-for-children-from-hague-convention, 最后访问日期：2023 年 12 月 5 日。

② 983 F. 2d 1396, 1401(6th Cir. 1993).

③ 邹国勇(译)：《黑山共和国 2013 年 12 月 23 日〈关于国际私法的法律〉》，载《中国国际私法与比较法年刊》2016 年，第 411 页。

(二)国际条约和超国家组织采用主观标准的规定及适用

尽管惯常居所在管辖权和法律适用中均发挥着十分重要的作用，但是海牙公约既没有关于惯常居所的确切定义，也没有规定惯常居所的考量要素。事实上，海牙公约是有意作出如此决定，保留惯常居所的开放性，以避免失去惯常居所本身所具有的灵活性优势。因此，采用了一种"纯粹实用主义"的方法允许法院根据可获得的客观事实数据进行分析，进而确定惯常居所，总体而言，倾向于通过惯常居所的客观标准确定惯常居所，而忽视对主观标准的考量。

在缺乏确切定义和方向指引的情形下，致使惯常居所难以确定并具有极大的不稳定性。因此，国际上一直有学者致力于对惯常居所作出定义，虽然各自的定义并不相同，但主要包括以下三个方面：实际居住地、居留的连续性和居留的持续性。① 首先，"实际居住地"指的是一个人当前的日常、经常性居住地，而不是一个人正在经过的地方。② 其次，"居留的连续性"，指居住期限，且该期限是"相当长的一段时间"。这是因为惯常居住地要求是"一个人和一个地方之间的固定和持久的联系"，不包括临时或中途停留。最后，"持续性"是指受争议的人目前的心态，这必须涉及"一定程度的既定目标"，以维持他在指定地点的住所。尽管对惯常居所主要是基于事实的分析，但持续性这一要素遭到了批评，因为它的确定要求对一个人的居住意图进行调查。③ 由于居住意图与住所的性质似乎相似，因此可能会产生混淆。批评界主要关注的是，意图的认定具有高度的主观性，会滋生不确定性的风险，并导致失去与惯常居所实际情况相关的、能够客观确定的优势。

惯常居所因为其在事实意义上比住所更为可靠，所以国际上普遍重视确定

① Peter Hay, Patrick J. Borchers, Symeon C. Symeonidesv, *CT of Laws*, (5th ed. 2010), Social Science Electronic Publishing, p. 300.

② Gerald Goldstein, "The Concepts of Habitual Residence and Ordinary Residence in Light of Quebec Civil Law, the Divorce Act and the Hague Conventions of 1980 and 1996", *Dep't of Just. Can.* 6, 2006, p. 6.

③ James G. McLeod, "The Meaning of Ordinary Residence and Habitual Residence in the Common Law Provinces in a Family Law Context", *Dep't of Just. Can.* 3, 2006, p. 7.

惯常居所的客观方面，而是否同时考量居住意图却存在争议。

在欧盟众多法律文件中，有关惯常居所的确定均突出强调对自然人客观方面的考量，但在司法实践中表现出对居住意图的重视。

欧盟《罗马条例Ⅰ》《罗马条例Ⅱ》《罗马条例Ⅲ》均采用惯常居所的概念，其中对于惯常居所的定义，均以自然人或法人现实客观行为所在地为主要依据，自然人以其主营业所在地、法人以其主要管理中心所在地为惯常居所。1972年欧洲理事会讨论《住所及居所法律概念统一化》所做决议第9条中专门论及惯常居所，建议各成员国在确定自然人惯常居所时考虑居住时间和生活中心，并未提到主观居住意图。

除此之外，1968年《关于民商事案件管辖权及判决执行的公约》、2003年《关于婚姻和父母责任事项的管辖权和判决的承认与执行条例》（以下简称《布鲁塞尔条例Ⅱbis》）、2012年《关于民商事案件管辖权和判决承认与执行》等欧盟有关管辖权和判决执行的文件，旨在统一相关概念，以促进判决在欧盟范围内自由流动。惯常居所是上述文件中的一个重要概念，是确定管辖权的重要依据，但均未对惯常居所进行确切的定义，仅在《布鲁塞尔条例Ⅱbis》第8(1)条规定儿童惯常居所，指出儿童的惯常居所是其实际利益中心所在地。从本条款规定来看，对于惯常居所的定义侧重于对客观居住状况的考量。《布鲁塞尔条例Ⅱbis》附带的实践指南指出，惯常居所这个术语不是由法律规定所定义的，而是每个案件中的一个事实问题，应按照规定的目标进行解释，如果使这一概念受预先确定的规则约束，则难以适应实际发生的所有情况。

由于在欧洲有关法律文件中并未统一定义惯常居所，从而给欧洲法院预留了足够空间去解释和定义惯常居所。加之国际上也没有一个统一的概念，导致欧盟各国适用自己的解释规则，逐案确定惯常居所。

由于诸多文件对于惯常居所的规定相对模糊，欧洲法院制定了一份关于确定自然人惯常居所的规则指南，其中包含确定惯常居所的基本因素，包括居住时间、未在此居住的时间和目的以及主观居住意图。① 欧洲法院在司法实践

---

① Rafal Manko, "'Habitual Residence' as Connecting Factor in EU Civil Justice Measures", *Library of The European Parliament*, 2013, p. 1.

中，同样双重考量客观居住和主观意图，并认为二者的结合，尤其对主观意图的考量为确定惯常居所增添了灵活性。

斯瓦德林案就体现了居住意图的重要性①。该案中，斯瓦德林先生常年在法国工作，但偶尔也回到英国，并一直保持支付在英国的社会保险费。后来，斯瓦德林先生因公司破产而被解雇，随后在法国继续寻找工作失败后，返回英国，并表示希望以后不再从事需要在国外长时间居住的工作。因为失业，斯瓦德林先生于 1995 年 1 月 9 日在英国向社会保障专员申请收入支助，但遭到拒绝，理由是其不符合英国立法规定的惯常居住要求，确立惯常居所要求满足一段时间的居住，他因此被列为《收入支助条例》第 21(3) 条规定的"海外人士"，因此无权获得任何收入支助。斯瓦德林先生随后诉至欧洲法院，法院支持了斯瓦德林先生的上诉，理由是他在申请收入补助时已表明必要的居住意图，已在英国建立惯常居所。欧洲法院认为，是否可以获得收入支助，以《关于对劳工、个体户及其在共同体领域内迁徙的家庭成员适用社会保障制度的 1408 /71 号条例》为依据，根据该条例，获得收入支助要求在成员国有居住地，该条例第 1 条(h) 项将"居所"定义为"惯常居所"。欧洲法院认为，惯常居所是个人利益的惯常中心所在地，具体应考虑到其家庭状况、居住的长度和连续性、迁移原因、工作状况，以及居住意图。② 居住意图也是在确定斯瓦德林先生惯常居所的重要因素。

斯瓦德林案作为欧洲法院一个指导性案例，对惯常居所的认定具有重要意义，允许个人在他们到达一个国家后，能马上建立惯常居所，这在很大程度上取决于他们的意图。对于纳税人即使在这里住了两个星期，但是如果存在居住意图，也能在此建立惯常居所。

尽管欧盟的公约、条例致力于实现欧盟成员国法律的统一，但就惯常居所的统一定义而言，维护个人与司法管辖权之间事实联系的必要性显得更加重要。因此，在欧盟的认识中，惯常居所是一个事实概念，强调个人与实际居住

① 　Case C-90 /97, ［1999］ECR 1-1075.

② 　Case C-90 /97, ［1999］ECR 1-1075, pra. 29.

间的真实联系，不应当受法律技术性规则约束。司法实践对这一所谓事实概念的判断中，除了对客观居住状况的考量，也要求同时考量居住意图。

总体而言，各国在确定惯常居所时，对主观意图的重视相对客观方面较少，而各国之所以在确定惯常居所时较少关注居住意图，究其原因主要是主观意图易于变化的特性导致其难以准确把握。为避免不确定性因素影响最终结果的公正性，以及耗费珍贵的司法资源，大多数国家在实践中选择直接依据客观居住状况来确定惯常居所。但是，这并不代表居住意图在确定惯常居所上不发挥任何作用，而且，在某些情形下，尤其是客观标准无法单独、准确确定惯常居所时，更加彰显出考量主观居住意图的重要性和必要性。

二、主观标准在惯常居所与住所之间的区别

相较于住所，惯常居所对当事人居住意图要求较低，并不要求当事人有"永久"居住之意。二者在有关居住意图的考量方式上有相同之处，但在具体的适用上仍有区别，二者有关于居住意图的差异需要进一步讨论。

第一，居住意图在二者中的重要性不一。居住意图在确定住所时可以说是起着决定性的作用，而居住意图在确定惯常居所时仅仅是辅助功能。在确定住所时，即便是在某地居住 9 年之久，但由于不具有在此永久居住意图而无法确立该地为住所。[1] 居住意图在确定住所时发挥着决定性的作用，但同时也要求必须是永久居住意图，但凡是有期限的居住，无论是固定的期限，[2] 或是不固定的期限，[3] 均不满足住所的确定条件。然而，在惯常居所中发挥主导作用的是客观居住状况，主观居住意图只有在客观方面无法准确确定惯常居所时才发挥辅助作用。

第二，适用顺序各异。确立住所时，居住意图是第一顺位的，客观居住状况只有在证明居住意图时才有必要考量。然而，在确立惯常居所时，首先依据

---

① Udny v. Udny(1869) L. R. 1 SC. & Div. 441.

② Att. -Gen. v. Rowe(1862) 1 H. &. C. 31.

③ Jopp v. Wood(1865) 4. J. & S. 616; I. R. C. v. Bullock[1976] 1W. L. R. 1178(C. A.).

的是客观居住状况，当出现自然人同时在几个地方均满足客观居住等情形时，才需依据主观居住意图做进一步判断。

第三，永久居住意图下的短暂居住可形成住所，但无法形成惯常居所。

住所的确定，尤其确立选择住所要求具有在某地永久或无期限居留的意图，在这一规则的指引之下，会因为仅居住2周且具有在此永久居住的意图而将该地确定为住所。① 由此可见，只要具有在某地永久居住的意图，即便是短暂居住，也同样可形成住所。

同样的情形，自然人若从原惯常居所迁到一个新的地方并意图以后长期、永久居住于此，那么，根据其现有的居住意图，结合住所的规则，这一新所到居住之地才是其当前惯常居所。然而，永久居住意图下的短暂居住是否也可形成惯常居所呢？

如一个自然人长期生活在 A 地，但由于各种原因早已萌生离开 A 地去 B 地长久生活的意愿，并在 B 地建立自己的惯常居所。随后，他也确实来到 B 地生活。此时，从客观方面来看，其在 A 地居住较久，符合建立惯常居所的客观居住要求，但是与其现有居住于 B 地的主观意图相反。虽然其本意是在新到之处 B 地建立惯常居所，同时他也已迁移到这个地方，但仍不能将 B 地就认定为是其惯常居所。一方面，该自然人在该地生活的时间还不够长甚至很短，并不满足确立惯常居所客观方面的要求；另一方面，将当事人短暂居住之地认定为是惯常居所，容易引发当事人因利益导向而挑选惯常居所情形的发生。

第四，对居住意图考量的时间维度不一。

住所对居住意图要求具有永久性，因此未来所有时间在何地居住的意愿均在考量范围内。相较而言，惯常居所则主要考量当下的居住意图，至于未来希望在何地居住并不重要，在缺乏客观标准指引下的主观意图是虚无缥缈的存在。惯常居所对居住意图的要求虽不如住所长远和苛刻，但也至少要求在惯常居所所能形成的这一段时间内不存在变更住所的意图，从而确保这一段时间内

---

① WINANS v. WINANS. Supreme Judicial Court of Massachusetts, 1910. 205 Mass. 388, 91 *N.* E. 394, 28 L. R. A. (*N. S.*) 992.

能在此地形成生活中心，确保惯常居所的建立。

因此，从居住时间来看，住所的居住意图要求具有永久性，而惯常居所的居住意图只能算是要求具有稳定性。具体可以通过变更惯常居所的时间长度、频繁程度来判断。

需要说明的是，鉴于住所、经常居所的确定均要求考量居住意图，只是居住意图在二者中的作用、分量有所差异，但判断在某地是否具有居住意图的考量方法、认定途径是共通的，所以前述关于确定住所时对居住意图的考量方法也可适用于确定惯常居所，因此不再赘述有关考量居住意图的具体方式。

三、惯常居所考量主观标准的必要性

虽然客观居住状况相较于主观意图能更加客观公正的确定当事人的惯常居所，但归根结底，客观居住状况的形成均源自当事人主观意图，是人具有极强主观性和意志性的结果。且居住意图在确定当事人惯常居所时也存有发挥关键作用的情形，通过居住意图即可确定惯常居所。因此，应当重视当事人主观意图之表达。

第一，当自然人有不止一个居住地时，居住意图在确定自然人的惯常居所时往往起着决定作用。自然人如果在某一时间段居住于几个国家或地区，客观居住状况表明在这几地的居住均符合确立惯常居所的条件，但仍未解决案件所需法律适用问题，有失最初确立惯常居所以明晰管辖权、法律适用的初衷。此时，为了确定当事人唯一的惯常居所以进一步确定所应适用的法律，当事人的居住意图就具有决定性的作用。

如在 Agulian v. Cyganik 案①中，一位塞浦路斯人在 18 岁时离开塞浦路斯，随后一直居住于英国，直到他去世。但是，上诉法院依然认定塞浦路斯是他的住所。法院在确定原始住所时，强调了他对塞浦路斯的主观选择即在此居住的意图，同时评估了死者一生与塞浦路斯之间的实际联系，比如他经常回到塞浦路斯、让女儿去那里接受教育并计划在那里开展业务，而且他的父母也住在塞

---

① Agulian v. Cyganik，［2006］EWCA Civ 129，［49］.

浦路斯。因此，即便表面上看，其在英国生活了四十年，但在这期间，他也常回到塞浦路斯，与塞浦路斯保持着紧密的联系，这些实际联系均表明其有在此居住的意图。

在本案中，当事人在英国和塞浦路斯的居住事实表明这两地均与其保持着密切的联系，且均达到确立惯常居所的客观要求，但由于其主观意图表明其更愿意居住于塞浦路斯，因此，最终确定塞浦路斯为其住所。当然，居住意图在此种情形中发挥决定性作用的前提是必须真实、有效，居住意图具体确定可借鉴住所中有关居住意图的理论。当自然人希望居住在某地时，会促使其主动在该地建立自己的生活网，为展开社会生活联系奠定基础。即使尚未在客观方面形成居住事实，但作为自己经常居住之地，必定会为生活之便有客观表现和现实打算，如为购置房产而四处看房、在经常消费的门店办理会员等。总之，为满足自己的主观居住意图，客观方面一定有所印证。

第二，强烈居住意愿下的短暂居住可确定为自然人的惯常居所。自然人新到之地居住时间不长，也尚未形成生活中心，与原惯常居所相比，新到之地客观方面有所欠缺，但自然人将该地确立为惯常居所的意愿十分强烈，可依据当事人居住意图将自然人新到之地确立为惯常居所。但前提是，自然人在新到之地有客观居住事实，也有一定程度的社会生活联系，如果几乎不满足任何客观居住要素，仅凭主观意图表达希望居住于此，则不能确定为惯常居所，并且其在客观方面对将来生活做出了各种打算，如挑选购置不动产、为孩子办理转学等，为家庭关系转移到新居住地有实际准备行为。也就是说，应当存在对强烈的居住意图具有予以证实的过程。

第三，主观居住意图修正客观居住的"非客观性"。一自然人常住 A 地，但因为就医、疗养需要到 B 地居住，从客观方面简单来看，自然人居住在 B 地，这就容易导致将自然人的惯常居所确定在 B 地。但是，自然人是因为受外界因素影响迫不得已到 B 地居住，其真实意图一定是身体健康时居住的 A 地。此时，根据该自然人的真实居住意图，可对其惯常居所进行修正，将客观居住的 B 地修正为意图居住的 A 地。

然而，事实上如果按照惯常居所客观方面的内容进行详细分析，是可以发现就医所在地并非其惯常居所地。根据自然人的居住时间，还有生活中心等相关要素，应当可以发现该自然人并未在该地形成复杂的社会关系，因为其展开的主要活动就是治疗，并未掺杂其他社会因素，也并未参加其他社会活动，且仍然与原惯常居所的家人、朋友、工作单位保持着密切的联系，难以满足确定惯常居所的客观要求，这同时也说明客观因素在确定惯常居所中的重要性。

但是，当自然人的主观居住意图明显与现客观居住之地不一致时，通过真实有效的主观居住意图可直接修正客观居住状况，实务操作更为简捷。诸如就医等由于客观情势所迫，明显不是当事人主观自由决定变更惯常居所的情形，诸如此类的情形还有比如战俘、难民和逃亡者，在国外服刑、被关押、被强制居留等，这类情形均是由于客观原因而不得已离开原惯常居所地，根据真实居住意图，可直接确定原居住地为惯常居所，修正仅依据当前客观居住确定的惯常居所。

第四，于我国而言，可替代除外情形。惯常居所中的"除外情形"是我国确定惯常居所时的独有规定。根据前文所述，依据惯常居所的客观标准在大多数情况下已然可以确定惯常居所，但居住意图在特定情形下可以发挥辅助作用。通过主观标准对客观标准的补充，可以准确确定惯常居所，而无须再通过除外情形将就医、公务、劳务派遣等情形排除在外，同时避免因将公务、劳务派遣等情形一律排除过于绝对导致确定经常居所的失误，具体理由将在下一节详细论述。

四、主观标准之我国适用概况

主观标准因其易变性而难以把握，即便考量主观居住意图具有其存在的必要性，但世界上仍有不少国家和地区在确定惯常居所时，法律规定中并未强调要考量主观标准，如瑞士①、我国澳门地区②。在我国，确定惯常居所的立法

---

① 参见《瑞士联邦国际私法》第 20 条。
② 参见《澳门民法典》第 30 条第 2 款规定："个人实际且固定之生活中心之所在地视为个人之长居地。"

要求考量主观意图，但司法实践却鲜有案例对居住意图进行考量。

从立法上来说，我国有关经常居所的法律规定要求考量当事人主观居住意图，《司法解释(一)》第 15 条(现为第 13 条)中规定"作为其生活中心地方"，意在表明在确定经常居所时需要考量居住意图。①

但从前述关于经常居所确定标准的客观方面来看，我国既有司法实践表明，在确定经常居所时，主要考量当事人的客观居住状况，而缺乏对居住意图的考察。如 1992 年谢某治诉王某生继承在大陆探亲期间死亡的台湾居民的遗产纠纷案，2016 年郭某闵、李某珍与青岛昌隆文具有限公司股东资格确认纠纷案②中本可考量当事人的主观居住意图以更加准确地确定当事人的经常居所，但遗憾的是并未对此加以考量。这也说明在我国司法实务中未能认识到《司法解释(一)》第 15 条(现为第 13 条)的立法意图。

我国司法实践中缺乏对主观意图的考量一方面是由于主观意图本身特性所决定的，居住意图易变、不具有稳定性，难以把握；另一方面受法律制度的影响，与我国"经常居所"类似的"经常居住地"这一概念在立法中主要通过客观标准确定。1988 年最高人民法院《关于贯彻执行〈中华人民共和国民法通则〉若干问题的意见》(简称《民通意见》)和 2022 年最高人民法院《关于适用〈中华人民共和国民事诉讼法〉的解释》(简称《民诉法解释》)对于"经常居住地"的判定，均采纳单一的居住期限标准，即对于"经常居住地"的判定方法，主要采用客观标准，认为满足"连续居住 1 年以上"，即为经常居住地。我国对经常居住地的界定长期以客观标准中的居住时长为主，这对我国司法实践中确定经常居所倚重客观方面产生了一定影响。

我国与惯常居所有关法律概念的历史沿革、主观居住意图的不确定性，以及我国异于英美法系国家法官具有较大自由裁量权的实际情况，致使我国司法实践中对惯常居所的确定以客观标准为主，对于因客观标准确定惯常居所不准

---

① 刘仁山：《现时利益重心地是惯常居所地法原则的价值导向》，载《法学研究》2013年第 3 期，第 185 页。

② 山东省高级人民法院，(2016)鲁民终 2270 号民事判决书。

确的情形，我国采用了除外情形以发挥纠偏作用，较少通过主观标准发挥纠偏作用。

第四节 确定惯常居所之除外情形

"除外情形"，顾名思义，将原本属于某一类的规定因为特定情形发生而排除在外，依据客观事实确定的惯常居所，因属于特殊情形而被否定。类似的规定在英美法系有关住所的制度中有迹可循，比如，过去在英国法学家中，一度认为获得选择住所，"自由选择"是必须具备的条件，因而诸如受官方义务的支配、债权人的要求甚至解除疾病之类的外部需要，都不因此而构成获得选择住所的意图。① 1986 年美国《第二次冲突法重述》修订本第 17 条规定，某人由于身体或法律之强制而出现于某地，该人通常并不因此而获取选择住所。上述规定实际上与除外情形的规定具有同等意思和效果，即住所强调主观居住意图，所以也强调居住的自由性，但凡违反自然人居住意愿而确定的住所均应排除。然而，与之有关的规定在各国关于惯常居所的定义或判例中并未所见。

除外情形是我国《司法解释(一)》第 15 条(现为第 13 条)确定经常居所时的重要组成部分，也是相较于各国在确定经常居所时我国特色之所在，并形成了独特的经常居所确定方式。

我国关于除外情形的条款设置有利于法官通过明确指引确定经常居所，对客观标准的确定结果发挥纠偏作用，但对所列举的情形一律排除过于绝对，反而未能准确确定当事人的经常居所。加之除外情形条款设置本身和司法适用存在各种问题，导致对除外情形条款存在的必要性需要做进一步考察。

一、我国除外情形条款之司法适用问题

《司法解释(一)》第 15 条(现为第 13 条)虽然规定了除外情形并进行了不完全列举，但是，并没有明确解释这几种除外情形的含义，更没有说明在此三

---

① 李双元：《国际私法(冲突法篇)》，武汉大学出版社 2001 年版，第 364 页。

类情形下，如何界定经常居所。这导致我国在司法实践中确定除外情形存在诸多不明确之处，其中尤以"劳务派遣"的认定与我国通常理解不一致最突出，适用不恰当的情况也时有发生，导致除外情形的适用呈现总体混乱的状况。

(一)除外情形认定不统一

国际上最早对劳务派遣的统一定义出现于国际劳工组织 1997 年通过的第 181 号公约，即《私营就业代理机构公约》，其中规定："雇佣工人的服务，目的是使这些工人可供第三方使用，第三方可能是自然人或者法人，他们给工人分配任务并监督这些任务的执行。"

我国学术界有学者认为，劳动派遣是指派遣单位按照用工单位(又称要派单位)或劳动力市场的需要招收劳动者，并与之订立劳动合同，按照其与用工单位订立的劳务派遣协议将劳动者派遣到用工单位劳动，劳动过程由用工单位管理，工资和社会保险等项待遇由用工单位提供给派遣单位，再由派遣单位就提供的服务支付劳务费。① 但我国的《劳动合同法》并没有对劳务派遣做专门的定义，只是在法条中提到了"劳务派遣单位""用工单位""被派遣劳动者"三个主体，且规定了三者的权利义务关系。

因此，从国际和国内的一般理解来看，劳务派遣是指由专门的劳务派遣公司招收劳动者，再派到需要用工的第三方单位、公司，由第三方公司统一管理并支付劳动报酬的用工形式。

本书前文中已提到确定涉外民商事争议的管辖权，司法实践中不乏依据 2022 年民诉法司法解释第 4 条确定被告经常居住地，但就涉外民商事案件管辖权而言，依据司法解释(一)》第 15 条(现为第 13 条)确定被告经常居所，进而确定法院管辖权更为恰当。因此，在下文所选取的案例中，也有以《司法解释(一)》第 15 条(现为第 13 条)为依据确定案件管辖权而涉及除外情形的适用问题。

---

① 王全兴：《劳动法(第三版)》，法律出版社 2008 年版，第 189 页。

在宁波嘉福进出口有限公司与周某劳动合同纠纷案①中，双方争论的焦点在于被告周怡的经常居所位于何处，以确定是否为涉外案件以及法院管辖权问题。

一审法院直接依据国内劳动合同法、仲裁法作为本案处理依据。原审原告嘉福公司不服，提起上诉称，一审法院对本案的民事关系认定错误，因为根据《司法解释（一）》第15条（现为第13条）的规定，被上诉人周某常住安哥拉罗安达市，因此，被上诉人的经常居住地在安哥拉罗安达市，本案属于涉外劳动法律关系。被上诉人周某答辩称，自己是与国内的上诉人签订劳动合同，建立劳动关系后，被派遣至安哥拉工作，不属于《司法解释（一）》第15条（现为第13条）的劳务派遣情形，其在安哥拉的工作地不能作为自己的经常居住地。而且，双方签订的劳动合同约定，受约束的法律为国内的劳动法及相关法律法规，因此，本案为非涉外民事关系。

二审法院认为，上诉人为中华人民共和国境内法人企业，被上诉人为中华人民共和国公民，双方签订的劳动合同及劳动合同补充协议均约定双方的劳动合同关系受《中华人民共和国劳动合同法》《中华人民共和国劳动法》及相关法律法规的约束，原审法院适用《中华人民共和国劳动合同法》的相关规定，并无不当。

从上诉人的上诉理由、被上诉人的答辩理由，以及二审法院在判决中的论述来看，在确定该案是否为涉外案件时，当事人各执一词，法院却回避了当事人双方所争论的焦点，给出另一理由表明本案非涉外案件且应适用我国法律。当事人一方认为本案属于涉外案件，因为被告长期居住在国外，因此经常居所也应在国外，所以我国法院不享有管辖权；另一方认为被告长期居住于国外是劳务派遣的结果，因此经常居所仍应在国内。但法院认为，一方是中国企业，一方是中国人，因此应当依据中国法律予以解决。法院对当事人争论的被上诉人的经常居所是否位于安哥拉罗安达市，以及被上诉人由所在公司派出是否属于劳务派遣的情形也尚未回应。

---

① 浙江省宁波市中级人民法院，（2013）浙甬民一终字第185号民事判决书。

本书认为,在前已述经常居所与经常居住地的区别,前者是作为连结点适用的涉外概念,后者是国内民事案件管辖权的依据。为保证涉外案件法律适用和管辖权内在统一,在确定涉外案件管辖权时也可依据经常居所。就本案而言,确定本案的管辖权时,不应当回避确定被告经常居所,依据《司法解释(一)》第15条,可以确定被告经常居所,进而确定本案管辖权。周某被派到国外工作,根据其客观居住状况判断其与国内居住地或是安哥拉工作所在地联系更为紧密,综合考量其主观意愿,能够确定其经常居所。另外,周某因与嘉福公司建立劳动关系,被派到安哥拉工作,并非由专门的劳务派遣公司派到第三方用工单位,因此,依据国际上以及我国对劳务派遣的一般理解,周某的情形并非属于劳务派遣,也就不应当适用除外情形条款予以排除。

回避对除外情形的认定和分析的案例,不止上面这一例,还如刘某洋、刘某军、王某、韩某、徐某英提供劳务者受害责任纠纷案[1]。本案中,2012年12月被上诉人王某的丈夫韩某田(中国抚顺籍)与上诉人刘某军(中国抚顺籍)签订《劳动合同书》,约定由刘某军安排韩某田到刚果布工作。2014年1月18日韩某田因病死于刚果布。王某、韩某、徐某英(分别是韩某田的妻子、女儿、母亲)起诉要求刘某军、刘某洋赔偿韩某田死亡补偿费、丧葬费等。

一审被告刘某洋、刘某军因不服原审法院的裁定,提起上诉,认为我国法院对本案没有管辖权,理由是自己是因私出国,不属于劳务派遣,因此不属于确定经常居所中的除外情形,自己的经常居所应当在刚果布,应由刚果布相关法院管辖。原审法院在没有证据的情况下认定上诉人是劳务派遣、刚果布不是其经常居所地,属认定事实错误。

本案中,刘某军、刘某洋自己因私在国外工作,并非由专门的劳务派遣公司派到用工单位,应当不属于劳务派遣的情形。因此,一审法院依据《司法解释(一)》第15条认定刘某军、刘某洋两人情形属于劳务派遣,进而认定被告经常居所在国内,通过这一理由确定我国法院有管辖权存在法院地主义倾向。

然而,二审法院在判决论述中并没有对一审法院判决和上诉人提出的理由

---

[1] 辽宁省抚顺市中级人民法院,(2015)抚中立民终字第00040号民事裁定书。

进行分析或反驳，也没有解释劳务派遣，更没有说明上诉人的情况是否属于劳务派遣这一情形，而是以其他法条作为依据确定管辖权，回避除外情形的问题。最终，法院依据最高院的司法解释，其中规定"涉外合同和侵权纠纷案件"等第一审涉外民商事案件管辖法院的区域范围，由所在地的高级人民法院确定"，进而确定本案由沈阳市中院管辖。

该法院的判决思路同样也是以 B 理由证明国内法院有管辖权，但没有正面回应上诉人认为法院没有管辖权的 A 理由，进而避免对被告经常居所的认定。

本书认为，本案中，被告的经常居所是可以确定的，被告在刚果布工作，与国外形成了一定的联系，法院可以通过对生活中心的判断，进一步明确其与本国所保持的各方面联系，权衡当事人与国内或是国外联系更为紧密，并综合考量当事人的居住意图，从而确定当事人的经常居所。而不再需要强行将因私到国外工作也认定为劳务派遣这一除外情形，并根据事实情况确定法院管辖权。

法院在确定管辖权时回避对被告经常居所的认定，从而顺理成章地省去了对除外情形的解释，或也有关于除外情形的解释，如对劳务派遣的认定，但该认定又与通常意义上的劳务派遣含义不一致。

如在沈某甲、陈某与沈某乙、翟某继承纠纷案①中，原告(沈某甲、陈某)、被告(沈某乙、翟某)分别作为被继承人(沈某亮)的女儿、配偶、父亲、母亲。死者沈习亮在安哥拉工作期间因交通事故不幸死亡，其在安哥拉工作期间有近30万元的财产在安哥拉，因内容涉外，故而该案是涉外案件。但死者父母放弃遗产继承，所以继承份额不存在争论。本案争议焦点为：本案应适用中华人民共和国的相关法律还是安哥拉的相关法律。法院认为，《涉外民事关系法律适用法》第31条规定："法定继承，适用被继承人死亡时经常居所地法律。"被继承人沈某亮户籍所在地为中华人民共和国江苏省宿迁市，因公司业务被派往安哥拉，较长期限内在安哥拉工作、居住、生活。依据《司法解释(一)》第15条所规定的除外情形，沈某亮在安哥拉工作属于劳务派遣，加之

① 江苏省宿迁市宿城区人民法院，(2015)宿城埠民初字第 00056 号民事判决书。

原被告均表示沈某亮生活地点为江苏宿迁，因此本案应当适用中国的相关法律。本案中，法院认为，即便是非专业的第三方劳务派遣公司，仅由一般公司将其内部员工派往本公司在国外的分支机构也属于劳务派遣的情形。

由此观之，我国既有司法实践表明，法院对劳务派遣的解释，与国际上和我国通常的理解有较大出入，我国法院将公司内部因业务需要而将员工派往国外的情形也认定为劳务派遣，明显不当。

(二) 法院地主义倾向

我国司法实践除了对除外情形的认定不准确之外，还存在对除外情形适用混乱的现象。随意适用除外情形之下，导致最终确定经常居所无一例外均位于我国，存有法院地主义的倾向。

在张某某等与柯某等机动车交通事故责任纠纷上诉案[1]中，受害人加拿大籍华人柯某甲于 2012 年 2 月在上海发生交通事故而身亡，法院认为柯某甲长期在我国上海居住，故认定柯某甲的经常居所地为上海。但在本案中，柯某甲虽自 2009 年以来一直在上海居住，但定居原因是公务，法院却没有根据《司法解释(一)》第 15 条(现为第 13 条)的除外情形确定柯某甲在上海居住是由于公务从而确定其经常居所在加拿大。本书认为，这一除外情形应当同等的适用于外国人、外籍华人。但法院却认定其经常居所在上海，进而适用我国法律，呈现出法院地主义倾向。

我国司法实践对除外情形的适用，有认定不准确、随意解释、随意适用的混乱现象，但也有准确适用的范例。[2] 只是从案件处理结果来看，最终均是确定经常居所在我国，从而确定我国法院享有管辖权并适用我国法律。在如前述沈某甲、陈某与沈某乙、翟某继承纠纷案[3]，由于法院对除外情形的不同理解，认为公司内部的员工被派到国外工作的情况也属于劳务派遣，进而依据除

---

[1]　湖北省高级人民法院，(2015)鄂民四终字第 00145 号民事判决书。

[2]　青岛市中级人民法院，(2016)鲁 02 民辖终 452 号民事裁定书。

[3]　江苏省宿迁市宿城区人民法院，(2015)宿城埠民初字第 00056 号民事判决书。

外情形确定当事人的经常居所在国内，最终得以适用中国的法律，均呈现出一种法院地主义的倾向。

综上所述，我国确定经常居所的司法实践中，对除外情形的具体含义以及其所包括情形的理解并不一致，稍显混乱，所以导致法官在实务中遇到需要认定是否属于除外情形时，大多情况下选择在判决中回避对除外情形的认定。"灵活"运用除外情形，如本国人因公务在国外时，适用除外情形认定其经常居所在国内；外国人因公务在我国时，就不再适用除外情形，从而最终的结果几乎一致地认定我国法院享有管辖权或应适用我国法律，呈现出法院地主义倾向，也使得除外情形的设置并未发挥其应有的纠偏作用，未能真实反映当事人真实意图并准确确定经常居所。

二、我国除外情形条款之立法问题

由于我国司法实践中对除外情形的适用存在认定不准确、法院地主义倾向等问题，导致除外情形的认定稍显混乱。上述实践中的适用问题与除外情形法律条款设置本身不无联系。除外情形条款通过不完全列举的方式呈现，以在法律的确定性和灵活性之间寻求平衡，但司法实践效果似乎适得其反，最终成为诱发除外情形条款设置困境的根源。

第一，若对每一案件中出现的客观事实均考虑是否满足以上相同点，并作为除外情形排除，会极大增加法官工作量，当最终确定的结果又与初始结果一致时，岂不是耗费了珍贵的司法资源，但这又是由于除外情形不可能完全列举，需要在实践中具体判断所必然存在的过程和结果。同时，对具体情形的认定又在某种程度上因为法条的不可操作性难以实现，使得司法实践部门无法得到立法上的明确指引，最终在法院地主义的倾向下，法官多寻找那些能将案件准据法指向我国法律的因素。

第二，法条明确列举的除外情形包括就医、劳务派遣、公务，若将与这三种相关的情形一律纳入除外情形，恐过于绝对，反而不能准确判断当事人经常居所。

因劳务派遣而离开原经常居住之地而到新的地方，当事人不一定不愿意在此居住，可能确有不想离开原居住之地的意愿，但也可能存在更换工作环境的意愿。同时，因劳务派遣而到另一地居住时，其主要从事的活动是工作任务，主要工作联系仍在原公司所在地，主要的人际关系也在原所在地。但是，在劳务派遣中，如果当事人在该地长久居住，在该地建立了广泛的人际、工作关系网，即便其没有居住于此地的意图，也会因为客观居住事实在该地形成了生活中心，因此，此时可能需要进一步分析此地是否为其经常居所。同时，若其不仅客观上在此居住，而且居住意图上也表明居住于此，那么，更应当明确当前的工作地为其经常居所。同理，公务与劳务派遣相类似，如果自然人在此地形成了事实上的生活中心，从客观方面来说该当事人已在该地形成经常居所，则不应当僵硬地将所有公务、劳务派遣列入除外情形予以排除，再综合考量主观方面，当事人可能已将该地作为经常居所。此时若仍排除该地作为当事人的经常居所是僵硬适用法条的表现，与客观事实不符。

三、除外情形的认定方式：通过特性考察

《司法解释（一）》第15条（现为第13条）关于除外情形的规定，以不完全列举的方式呈现，列举的三种情形均予以排除过于绝对，且每一情形的具体认定会极大增加法官工作量。除外情形的立法问题导致对"等情形"的认定具有不确定性，导致认定不一、法院地主义倾向等法律适用问题。

为更加准确的认定除外情形，指引司法实践，减少司法负担，可通过总结除外情形的共性，以共性指导除外情形的适用。

最高人民法院规定三种除外情形的原因是，当事人当前所住的地方不是其生活中心。[①] 依据除外情形条款设置初衷进行总结，可以发现具有以下特性。

第一，除外情形下，当事人当前居住之地非长久居住，并未形成其生活中心。他们可能因工作、就医需要在某地居住较长一段时间，但一般情形下，最

---

① Qisheng He, "Changes To Habitual Residence in China's Lex Personalis", in Qisheng He et al., *Yearbook of Private International Law*: *Volume XIV* (2012/2013), Berlin, Boston: Otto Schmidt/De Gruyter European Law Publishers, 2013, p. 336.

终均还是希望回到故土。比如就医，若非病势所迫，未必需要长途奔波去看病治疗，一般情况下在完成治疗之后必定会选择回家休养；公务人员，在工作完成之后，也必定需要回到祖国汇报工作情况，否则，严重情形下还可能构成刑事犯罪；劳务派遣，依据我国 2012 年《劳动合同法》第 66 条的规定，劳务派遣只能在临时性、辅助性或者替代性的工作岗位上实施，期限本身就较短，如临时性工作岗位存续时间不超过 6 个月。但实际上，根据前述内容，因为公务、劳务派遣的原因在此居住，存在因生活工作的展开而形成生活中心的可能，甚至包括就医，若自然人选择在病愈后也定居于此，也在将来可以成为生活中心。因此，对我国法条所列举的三种情形一律排除过于绝对，因为这三种情形也具有在当前居住地形成生活中心的可能性，同时，除外情形的特性之一就是在当前居住地尚未形成生活中心。

第二，客观居住状况与主观居住意图可能并不一致，存在真实主观意图不愿意居住于目前居住地的可能。在除外情形中，从客观居住状况表现来分析，由于他们长期生活在这些地方，从表面来看，他们已经长久或暂且将该地作为自己的经常居所，但可能出于客观无奈所迫。比如，以就医为例，当事人内心的真实意愿必定是不希望居住在该地，只是为了获得更好的医疗资源而选择居住于此，同时，当事人在此地展开的主要活动是就诊，并难以展开其他社会活动，因此也难以产生其他社会联系；如果当事人在治疗的过程中逐渐产生居住于此的意图，那么他会有意识地去了解当地的风土人情、生活习性、居留条件等信息，建立并逐渐加强与当地社会的联系，建立自己的家庭关系、工作关系等，从而在此居住并确立经常居所，形成在主观、客观方面均符合在此居住的条件。

通过对除外情形设置考量要素来分析，除外情形具有客观上非生活中心、主观上与自己真实意图相违背两个方面。

依据除外情形的特性分析，因为牢狱被关押监禁于某地、被困在荒岛上难以脱身、难民等均应属于除外情形。因为这些情形下的真实意图一定是不愿居住于此，客观上也因为人身自由受限、国家政策许可等因素难以形成生活中心。

在适用除外情形时，需首先判断某一情形是否属于除外情形的范畴，根据上述总结，除外情形具有上述两个共性，可以依照共性确定是否属于除外情形。而在上述共性中，其中之一是客观居住状况与主观居住意图不一致，从该共性可知，在确定是否属于除外情形的过程中，通过自然人主客观两方面已可确定经常居所，不再需要发挥除外情形的纠偏作用。主客观相结合确定经常居所的过程，就已经由居住意图发挥了对客观居住状况的修正作用，如，就医、牢狱居住在某地，与其主观居住意愿一定是相违背的，此时作为除外情形处理，已经发挥了对客观居住状况"非客观性"的纠偏作用。

四、除外情形条款设置之必要性考察

除外情形条款设置的必要性问题将直接影响除外情形的适用。除外情形条款本身适用的便利性、除外情形与其他标准之间的联系均会对除外情形条款的设置产生影响。

有关除外情形的适用存在浪费司法资源、适用过于绝对、法院地主义的倾向等问题。通过总结除外情形的特性有利于缓解我国条款设置和司法实践中关于认定除外情形存在的各种问题，以相对准确适用除外情形。有关除外情形条款的设置和具体适用存在的上述问题是除外情形条款设置必要性的考察原因之一，因为如果除外情形难以适用或因适用除外情形会带来更多问题时，反而会致使确定惯常居所的结果更加混乱。而从目前适用情况来看，除外情形确实存在上述问题。

而且，从除外情形与主观标准之间的关系进行考量，也会影响除外情形条款设置的必要性。

最高人民法院规定三种除外情形的原因是，当事人当前所住的地方不是其生活中心。① 也就是说，最高院规定除外情形的初衷是通过除外情形修正仅仅

---

① Qisheng He, "Changes To Habitual Residence in China's Lex Personalis", in Qisheng He et al., *Yearbook of Private International Law*: *Volume XIV* (2012/2013), Berlin, Boston: Otto Schmidt/De Gruyter European Law Publishers, 2013, p. 336.

根据客观居住状况而确定的经常居所，认为这一客观居住之地并非自然人惯常居所。然而，实际上，除外情形的修正作用可通过居住意图实现。

居住意图对除外情形的替代作用，以就医为例，当事人若不愿意在就医所在地居住，也不会主动去了解、融入当地以形成生活中心。表面来看居住于此，但实际并未形成生活中心，因而需要排除，并确认其原居住地为经常居所。从另一角度来看，当事人未在此地形成经常居所的主要原因与其不愿居住于此的意图密切相关。当自然人主观不愿意居住于此十分明显时，可直接通过主观意图对客观居住状况发挥纠偏作用，如战俘、难民、国外服刑、被关押、被强制居留等，这些情形均具有由于客观情势所迫而违背自己意愿并在目前所在地居住的共同点。在客观方面，这些情形也会由于身体能力、身份限制、人身自由约束等无法建立广泛的家庭、工作、财产等社会联系，实际上也难以满足确立惯常居所的客观要件。

另外，就医、难民、国外服刑等类似的情形也可能在居住的过程改变自己过去不愿意的意图，并表示希望居住于此。此时，还是有必要结合客观状况判断，如果仅仅希望居住于此，但客观上无法充分建立也未建立社会生活联系，则依然不能将该地确定为惯常居所，但若在完成治疗、结束刑罚等限制后有能力建立客观联系，则该地也可能成为惯常居所。

满足除外情形条款的内容必须是目前居住地非生活中心且不满足客观居住要件、主观也不愿意在此居住，致使自然人主观意图与其客观居住状况不符。然而，如果在主观上愿意在此生活、居住，那么，自然人必定会在此展开社会生活联系，建立自己与本地之间的紧密联系，通过主客观标准可以确定经常居所，在该标准中，当事人居住意图也可发挥对客观居住状况的修正作用。此时已不再需要通过除外情形发挥纠偏作用。

经常居所不同于住所，前者更强调客观性，后者更强调主观性。仅凭居住意图可以确立住所，但不能确定经常居所。正如戴西和莫里斯在关于住所制度中所述，获取选择住所要求是意图自由，但并非绝对、充分自由，如果犯人确已形成在被拘禁地永久居住的意图，他便可在该地建立一个选择住所；难民、政治逃亡者、伤病员、驻外武装部人员、为逃避其债权人而离开其原来住所的人，在他国工作的雇工或外交官等，依英国法，只要能确实证明他有在新地方永久居住的意图，都是能够获得选择住所的。[1] 但是，经常居所的确定不能仅依据居住意图，还需以客观居住状况为基础。

由此来看，就除外情形的功能性来看，主观意图可以替代除外情形。一方面，从确定经常居所除外情形修正客观居住的角度来说，居住意图发挥着对除外情形的替代性作用。另一方面，被除外情形排除而导致过于绝对的这种情况，通过客观与主观方面结合判断确定惯常居所即可防止类似情况发生。通过主观居住意图对除外情形的替代，可以省略对除外情形的判断，解决因需准确解释并适用除外情形而引发的新生问题，简化法条，减少法律适用的复杂性，并减少因"等情形"而带来的法律不确定性。

然而，不得不承认的是，因为居住意图的主观性，采用主观标准面临着极大的不确定性。加之我国的司法传统，法官不具有较大的自由裁量权，过于弹性的标准反而不利于提升司法实践效率。相较而言，采用相对确定的标准符合我国司法传统和司法实践的需求。从这一角度而言，采用除外情形依然具有必要性，但为了保证除外情形适用的准确性，需要进一步规范除外情形条款的规定。结合前述规定，劳务派遣、公务不宜作为绝对作为除外情形予以排除，就医也需要以具体案情分析。其他满足除外情形特性的，比如难民逃亡、牢狱之灾等可作为除外情形的内容被排除，应当纳入《司法解释（一）》第15条（现为第13条）内容中。

综上所述，除外情形条款是我国在确定经常居所时相较于各国特色之所在，其设置本意是在经常居所确定时发挥纠偏作用，但我国司法实践对其适用呈现理解不准确、随意解释的混乱现象，并未达到其设置的初衷目的和实际作用。相较之下，主观标准可以替代除外情形同样发挥纠偏作用。我国司法传统要求相对确定的法律规定，采用相对确定的除外情形更符合我国司法传统习惯和司法实践现状，因此，应当在现有法律规定基础上继续适用除外情形，但应进一步规范除外情形的适用。

---

[1] 李双元：《国际私法（冲突法篇）》，武汉大学出版社2001年版，第364页。

第四章　法人属人法的理论源起

　　法人观念、法人制度均最初起源于古罗马，但在古罗马时代，"法人"概念尚未正式产生，对于古罗马法学家来说，彼时的团体财产更像是多人所有的共有财产。"法人"作为正式的法学范畴，是由 12 世纪至 13 世纪意大利注释法学派创制，教会法学者将法人概念解释为在团体多数人之外，还拥有抽象人格，该人格即法人。教会法学者把人的外延拓宽，推广到自然人之外，认为法人也是人，是人类之外的人。现代意义的"法人"概念是伴随着公司法的产生，以及对公司进行规范的过程中确立的。① 作为典型的法人形态之一，公司人格的发展历史很大程度上体现了法人人格的发展历程。从合伙到commenda(有限合伙)，经历了个人人格到团体人格进化，再到海外特许公司确立法人人格，以及后来对公司法人人格规范化的成文法规制，确立公司具有独立的法律人格。自然人人格的全面承认经历了相当漫长的时期，而法人人格在法律上获得真正确立仅仅是近百年的事情。②尽管对于法人是否具有独立的法人人格存在质疑的声音，但现在各国已基本统一认可法人具有独立人格。

　　基于法人独立的法律人格，法人属人法经常被与自然人属人法类比。尽管法人属人法由自然人属人法延伸而来，但是法人属人法的产生实际上源于其自身发展的需要。

---

　　①　参见吕天奇:《公司法人制度新论》，四川大学 2004 年博士学位论文。
　　②　赵磊:《公司法中的外国公司法律问题研究》，法律出版社 2017 年版，第 2 页。

第一节　自然人与法人属人法之比较

属人法诞生于自然人属人法，并延伸至法人属人法，自然人属人法的适用范围也从自然人扩展到法人。① 自然人、法人均是涉外民商事法律关系的主体，在法律适用上两者既具有相通之处，也因主体性质不同而具有实质性差异。

一、法人属人法与自然人属人法的关联性

法人虽然是法律拟制的产物，但法律也赋予了法人相应的权利和义务，而各国公司法规定不一致，容易导致各国法律冲突，即便仅仅关于外国公司的承认，也难以在全球形成统一规则。随着国际跨国业务的发展，对公司的规制显得更为紧迫和必要，然而通过统一实体公司法解决各国法律冲突难以达到目的，法人属人法的出现解决了各国公司法法律冲突，相较于各国法律更具稳定性和可预见性，为公司业务在国际范围内流动提供了制度保障。

早期在确定法人属人法时，通过国籍、住所作为连结点均是受自然人属人法的影响。再如，关于法人的主营业地通过经常居所确定，而经常居所也是源于国际上通用的自然人惯常居所。② 属人法诞生于自然人属人法的历史致使法人属人法深深烙下了自然人属人法的印记。

但是，随着公司不断发展，公司内部关系日益复杂，外部联系逐渐丰富。跨国公司使得公司法律冲突问题更为复杂，母子公司之间法律责任、内部成员之间法律责任的划分、跨国公司实际经营场所的确定等，属人法中原本属于自然人属人法连结点的国籍、住所已经难以满足复杂多样的跨国公司业务。如，公司的国籍或住所并非公司实际展开经营所在地，无法对公司的实际业务进行

---

① Geert Van Calster, *European Private International Law*, Oxford, Hart Publishing, 2021, p. 211.

② 2010 年《中华人民共和国涉外民事关系法律适用法》第 14 条第 2 款规定：法人的主营业地与登记地不一致的，可以适用主营业地法律。法人的经常居所地，为其主营业地。

法律规制，这对实际经营地的其他公司而言也显失公平。因此，需要发展新路径以应对法人国际业务的发展趋势，寻求符合公司新发展趋势的属人法连结点。

法人属人法在自然人属人法基础上发展，又因与自然人在国际上活动、规制的差异而超越了自然人属人法制度，与自然人属人法并列构成属人法制度。

二、自然人、法人属人法连结点之比较

国籍和住所是自然人属人法重要的连结点，同样也适用于法人属人法，但囿于法人相较于自然人的特殊性，两者之间适用的连结点并非完全一致。

1. 国籍、住所确定之比较

自然人国籍的确定由各国国籍法规定，主要获得方式包括原始取得、继受取得。可以依据自然人出生的事实而获得，也可以因为自身行为以及外界影响加入取得，如申请加入、缔结婚姻、收养等方式获得国籍。法人国籍的获得方式主要依据法人的客观行为，如设立、经营、管理等，不存在自然人原始取得的方式。

自然人与法人在住所确定上，最大的区别为是否考量自然人主观意愿。尤其在英美法系中，自然人主观居住意图在确定住所时发挥着极大的作用。而法人作为法律拟制的主体，不存在主观意图的考量，对法人住所的确定主要依赖于客观事实，如成立地、营业中心地、主事务所在地等。

2. 连结点发展之比较

自然人属人法中，国籍、住所分庭抗礼几百年之争，形成自然人属人法的两大传统连结点。自然人国籍的变更需要满足各国国籍法的条件和程序，相较于自然人可自由变更住所更加复杂，这集中体现了自然人国籍的确定性和住所的灵活性，二者各有优势和劣势。国际民商事交流不断发展促使国际社会致力于自然人属人法的统一，惯常居所在此国际背景下应运而生。

法人属人法早期受自然人属人法的影响，以国籍、住所作为连结点，并在各国形成确定国籍、住所的各种标准。但随着公司业务国际化发展趋势，公司的成立地、营业地、管理地常分散于多国，股权结构日益复杂，公司国籍与公

司业务本身可能并无联系，公司业务的跨国性也难以准确确定唯一住所，国籍和住所难以满足迅速发展且复杂的公司法律问题。而就惯常居所而言，自然人虽不能同时在几个不同地区惯常居住，但法人可以同时在多地经营，因此法人惯常居所也无法确保唯一性。因国籍、住所、惯常居所适用于法人情形中的局限性，无法保障所有情形的公平，并逐渐在法人属人法问题上主要通过成立地主义和真实本座主义两大理论原则来解决。

三、自然人、法人属人法适用范围之比较

因自然人属人法和法人属人法之间源远流长的关系，通过对自然人属人法的适用范围可类推适用于法人。自然人属人法适用于自然人身份、能力、亲属、家庭、继承等内容，自然人身份、能力对应法人的能力、资格问题，自然人家庭、亲属等关系辐射到法人属人法问题上关涉法人的组织机构、股东权利义务等问题。受自然人属人法适用范围内容的影响，法人属人法也适用于法人资格、能力、内在机构、外在联系等内容，具体包括法人法律资格、权利能力、行为能力、组织机构、股东权利义务、法人成立合并清算等。

各国关于自然人属人法的适用范围基本一致。但是，切不可认为在法人属人法上应当涵盖什么内容已存在很大共识。例如，目前对于公司治理监管和公司成立前后的股东协议是否应当涵盖在法人属人法的范畴内的问题，就尚未达成共识。[1] 事实上，国际私法学者和各国法律规定关于法人属人法的适用范围都不尽一致。

德国学者沃尔夫认为，属人法可适用于法人的成立与解散、法人的行为主要是法人可以取得什么权利以及可以订立什么契约、法人的组织和迁移、公司股票的转移。[2] 英国戴塞和莫里斯认为，公司进行法律行为的能力受公司章程

---

[1]　[比]海尔特·范·卡尔斯特：《欧洲国际私法》，许凯译，法律出版社 2016 年版，第 235 页；Geert Van Calster, *European Private International Law*, Oxford, Hart Publishing, 2021, p. 382.

[2]　[德]马丁·沃尔夫：《国际私法（下）》，李浩培，汤宗舜译，北京大学出版社 2009 年版，第 334~340 页。

以及有关行为地国的法律支配，而有关公司章程的所有事项受公司成立地法律支配。① 即公司属人法可适用于公司章程中有关的所有事项。英国法中，法人属人法适用于以下事项，包括公司法人资格的开始或结束、董事任命的有效性、个人代表公司行事的权力、公司成员是否有能力承担公司债务、法人签订某些协议的能力、法人设立合并继承前任法人的权利和义务等方面。各国在法人属人法的适用范围上存在差异，但是，关于法人的成立和解散、法人的权利能力和行为能力、法人的组织机构与内部治理等方面被大多数国家的法人属人法适用范围涵盖。②

由于各国不同的历史文化传统以及公司法律制度存在的差异，对于不同法律概念的理解并非完全一致，同时，出于本国特殊政治经济利益考量，关于法人具体的规制也存在不同，这都会导致各国法人属人法规制内容不一。

另外，从各国成文立法形式来看，主要有笼统式和清单列举式。采取笼统式立法的国家仅仅明确指出，公司的能力或地位由公司属人法支配，但未具体涉及其他公司基本问题。采取具体式立法模式的国家对于公司属人法的适用范围做了详细具体的规定，如数罗列具体适用的内容，如 1987 年《瑞士联邦国际私法》第 155 条列举了 9 项具体内容。无独有偶，1995 年《意大利国际私法》第 25 条也规定了 9 项内容、《俄罗斯联邦民法典》第 1202 条列举了 8 项内容，但各国所列举的具体内容也并非完全重合。③

总体而言，无论是连结点，抑或是适用范围上，法人属人法相较于自然人属人法更复杂，不确定性因素也更多，这与法人自身属性的复杂性以及国际商

---

① ［英］J. H. C. 莫里斯主编：《戴西和莫里斯论冲突法（中）》，李双元、胡振杰、杨国华等译，中国大百科全书出版社 1998 年版，第 1085 页。

② 1987 年《瑞士国际私法》第 155 条、2005 年《保加利亚国际私法》第 58 条、2001 年《俄罗斯联邦民法典》第 1202 条、2013 年《黑山共和国国际私法》第 21 条、2011 年《波兰共和国国际私法》第 17 条、2012 年《捷克共和国国际私法》第 30 条、2000 年《阿塞拜疆国际私法》第 13~14 条、2002 年《摩尔多瓦共和国民法典》第 1596 条、1999 年《亚美尼亚共和国民法典》第 1272 条，参见邹国勇：《外国国际私法立法选译》，武汉大学出版社 2017 年版。

③ 邢钢：《国际私法视野下的外国公司法律规制》，知识产权出版社 2009 年版，第 37 页。

业环境的复杂化不无联系。

第二节　法人属人法与外国法人承认：产生与源起

法人属人法虽由自然人属人法延伸而来，但法人属人法产生是法人自身发展的需要。随着国际民商事交往的发展，法人经营业务不断拓展到世界各国，产生了外国法人在内国是否具有法人资格，以及是否同样以法人的身份在内国活动的问题？这分别需要得到内国的承认与许可，而对外国法人的承认则需以法人属人法为基础。

一、关于外国法人认可的基本问题

外国法人进入一国以法人身份活动，需要得到内国法律的认可，包括承认该外国法人依其属人法是否有效成立，以及内国法律是否对其在内国活动的许可规定。

(一)外国法人认可内容

一般来说，对外国法人的认可①包括两方面的内容：一是外国法人依有关法律是否已有效成立；二是依外国法已有效成立的外国法人，内国法律是否也承认它作为法人而在内国存在与活动。其中，对于第一个外国法人是否存在的事实问题，应当依照外国法人的属人法来决定，如果依照外国法人的属人法未能有效成立的法人，内国也不可能认可，当然不允许其以法人身份在内国从事经营活动。对于第二个问题，涉及内国是否在法律上承认其法人资格并允许其活动的问题，此时要依据内国的外国人法进行审查，包括外国法人在内国活动的范围和限制、对外国法人的监督等。因此，一个外国法人要进入内国进行经

---

① 有认可、认许的表述，参见韩德培：《国际私法新论（上）》，武汉大学出版社 2009年版，第 96 页，采用"认可"；李双元、欧永福：《国际私法（第六版）》，北京大学出版社 2022 年版，第 179 页，采用"认许"。本书采用"认可"这一表述。但也有学者将外国法人认许等同于承认，见李金泽：《公司法律冲突研究》，法律出版社 2001 年版，第 88 页。

营活动，必须同时符合其属人法和内国的外国人法所规定的条件。① 在这一观点中，第二个问题是涉及内国(即东道国)是否承认其法人资格以及有关在内国活动的范围、限制等。但也有学者将内国(即东道国)是否承认其法人资格问题归属为第一个问题中，由法人属人法决定外国法人在内国的资格。②

本书认为，尽管在具体内容归属上存在差异，但实际上有关外国法人在内国活动的法律问题主要包括两大方面。首先是根据外国法人的属人法承认其在内国的法人资格，解决法人的权利能力、行为能力、内部组织机构等问题，其次是对外国法人在内国具体行为的限制，包括经营范围、行为监督等。前者是对外国法人的承认，后者是对外国法人的许可，共同组成外国法人认可制度。

承认经常体现为国家私法主体问题，而许可往往体现为公司法上关于外国公司活动范围、权利限制监管等问题。③ 外国法人是否成立、是否具有法人身份，以及法人的组织机构、清算等能力问题，均由法人属人法决定。对外国法人的承认依赖于外国法人的属人法，以外国法人的属人法为基础，因此从某种意义上来说，法人属人法产生于外国法人的承认问题。

承认外国的法人，并非将其变为本国的法人。承认的意义只是承认该法人在承认国内享有法人人格。④ 因此，外国法人不可能直接享有与承认国法人同等的权利。在承认外国公司之后，需要确定外国公司的具体权利义务，此时则关涉外国公司的许可。简而言之，一家外国公司要成为某国涉外民商事关系的主体，必须首先经过内国法上的承认制度获得在内国的基本民事权利能力和基本民事行为能力，其次通过内国法上的许可制度获得从事持续经营资格或进行

---

① 韩德培：《国际私法新论(上)》，武汉大学出版社 2009 年版，第 96 页。

② Stephan Rammeloo, *Corporations in Private International Law: A European Perspective*, Oxford: Oxford University Press, 2001, p. 10.

③ 赵磊：《公司法中的外国公司法律问题研究》，法律出版社 2017 年版，第 45 页。

④ [德]马丁·沃尔夫：《国际私法(上)》，李浩培、汤宗舜译，北京大学出版社 2009 年版，第 334 页。

某种特定活动的资格。① 而在涉及外国法人可享有的具体权利时，与两国之间的关系也有着紧密联系，因此，有学者认为承认是一个法律问题，而在确定外国公司的经营权时，更符合一个政治性问题的特质。②

关于外国法人在承认国具体能享有什么权利依赖于公司法的规定，但在确定外国法人所享有具体权利之前，实际上首先需要得到内国的承认。

(二)外国法人认可方式

从各国一般法律实践来看，各国对于外国法人的认可方式主要有以下几种。

(1)公司特别认可制。由内国对外国法人通过特别登记或批准程序加以认可。

(2)一般认可制。外国法人依据其成立地法律正式成立，不论属于何种性质，根据内国国内法只需要办理必要的登记和注册手续，就有资格在内国从事活动。

(3)相互认可制。通过国家之间的条约相互承认对方的法人在内国活动的制度。

(4)分别认可制。根据外国法人的性质分别采取不同的认可方式，如对商业性法人采取一般认可制，对非商业性法人采用特别认可制。如日本、法国采用这种制度。

(三)外国法人认可意义

公司法人在承认国能从事的活动限于法律的认可，基于同样的理由，外国公司在国外能从事什么活动也依赖于别国的承认和许可。明确外国法人在我国的地位，完善我国的外国法人认可制度，有利于为外国法人在我从事商事交易提供制度基础，为加强与外企资金和技术的交流提供制度保障。同时，也有利

---

① 赵磊：《公司法中的外国公司法律问题研究》，法律出版社 2017 年版，第 40 页。

② O. A. Borum, "Scaninavian Views on the Notion of Recognition of Foreign Companies", *Netherlands International Law Review*9(4)，1962，p. 83.

于我国法人在国外享有同等的权利，促进企业交流发展。

公司在未被他国认可之前，实际上也可以与别国法人主体从事商事交易，如签订贸易合同，但如果两公司之间希望展开更深入的经济贸易往来，却可能因为外国公司未能在东道国获得认可而成为他们之间贸易往来的障碍，从而阻却国际民商事交流的进一步发展。

二、外国法人的承认

关于国家是否应该承认外国公司，一直存在着争论。19 世纪，欧洲和美国都提出了这样的观点，即公司作为法律拟制产物，只应在创立其成立的范围内存在，而在该法律范围之外不存在。一国没有承认外国公司的义务，但随着日益增长的资本主义和国际经济发展的必要，各国对外国公司的承认逐渐采取更加开放的态度。[①] 从最初依据法人属人法承认外国法人是否已有效成立、具有法人资格，逐渐拓展到承认包括法人属人法所涉其他事项，如法人成立、清算、解散、组织机构、股东权利义务等方面。

(一)外国法人承认的法律渊源

有关外国法人的承认既可通过法人属人法规定，也可通过与他国签订条约的方式规定，分别对应着国内法渊源和国际法渊源。

通过法人属人法承认外国法人法律资格实际上是冲突法方式，但各国也可通过签订条约的方式约定对外国法人承认，这实际上就是实体法方法。

1. 国际法渊源

国际渊源主要是以公约的形式来解决外国法人的承认问题，对应着实体法方法。较为突出的是 1956 年海牙国际私法会议通过的《承认外国公司、社团和财团法律人格的公约》和 1968 年在布鲁塞尔通过的《关于相互承认公司和法人团体的公约》。两公约对承认外国法人的范围、条件、效力、公共政策均作了

[①] Robert, R, Drury, "The Regulation and Recognition of Foreign Corporations: Responses to the 'Delaware Syndrome'", *Cambridge Law Journal*57(1), 1998, p. 176.

相应规定。1956 年公约以法人成立地标准承认法人人格为原则，以真实本座所在地为例外。1968 年公约规定了概括承认依缔约国法律成立的法人，① 且承认国给予法人的能力范围以设立地法律为准。②

2. 国内法渊源

在多数国家，对外国法人的承认不需要承认国的特别行政许可即可发生效力。比如，在英格兰，倘若根据外国法，外国法人一经正式成立，英格兰法院就承认其存在。但有的国家对外国法人的承认进行区别对待，如在德国，非商业性的社团需要以行政行为加以特别承认，未获得承认以前，该社团在德国就没有人格，商业性社团不需要这样的特别承认。③ 从英德法律规定来看，根据外国法律已有效成立的公司可直接在本国得到承认，即根据成立地主义承认外国法人为原则，不需经其他认可程序，在丹麦也有着类似的规定，但并非所有国家在此问题上均采取统一观点，如挪威和瑞典。④

事实上，有关承认外国法人两种渊源形式的具体规定中，主要以外国法人成立地法、国籍国法为准，也就是说，法人属人法是承认的基础。换言之，法人属人法问题源于对外国法人的承认。

(二) 承认的内容

随着全球经济的发展、公司业务的拓展和各国开放包容的立场，各国对外国法人的承认已不再限于对外国法人法律资格、法律地位的承认，还包括有关法人成立解散清算、组织机构、股东权利义务等事项。承认的内容基本与法人

---

① 1968 年《关于相互承认公司和法人团体的公约》第 1 条规定，属于民法或商法的公司，包括合作社，依缔约国之一的法律而成立，由该国法律给予其享有权利和承担义务，并在本公约适用的领土之内设有其法定注册事务所的能力者，当然均应被承认。

② 1968 年《关于相互承认公司和法人团体的公约》第 6 条规定，除第四条另有规定外，所有为本公约承认的公司和法人团体均具有其据以设立的法律所给予的能力。

③ [德]马丁·沃尔夫：《国际私法（上）》，李浩培、汤宗舜译，北京大学出版社 2009 年版，第 334 页。

④ O. A. Borum, "Scaninavian Views on the Notion of Recognition of Foreign Companies", *Netherlands International Law Review*9(4), 1962, p. 83.

属人法的适用范围相对应，因此，需要依据法人属人法确定法人的具体权利义务，确定承认的具体内容。

关于外国法人法律资格的承认，既有冲突法方式，也有实体法方法，国家之间不仅可以通过法人属人法确定承认具体内容，也可以通过双边或多边条约对外国法人资格进行概括式承认，而不再依据属人法。如 1968 年《关于相互承认公司和法人团体的公约》规定，欧洲经济共同体各缔约国之间对于依缔约国法成立的法人应当予以承认。① 一国对他国法人的概括承认包括完全承认、部分承认。完全承认给予外国公司与本国公司享有同等权利，甚至超越本国法人而所享有的特权；部分承认赋予外国法人与本国法人同等权利，但不享有法人在外国所享有的特权。②

(三) 外国法人承认的性质

一国没有义务承认外国公司的法律人格，除非两国之间存在有关于此的条约规定。承认原则起源于不切实际的概念建构，特别是关于法人的性质。③ 公司不同于自然人，公司的法律人格是一种虚拟的存在，每个国家只能在自己的领域内维护这种虚拟人格。只有经承认的外国公司法人资格，让其获得特许权，其才可在外国进行法律交易。

有的学者认为，外国公司在本国注册不是一个独立的法律问题，而是承认该公司是根据另一个国家(即其注册成立的国家)的法律成立的事实后果。公司的存在是一个法律事实，根本不取决于承认国的法律。因此，所谓"承认"到底是承认外国公司已成立这一事实，还是承认外国公司依据外国法律成立这一法律行为。依据第一种观点，认为承认是对外国法人事实的承认，但这一事

① 1968 年《关于相互承认公司和法人团体的公约》第 1 条规定，属于民法或商法的公司，包括合作社，依缔约国之一的法律而成立，由该国法律给予其享有权利和承担义务，并在本公约适用的领土之内设有其法定注册事务所的能力者、当然均应被承认。

② Robert, R, Drury, "The Regulation and Recognition of Foreign Corporations: Responses to the 'Delaware Syndrome'", *Cambridge Law Journal*57(1), 1998, pp. 165-194.

③ O. A. Borum, "Scaninavian Views on the Notion of Recognition of Foreign Companies", *Netherlands International Law Review*9(4), 1962, pp. 82-88.

实应需要依据法人属人法进行判断，因此这一观点最终仍是对外国法律的承认。本书认为，承认是对外国公司依据外国法律成立这一法律行为所做的认定。

从适用法人属人法的角度来说，适用冲突规范的前提即是承认外国法律。承认外国法人需要适用属人法，因此，也需先承认外国法律。

(四) 承认的效力

对外国法人承认的效力是承认的核心问题，因为这涉及外国公司是否可以在内国具有法人人格，但承认只涉及一般性的承认效力约束范围，外国公司在内国所能从事的具体事项由外国公司许可制度完成。

承认除了依据属人法解决外国公司权利能力和行为能力问题之外，还解决包括外国公司内部事项、组织机构、成立解散清算等法律行为问题。

1. 承认并非导致公司重新产生

对外国公司的承认不同于公司设立，首先，公司设立完全是在一国管辖范围内直接依据本国法律规定确定一个新的法人主体是否符合本国法律规定，不涉及外国法的问题。其次，对于外国公司的承认事项内容和要求也不同于在一国国内设立新公司的条件，因此，对外国公司的承认与公司设立之间存在本质区别，毕竟两种制度对于主体本身的性质规定就有区别，一个是外国公司，一个是内国公司。

在外国未取得合法资格的法人，就不涉及对其的承认问题，如《德国商业法典》规定，如果外国公司没有遵守其在本国法律中关于注册、先例和附带事项的所有要求，德国法官有权拒绝外国公司在德国设立分支机构的注册。

2. 1956 年《承认外国公司、社团和财团法律人格的公约》与 1968 年《关于相互承认公司和法人团体的公约》承认效力范围对比

1956 年公约规定承认的对象包括社团和财团法人，1968 年公约规定所承认对象包括合作社，公法或私法主体，通常以进行某种有报酬的经济活动为其

主要或辅助目的。因此，1968 年公约则主要是指社团法人。①

1956 年公约和 1968 年公约均对外国法人权利、权力来源与限制做了类似规定。首先，两公约均规定其他缔约国所承认的外国法人的法律地位、所享有的权利、权力应以其本国法律所承认的地位为准；其次，如果法人在其本国所享有的权利中属于承认国法律不认可的范围，则承认国可以拒绝给予这种权利，因此，总的来说是以本国所给予的权利、权力作为最高标准。但是，1968 年公约对不予承认的外国公司权利，不影响外国公司作为自然人行使这些权利。

三、外国法人的许可

法人属人法的适用范围包括法人的成立和性质、法人的权利能力和行为能力、法人的合并分立、法人的解散等内容。有关于法人的上述事项，国际私法上一般是采用冲突规则来解决，如法人的权利能力和行为能力，原则上应适用法人的属人法，即法人的国籍国法或住所地国法。但外国法人在内国活动，首先必须符合内国的法律，因而在具体的权利能力和行为能力的享有上，还得同时受内国的外国人法的控制和制约。② 外国法人进入内国开展经营活动，理应受到当地法律的约束。

内国承认外国法人具有主体资格后，对于法人具体权利义务的范围、限制、监管即是对外国法人的许可。只有得到被承认国进一步许可的外国公司才能从事持续性的经营活动。因此，许可从本质上来说是指外国公司在内国从事营业活动的营业许可和市场准入问题。③ 但市场准入不同于营业准入，前者是指对外国法人可进入的营业领域规定，后者是对一般民事主体所能从事经营的

①　财团法人的设立只能是为了公益，社团法人的设立既可以是为了公益，也可以是为了营利。但也有学者认为有的财团法人的成立也可以是为了营利，比如财团法人也可将利润分配出去。参见姚辉主编：《民法总则基本理论研究》，中国人民大学出版社 2019 年版，第 436 页。

②　李双元、蒋新苗主编：《现代国籍法》，武汉大学出版社 2016 年版，第 112 页。

③　赵磊：《公司法中的外国公司法律问题研究》，法律出版社 2017 年版，第 45 页。

领域的规定。①

(一) 许可的必要性

内国通过法人属人法对外国法人进行承认，确立外国法人在内国的法人资格地位，以及法人成立解散、组织结构等基本法人行为。但法人在内国所享有的具体经营范围和营业行为需要进一步获得许可，以保障一国国内稳定有秩序的经营环境。

1. 基于公共利益考量

公司法人展开经营活动兼具私人性和社会性，其营业行为属于特定民事主体的私人活动。由公司自行展开经营活动，并对行为产生的后果承担责任，由此来看，公司业务活动的展开只要在一国法律规定范围内，国家便不可过多干涉。但是，私权利的行使必须在一定限度内，如果无限制的滥用，必将对公共利益或第三人利益产生损害。对外国法人主体，国家基于吸引外资或先进技术的导向，可能会给予其更多的权利，但也可能基于社会经济安全的考虑，对外国法人施加更多的限制。从公共利益的角度出发，为了保障国内经济秩序的稳定及金融环境安全，需要对外国法人具体可从事的经营业务以及享有的权利作出规定。

2. 国家对市场管理的职责所在

首先，国家具有管理社会公共事务和维护社会公共利益的职能，对外国法人的管理既是国家公权力机关维护国家经济安全的权利，也是职责所在。其次，市场经济具有自发性盲目性滞后性的特征也要求有国家的引导和限制。最后，外国法人作为市场经济的主体首先需要被认可是否可以从事经营业务，被承认为合法主体之后，具体的权利义务还应受到细则规制。

(二) 许可的规定

关于一国对外国法人许可规定无法做完整罗列，各国依据本国政策指引，

① 肖海军:《营业准入制度研究》,法律出版社 2008 年版,第 31 页。

对本国经济、法律因素进行特别考量，形成独具本国特色的许可规定。

1. 各国许可规定列举

各国根据国情、社会状况对外国法人所做的许可规定各异，角度内容颇丰，如对法人可经营的行业、资格进行限制，以及不得拥有特定财产等诸如此类之规定。

有的国家规定外国法人不得在内国拥有不动产。在英国，如果外国公司获得的土地，未经国王许可或者议会法案授权，那该外国公司所取得的土地将面临随时被没收的风险。① 在德国也有类似的规定，外国公司在德国境内不得进行不动产交易，每个州都有权允许或禁止外国公司收购位于其边界内的不动产。1956 年《海牙承认外国公司、社团和财团法律人格公约》第 5 条规定，承认国可以规定外国法人在其领土内拥有财产权的范围。

有的国家不对法人主体作统一规定，而是对不同的主体提出不同的要求。比如，在德国，非商业性的社团需要以行政行为加以特别承认，未获得特别承认以前，该社团在德国就没有人格。商业性的社团，例如股份有限公司，则不需要这样的特别承认。②

2. 我国关于外国法人许可的规定

我国有关外国法人许可的规定散见于以公司法为主的各部门法中。

我国《宪法》第 18 条规定，中华人民共和国允许外国的企业和其他经济组织或者个人依照中华人民共和国法律的规定在中国投资，同中国的企业或者其他经济组织进行各种形式的经济合作。在中国境内的外国企业和其他外国经济组织以及中外合资经营的企业，都必须遵守中华人民共和国的法律。它们的合法权利和利益受中华人民共和国法律的保护。

宪法关于外国法人基本权益的规定，为完善外国人法制度提供了依据。另外，我国《民法典》第 12 条规定，中华人民共和国领域内的民事活动，适用中

---

① W. F. Hamilton, "Recognition of Foreign Companies", *Journal of the Society of Comparative Legislation*, 8(1), 1907, p. 130.

② [德]马丁·沃尔夫：《国际私法（下）》，李浩培、汤宗舜译，北京大学出版社 2009 年版，第 334 页。

华人民共和国法律。法律另有规定的，依照其规定。这表明外国主体在我国领域内享有的权利依照我国法律规定，且以我国法律规定享有的权利为限。

另外，我国 2018 年《公司法》第 196 条规定，经批准设立的外国公司分支机构，在中国境内从事业务活动，必须遵守中国的法律，不得损害中国的社会公共利益，其合法权益受中国法律保护。

对于外国法人许可的具体性规定，我国主要通过对外国公司设在我国分支机构或代表机构的许可来实现。比如，关于外国公司在我国设立分支机构，主要法律规范体现在 2018 年《公司法》第十一章，2001 年颁行、2019 年修订的《外资保险公司管理条例》，2006 年颁行、2019 年修订的《外资银行管理条例》等法律中，根据外国公司涉及不同行业，采取不同的规制方式。

五、外国人法与外国人民事法律地位制度之对比

依外国公司属人法确定其已有效成立，承认其在内国是有效成立的法人。随后的问题即是确定外国法人在内国具体的权利和义务，即关于外国法人的许可。外国人法就是一国调整外国人在内国的法律地位，因此，外国人法的许可也就是外国人法制度。

外国人的民事法律地位，是指外国自然人和法人能在内国享有民事权利和承担民事义务的法律状况。就各国目前法律规定而言，确定外国人民事法律地位的制度主要包括国民待遇、最惠国待遇、优惠待遇、普遍优惠待遇、不歧视待遇等。外国人法也是关于外国自然人、法人在内国能享有哪些权利义务的规定，两种制度内容似乎有重叠之处，因此有必要对两种制度的具体内容进行对比区别。

（一）适用对象

就外国人法律制度的广义概念来看，外国人民事法律地位制度不仅包括自然人、法人，还涉及外国国家、国际组织的权利义务关系。[①] 外国人法中的法

---

① 赵相林主编：《国际私法》，中国政法大学出版社 2014 年版，第 63 页。

律渊源则主要针对外国法人、自然人。两种制度所规范的对象有重叠之处，外国人民事法律地位制度所规制的对象更为广泛，所涉及国家、国际组织的法律规范不可适用于自然人、法人，尤其是一些公法领域的法律问题，如国家豁免制度，大使、领事所享有的特权等。因此，从所规范的对象角度来看，外国人法制度是外国人民事法律地位制度中的一部分。

(二)法律渊源

外国人民事法律地位制度，渊源形式丰富，包括国内立法、国际条约、国际惯例，而外国人法主要是各国具体的法律规定，以国内法的形式体现，包括外国法人在内国的活动范围、权利的限制、对外国法人的监督。

(三)影响因素

外国人民事法律地位制度的规定更多的是考量国家之间的政治因素，如国民待遇以互惠为前提，最惠国待遇需要以国家之间签订条约为依据。一国可以自由决定对他国主体采取何种待遇，而这种待遇考量取决于两国之间的关系，更多的是政治因素影响。外国人法制度虽也有基于国家之间关系的考量，但更多的是从有利于促进国际民商事交流为出发点展开考量。

(四)具体内容

外国人民事法律地位制度的内容是相对原则性、概括性的制度，用于特定领域的原则性指引，如国民待遇一般适用于概括性的一般问题，最惠国待遇常适用于经济贸易等事项。但外国人法是直接具体的制度、规则，如有关外国法人经营范围、监督等规定。

由此观之，虽然外国人法制度与外国人民事法律地位制度之间存在重叠之处，但在适用对象、具体内容等方面仍存有差异。

六、外国法人承认制度与冲突规范的适用

有学者认为，确立法人存在能力的冲突规范，与专门认许外国私法人的一

般性规定，这在立法上存在重叠之嫌（此处的认许是指承认依外国法成立外国公司具有公司的法律人格，实际上就是对外国法人的承认）。① 因为冲突规范的存在前提是各国对于他国法律的认可，而各国关于法人法律规定的冲突一般通过属人法予以解决，只要法人符合所属国法的创建要求，公司便具有了相应的法律人格。简言之，即外国法人的存在及能力问题已经在冲突规范中得到其他国家的承认，此时无需再通过专门的外国法人承认制度来确认公司的能力问题。

据上述观点，外国法人承认制度没有存在的必要，但本书认为该制度依然有存在的必要。

首先，冲突规范只是表明认可他国法律规定与本国法律处于平等地位，但并不表明承认他国法律所赋予给个体的所有权利，而且该法人主体是否确已合法取得权利，仍需经过本国审查。从另一角度来说，根据戴赛既得权原则，即便认为一国表明承认外国法人依据外国法律所取得的民事权利，但并不表明承认外国法，承认外国法人已享有的权利与承认外国法律之间没有直接的联系，给予外国法人的权利仍然需要经过特定程序。因此，承认外国法律和承认外国法律所赋予的权利并非同时存在，不能将二者功能等同。

对外国法人的承认需要适用法人属人法，因此在厘清对外国法人的承认与冲突规范之间的关系时需要厘清法人属人法与冲突规范之间的关系。属人法是重要的系属公式，包括法人属人法和自然人属人法。系属公式是指双边冲突规范的系属经抽象归类后形成的比较固定的系属类型。系属公式仅是冲突规范的"系属"部分，与冲突规范的"范围"部分共同构成完整的冲突规范。

对外国法人的承认通过法人属人法完成，而法人属人法仅是关于法人冲突规范的系属部分。由此来看，适用冲突规范已包含适用法人属人法，包含对外国法人的承认。但是，冲突规范的适用是在法律冲突时，选择以何国法律确定法人的成立、解散、权利能力和行为能力、内部机构、股东权利义务等事项，而对外国法人的承认并非完全存在于法律冲突情形中，还包括外国法人在东道

① 李金泽：《公司法律冲突研究》，法律出版社 2001 年版，第 100 页。

国经营业务需要单独确定外国法人能力、资格等问题，此时可直接适用法人属人法，无需适用完整的冲突规范规则。

冲突规范和外国法人承认制度在功能意义和适用情形上存在差异，外国法人承认制度具有其单独存在的意义和必要。

七、外国人法制度与冲突规范的适用

冲突规范之所以存在是因为承认外国法律效力，如若各国互相不承认对方国家的法律，那也就不会产生法律冲突，从而也无需冲突规范解决法律适用问题。按照这一逻辑，只有首先根据外国人法制度，承认和保护外国人的民事权利，各国法律之间才会产生冲突，并需要通过冲突规范解决法律冲突、确定法律适用。另一种与之相反的观点认为，只有首先经过冲突规范才能进一步援引一国的具体法律规定来确定外国法人在本国所享有的权利义务。而外国人法同样是属于所确定适用的准据法中的一部分。第二种观点认为冲突规范先于外国人法适用，认为只有经过冲突规范指引适用外国法律规定时，才可适用到外国人法，这明显是将外国人法的内容限于关于外国人的具体规定，将外国人法的内容作为准据法的一部分。

实际上，即便经过冲突规范的指引，最终不一定以本国法律为准据法，但不管适用哪国法律关于法人权利义务的规定，均会涉及有关外国法人的许可问题，都需要考虑本国对外国法人的某些规定，包括监管、限制，尤其是涉及国家公共利益必须予以适用的条款，此时在性质上更类似于一种直接适用的法。① 因此，本书更偏向于认为外国人法的内容并非必须经过冲突规范的指引才可适用。

有关外国人法的规定可能在两种情况下得到适用，一种是经冲突规范的适用，所援引的准据法中包括关于具体法人权利义务的规定，此时涉及外国人法的内容；另一情况则是未发生法律冲突时，在承认外国法人在本国具有法人资格后，直接对外国法人的具体权利义务进行考量和规范。

---

① 郭玉军、向在胜：《国际私法》，中国人民大学出版社 2023 年版，第 60 页。

综上所述，法人属人法问题产生于外国法人的承认，根据承认制度，判断外国法人依有关法律是否有效成立，但承认仅具有宣示性作用，不改变法人的性质。许可是一国法律对法人的具体规制，既包括经冲突规范指引准据法的适用，也包括国家直接适用的法的适用。承认与许可制度共同组成外国法人的认可制度。完善的外国法人认可制度有利于促进各国法人业务在国外的发展，促进国际民商事业务和国际经济发展。

第五章　法人属人法的确定

法人在国际经济交往中日益发挥重要作用，成为涉外民商事法律关系的重要主体。各国对于法人成立、解散、权利能力等问题的规定并不相同，由此产生的法律冲突常用法人属人法来解决。囿于法人属人法与自然人属人法之间的联系，自然人属人法中传统的连结点国籍、住所同样适用于法人。但鉴于法人区别于自然人可同时在多地经营的复杂特性，通过国籍、住所难以直接确定法人属人法。随着公司属人法的发展，各国在属人法的确定上逐渐形成成立地主义和真实本座主义两大主义之争的局面。

第一节　法人属人法的确定之一：国籍与住所

属人法诞生于自然人属人法，继而延伸至法人属人法。① 因法人法律人格拟制等特点，区别于自然人特性，法人属人法在发展中不断形成适用于法人的连结点和适用范围，而这首先是由法人在国际民商事活动中的独特特点所决定的。

法人作为国际私法的主体，参与国际民商事活动的特征表现为以下三点：第一，法人是一种依法成立的社会组织；第二，法人拥有自主经营的财产；第三，法人具有民事权利能力和民事行为能力，能独立的从事民商事活动。② 因

---

① ［德］马丁·沃尔夫：《国际私法（下）》，李浩培、汤宗舜译，北京大学出版社2009年版，第335页。

② 赵相林主编：《国际私法》，中国政法大学出版社2014年版，第71页。

为法人相较于自然人的独特之处，在确定法人的国籍和住所时既有相同之处，又存有较大差异，加之法人国籍、住所的确定关涉国际民事诉讼管辖、法律适用等重要问题，因此有必要对法人的国籍、住所进行单独探讨。

国籍、住所作为自然人属人法的连结点，也适用于法人属人法。一般来说，大陆法系比英美法系国家更多地使用国籍一词，因为前者将国籍作为法人属人法的标准，而后者以住所为标准。① 通过法人属人法确定法人的成立与解散、法人合并、管理人员和董事的权利与义务等事项，如同通过自然人属人法确定自然人的身份、能力、婚姻、继承、收养等事项。②

一、法人国籍

国籍对于自然人和法人而言，同时具有法律意义和政治意义。但法人的法律拟制人格区别于自然人的属性，关于国籍的取得和确定存在较大差异。

(一) 法人国籍的意义

在早期的国际私法理论中，本国法仅仅是指自然人的本国法，自然人具有国籍毫无疑问，但关于法人是否具有国籍尚存争议。关于法人国籍，形成之初存在公法人国籍否定论和肯定论，有的人赞同法人具有国籍，有的人认为法人无国籍。但随着国际私法理论和实践的发展，法人、船舶和航空器在国籍法律关系中也享有一定权利，承担一定义务。③

国籍作为一个同时蕴含法律、政治意义的概念，对法人而言，同样具有这两个层面的含义。法人的国籍决定着法人在外国的法律地位，包括法人的权利能力和行为能力，所能从事业务的权利和应承担的义务；同时，因国籍差异，国家对待内外国法人的优惠政策、制度不一样，国家之间的政治关系影响了法人所可享有的权益，法人的国籍也决定其应向何国寻求外交保护。但是法人国

---

① 李双元、蒋新苗主编：《现代国籍法》，武汉大学出版社 2016 年版，第 115 页。
② Geert Van Calster, *European Private International Law*, Oxford, Hart Publishing, 2021, p. 382.
③ 张庆元：《国际私法中的国籍问题研究》，法律出版社 2010 年版，第 135 页。

籍的政治含义相对模糊，因为法人与自然人具有本质属性的差异，法人本身不享有政治权利。

国籍作为属人法中的重要连结点，在管辖权、法律适用中发挥着重要作用，而这对于法人而言也具有重要意义。首先，法人国籍是国家行使管辖权的基础。国家管辖权包括领域管辖、国籍管辖、保护性管辖和普遍性管辖四个方面，行使前三项管辖权，都必须首先确定涉案主体的国籍，法人作为国际民商事争议的主体，一国法院可以对何国法人、自然人行使管辖权，确定国籍则是国家行使管辖权的基础。其次，法人国籍是属人法的根本标准。① 各国对于法人资格、能力问题规定不一致，例如，无限公司在有的国家是法人，在有的国家不具备法人资格；公司登记在有的国家是公司的成立要件，在有的国家是对抗第三人要件，在诸如此种有关公司法律问题上会发生法律冲突，此时适用法人属人法使得问题迎刃而解。

英美法系国家国际私法中原本不发生法人的国籍问题，因为在解决属人法问题上，其住所制度相对完善。但是，有关英美法系国家的法律冲突规则中会发生这个问题，反致规则使得英美国家法院适用外国冲突规则，从而必然涉及法人国籍问题。② 加之受丰富的司法实践影响，英美法系国家也开始广泛采用国籍。如 2018 年美国律师协会(The American Law Institute)第四次对外关系法中，对在美国境内有主要营业地或公司成立地在美国的法人行使国籍管辖权。

(二) 法人国籍的确定

国籍的确定本身也就需要加以结合一定的中间因素才能得以确定，而各国所采用的中间因素并不一样。对于法人国籍的确定，目前国际上主要有成员国籍说、资本控制说、法人成立地说、法人住所地说、法人营业中心所在地说、

---

① 李双元：《国际私法(冲突法篇)》，武汉大学出版社 2001 年版，第 395 页。
② [德] 马丁·沃尔夫：《国际私法(上)》，李浩培、汤宗舜译，北京大学出版社2009 年版，第 340 页。

法人国籍准据法说、复合标准说等。① 而如何确定法人的国籍，在国际社会尚没有统一的标准。

有关法人国籍的确立标准在两大法系之间明显形成分野，英美法系多按照法人成立地说确立法人国籍，大陆法系国家多选择真实管理中心地确定法人国籍。② 在美国法律中，公司的国籍由公司成立地法决定，美国一些州的法律规定即是例证。《纽约公司法》第 5 节第 3 段规定，国内公司是根据纽约州或殖民地法律成立的公司，每一家非本国的公司都是外国公司。③

确定公司国籍的标准并不就是绝对化的，更不一定都是体现普遍性的法治思想，而可能成为政治、经济政策实现的工具。④ 国家可以通过公司这一媒介实现本国的政治、经济目的，通过确立国内外公司的不同标准，制定更有利于本国公司发展和符合本国经济利益的公司法制度。

我国立法中法人属人法指法人的国籍国法，即法人的本国法，并以注册登记地确定法人国籍。1988 年我国最高人民法院《关于贯彻执行〈中华人民共和国民法通则〉若干问题的意见(试行)》第 184 条第 1 款规定："外国法人以其注册登记地国家的法律为其本国法，法人的民事行为能力依其本国法确定。"我国《公司法》243 条规定："本法所称外国公司是指依照外国法律在中国境外设立的公司。"因此，在我国，以注册登记地确定法人的国籍，凡依中国法注册成立的法人都是中国的法人，具有中国国籍，而依外国法注册成立的法人则是外国法人。

由于各国所采取的标准不一样，且现有标准会随着本国对利益的需求变更

① 参见韩德培主编：《国际私法新论(上)》，武汉大学出版社 2009 年版，第 92～95 页；李金泽：《公司法律冲突研究》，法律出版社 2001 年版，第 41～51 页；张庆元：《国际私法中的国籍问题研究》，法律出版社 2010 年版，第 58～63 页；李双元、蒋新苗主编：《现代国籍法》，武汉大学出版社 2016 年版，第 115～126 页。

② 参见[德]马丁·沃尔夫：《国际私法(上)》，李浩培、汤宗舜译，北京大学出版社 2009 年版，第 340 页；李金泽：《公司法律冲突研究》，法律出版社 2001 年版，第 56 页。

③ Williams, R. E. L. Vaughn and Matthew Chrussachi. "The Nationality of Corporations", *Law Quarterly Review* 49(3)，1933，p. 334.

④ 李金泽：《公司法律冲突研究》，法律出版社 2001 年版，第 56 页。

而发生改变，在法人国籍确定上，各国标准并不一致，法人国籍自然会产生消极冲突、积极冲突。解决法人国籍的积极冲突一般首先需要衡量受理案件本身是否与法院地国具有利益关系，并通常将对己有利的国家的法律确定为本国法。若案件与法院地国不具有利益关系，则通常通过主义近似说、时间先后说、惯常住所说、最密切联系说等标准解决，对于消极冲突则可以通过法人住所地法或其未丧失国籍前的国家法进行确定。① 在我国，依外国法成立的法人，如果成立地与住所等因素不一致而发生国籍的积极冲突或消极冲突时，一般以其"惯常国籍"为国籍，在特殊情况下，还常考虑与该国有无实质联系。②

但有的国家关于公司的国籍规定比较笼统，比如，根据日本法律，"外国公司"的定义是形式主义的，主要营业地点和公司决策地点都不相关。但凡是根据外国法律成立的公司均为"外国公司"，而不考虑其实际经营的问题，但为了避免上述公司对注册自由的滥用，日本法律还规定公司内部事务适用公司成立地法，并设置了"虚假外国公司条款"。

二、法人住所

住所作为属人法连结点为各国所接受，但一般被用于自然人，随着自然人属人法对法人属人法的影响，住所也逐渐被适用于法人。③ 法人的住所一词，大抵是在应该适用法人属人法的情形中使用的。因为就个人来说，属人法是住所地法，所以在法人属人法中，也使用同样的表述。④ 但对于如何确定法人的住所，国际社会并没有一个统一的标准。

在英国，将住所扩大适用于公司，法官常将自然人属人法和公司属人法进行类比，并通过公司住所确定法人属人法。1998 年英国政府成立公司法审议

---

① 张庆元：《国际私法中的国籍问题研究》，法律出版社 2010 年版，第 65~86 页。

② 李双元、蒋新苗主编：《现代国籍法》，武汉大学出版社 2016 年版，第 157 页。

③ Geert Van Calster, *European Private International Law*, Oxford, Hart Publishing, 2021, p. 382.

④ ［德］马丁·沃尔夫：《国际私法（上）》，李浩培、汤宗舜译，北京大学出版社 2009 年版，第 329 页。

指导小组，开始着手对《1985 年公司法》的实施进行咨询、审议，在结合各方意见的基础上，积极推进新公司法的起草工作，在 2006 年 11 月，英国议会通过了历史上最长的一部成文法，即《2006 年公司法》，该法第 86 条规定，任何公司都必须在登记册中注明登记住所，以便于与公司有关的事项能通过任何通信和通知方式寄至。① 英国法中关于公司的概念除了住所之外，还有居所。英国法上对公司居所通过实际管理控制中心来认定。

大陆法系国家一般界定了法人的住所，日本《民法典》第 50 条规定："法人以其主事务所所在地为住所。"法国、德国的民法认为，商业法人的住所应在其商业事务管理中心地。法国公司法所称住所，通常指注册住所是实际存在的办公地点。② 1987 年瑞士《关于国际私法联邦法》第 21 条规定，公司以其主事务所所在地为住所，但若公司章程、组建公司的合同中未有此种规定，则以公司的实际管理地为主事务所所在地。从大陆法系国家有关确定法人住所的规定来看，基本是通过法人的主事务所在地或实际管理地等涉及法人真实经营所在地确定的。

我国 2020 年《民法典》第 63 条规定："法人以其主要办事机构所在地为住所。依法需要办理法人登记的，应当将主要办事机构所在地登记为住所。"我国也以法人实际活动地确定住所。

法人的住所作为确定法人属人法的连结点，但法人的住所同法人国籍一样，需要借助中间因素才能得以进一步确定，有关法人住所的确定，主要有成立地说、主事务所所在地说、营业中心所在地说、章程规定说。③ 比如，英、美、印度等采取成立地说确定法人住所，法人的住所类推适用于自然人的原始住所，在出生时取得原始住所，在自然人的情形下就是他父亲的住所，在法人的情形下，就是法人出生（成立地）的国家。实际上，有关法人住所的确定基本已形成英美法系国家以成立地确定法人住所，大陆法系国家以真实经营所在

---

① 葛伟军：《英国 2006 年公司法》，法律出版社 2008 年版，第 49 页。
② 李金泽：《公司法律冲突研究》，法律出版社 2001 年版，第 37 页。
③ 李双元、蒋新苗主编：《现代国籍法》，武汉大学出版社 2016 年版，第 128 页。

地确定法人住所。

然而，无论是有关确定法人国籍还是有关确定法人住所的标准都在实践运用中存在各自的局限性。比如，确定法人国籍采取成员资本控制说，法人国籍遵循多数股东或其大部分资本持有人的国籍，但多数股东的国籍可能会经常发生变化，公司的国籍也可随之波动，具体而言，如果一家股份制公司的股票在多个国家上市，那么在任一特定时间，因股票在各国的买入和卖出，该公司的实际国籍随时都处于飘忽不定的状态，这样的结果将导致极大的不确定性和混乱，甚至使公司无法生存。由于自然人国籍的变化，这一问题在成员国籍国说中同样可能出现。再如，通过营业中心所在地标准确定公司住所，因为公司业务拓展，可能具有多个营业中心，尤其在当前科技便利、全球化经济形势下，公司去中心化趋势明显，适用营业中心标准也难以确定公司住所。另外，实际住所和法定住所的分离，及实际住所多元化等问题使得公司法律适用难以确定。

三、成立地与真实本座地

国籍和住所作为属人法连结点，不仅适用于自然人，也适用于法人。但在实践中需要通过其他标准进一步确定法人国籍、住所，各种标准的局限性难以实现法人属人法的唯一性。各国通过成立地主义追寻法律价值的确定性，为实现确定性和灵活性的内在统一，在此基础上，各国逐渐形成以成立地和真实本座地相结合的确定模式。

(一)国籍和住所作为属人法连结点的不足之处

国籍、住所对于法人来说是源于自然人的舶来品，作为法人属人法连结点，存在诸多不适宜之处。因此，在理论和实践长期演变过程中，国籍、住所作为属人法连结点的作用逐渐弱化既是客观实践发展趋势结果，也是理论发展进步的表现，具体理由主要包括以下几点。

首先，国籍、住所作为确定属人法的连结点并无法直接确定应当适用的法律，因为国籍、住所二者本身就需要通过其他标准予以具体化，如上述在确定国籍时的法人成立地说、法人住所地说、法人营业中心所在地说，以及各国在确定住所时的主事务所所在地说、营业中心所在地说等。就确定国籍而言，采用住所地标准确定国籍时，首先需要通过其他标准确定住所，所以在确定国籍时至少需要经过两个前置步骤。无论国籍抑或是住所，均无法结合法人实际情况直接予以确定法人属人法，比如，在斯洛文尼亚共和国《关于国际私法与国际诉讼的法律》第 17 条、马其顿共和国《关于国际私法的法律》第 6 条均规定，① 法人属人法依其国籍法，而后又以其设立地国确定国籍。然而，无论是确定国籍，抑或是确定住所的标准中，均有法人成立地、主事务所在地、管理中心地的标准。换言之，通过法人成立地、真实本座地可以确定法人国籍、住所。那么，可以直接以成立地、真实本座地为连结因素确定法人属人法，加之"成立地"具有唯一性，"真实本座地"的确定具有直接性、客观性，可以避免由于确定国籍、住所的多重标准带来的不确定性。

其次，公司是国家经济运行的重要载体，与国家利益紧密相关，国家通过对国内外法人的不同政策，间接维护本国的经济利益。而法人的国籍是国家区别对待国内外法人的决定性因素，因此，各国在确定法人国籍时必定考量本国利益。然而，法人的成立地由公司发起人自由选择决定，不会卷入政治因素的考量，是个体自由意志的表达。法人属人法的确定本属民商事法律关系，应当尽量体现当事人意思自治，减少政治因素的客观影响。

最后，由于法人国籍与掺杂政治、政策因素，各国确定国籍、住所标准多样，导致属人法确定不稳定。然而，各国在确定法人国籍时因价值不一，导致标准各异，同时，国家确立法人国籍的标准还会随着国家之间政治关系的变化而发生改变，使得一个看似确定的概念变得飘忽不定。相比之下，公司的成立地是唯一确定的，虽然公司发起人可以选择成立地，但是成立后于各国而言具有唯一性。

成立地原则相较于国籍、住所具有确定性、唯一性的优势，但在成立地确立之前可自由选择，公司发起人必定选择最宽松的法律制度，而在公司成

---

① 邹国勇：《外国国际私法立法选译》，武汉大学出版社 2017 年版，第 195、266 页。

立地与实际经营所在地分离的情形下，会出现挑选宽松成立地法而规避真实所在地法律的欺诈行为。因此，各国逐渐发展采取其他规则确定法人"身份"，如选择法人经营所在地确定法人权益更加切合实际，国家开始考虑以真实本座地法代替成立地法。到 19 世纪末，成立地法逐渐在大多数欧洲国家被抛弃。①

(二) 各国关于公司属人法的晚近立法例

晚近各国法律在规定法人属人法时，也鲜有直接以国籍、住所作为连结点，而是采用设立地、营业地、主要管理中心地等为连结点，其中，设立地、注册登记地均属成立地主义的具体化，营业地、主要管理中心地是对真实本座地的确定，从而形成各国法人属人法主要遵循成立地主义和真实本座主义的立法模式。关于什么是法人的属人法，各国法院和法学家的回答各不相同，主要是在主事务所所在地法、营业中心所在地法、成立地法三者之间择一确定为法人属人法。②

1. 以成立地确定法人属人法

1987 年《瑞士联邦国际私法》第 154 条第 1 款规定："如果公司符合其据以成立的国家的法律所规定的公示或注册条件，或在无此种规定时，公司是依照该国法律成立的，则适用该国的法律。"同时，第 2 款对于内部事务主义做了例外的规定："不符合前款规定条件的，适用公司的事实上的管理地国家的法律。"

2001 年俄罗斯《民法典》第 1202 条规定，法人以其设立地法为属人法，该条第 4 款规定，在国外设立的法人优先在俄罗斯联邦境内从事经营活动的，对于法人责任及债务问题应以俄罗斯法为法人属人法。

---

① Williams, R. E. L. Vaughn and Matthew Chrussachi. "The Nationality of Corporations", *Law Quarterly Review* 49(3), 1933, p. 334.

② Geert Van Calster, *European Private International Law*, Oxford, Hart Publishing, 2021, p. 382.; ［德］马丁·沃尔夫：《国际私法（下）》，李浩培、汤宗舜译，北京大学出版社 2009 年版，第 330 页。

2000 年阿塞拜疆《关于国际私法的法律》第 12 条规定，法人的属人法，指法人设立地国法。

2012 年捷克共和国《关于国际私法的法律》第 30 条规定，法人属人法依据其设立地国法，但开展日常业务，要符合其行为实施地法。

2. 以真实本座地确定法人属人法

2011 年波兰共和国《国际私法》第 17 条规定，法人属人法依照法人的营业所所在地国法。

1978 年奥地利《联邦国际私法法规》第 10 条规定，法人或其他能够享受权利并承担义务的社团或者财团，其属人法为该权利义务承担者的主要管理中心实际所在地国法。

1974 年《阿根廷国际私法（草案）》第 9 条规定，私法法人适用其真实的主要管理机构所在地国法律。

法国《商务公司法案》第 3 条规定："在法国境内有真实本座的公司由法国法律调整。"

葡萄牙、希腊也有类似规定。1966 年《葡萄牙民法典》第 33 条规定，法人的属人法为其主要管理机构的实际所在地法。1946 年《希腊民法典》第 10 条规定，法人的能力适用它的主事务所在地法。

1962 年《韩国国际私法》第 29 条规定，商业公司的法律行为能力适用其营业地法。

1889 年西班牙《民法典》第 9 条规定依据国籍确定法人属人法。西班牙《资合公司法》第 9 条要求如果外国公司的主事务所或主要商业活动在西班牙做出，必须转化为西班牙公司，否则将被视为合伙企业，其股东承担无限责任。

3. 成立地与真实本座地相结合

除了单独采用成立地或真实本座地之外，还有国家在法律中兼采成立地主义和真实本座主义。

1987 年瑞士《关于国际私法联邦法》第 154 条第 1 款规定，如果公司符合其据以成立的国家的法律所规定的公示或注册条件，或在无此种规定时，公司是依照该国法律成立的，则适用该国的法律。另外，在本条第 2 款规定，不符合前款规定条件的公司，适用其事实上的管理地国家的法律。

1995 年意大利《国际私法》第 25 条规定，法人组织受其成立地国法律支配，但若法人的管理机构或主要业务在意大利，则应适用意大利法。意大利的真实本座地同样是例外适用，且非普遍性适用，只有在与法人的真实本座位于意大利时才适用真实本座地法。意大利在适用真实本座所在地时主要是考量到本国的公共利益，而非真实本座地的普遍性利益。

总体而言，在自然人属人连结点的适用上，大陆法系国家以国籍为主，英美法系国家以住所为主，确定、变更国籍的条件和程序相较于住所更为复杂，所以国籍更为稳定，住所更加灵活。在法人属人法的适用上，同样是英美法系国家采用的成立地主义更为灵活，大陆法系国家采用的真实本座主义更为确定。这一差异更是英美法系的灵活性和大陆法系的确定性在属人法连结点适用上的体现。

第二节　法人属人法的确定之二：成立地主义与真实本座主义

在自然人属人法中，国籍和住所分庭抗礼几百年之争后，惯常居所应势出现，在法人属人法中，国籍和住所的多种确定标准也难以实现法人属人法的唯一性。在各国实践中属人法不断形成成立地主义和真实本座主义之争的模式，就如同在自然人属人法中本国法主义和住所地法主义的对立一样。[1]

在欧洲，两大主义的适用已基本经形成两大阵营，分别是以法国、意大利、西班牙等为主的大陆法系国家适用真实本座主义，和以英国为主的英美法系国家适用成立地主义。[2] 两大主义分别体现着不同的价值取向，各国根据本国多重利益的考量，在公司属人法问题上选择不同的立场。

---

① Geert Van Calster, *European Private International Law*, Oxford, Hart Publishing, 2021, p. 382.

② Paschalis Paschalidis, *Freedom of Establishment and Private International Law for Corporations*, Oxford, Oxford University Press, 2012, p. 1.

一、成立地主义

成立地主义以公司成立地法调整公司有关事项，该理论发源于英国，并被以英国和美国为代表的普通法系国家所采纳，而且逐渐被一些大陆法系国家所接受。①

(一)成立地主义的起源

1. 历史起源

在英国，成立地主义可以被追溯至 18 世纪的判例法，在 Henriques v. Dutch West India Co. 案②中，荷兰西印度公司是在荷兰成立，但要求证明根据荷兰法律已有效成立，在英国法中，该案成为确立成立地主义的首个案例。③

在美国法律中，认为公司作为法律拟制的产物，是根据各国公司法产生，公司仅在设立产生的国家具有法律效力，具备法人资格。④ 然而，19 世纪美国开始承认在外国(州)成立的公司，在 Lancaster v. Amsterdam Imp. Co. 案中，根据新泽西州成立，但在纽约实际经营的公司也应当被承认具有法人资格。⑤ 在本案中，纽约上诉法院认为，阻止依据外国(州)法律成立的公司在本州经营是一项有害的政策，不利于促进贸易发展和资本流动。

公司的法人身份具有严格的属地性，地域性的限制阻碍了公司设立自由和资本流动，与经济发展目标背道而驰。为了获取经济效益，促进经济发展，各国开始逐渐放松对公司的地域性限制，在 1845 年，美国新泽西州率先突破了

---

① Paschalis Paschalidis, *Freedom of Establishment and Private International Law for Corporations*, Oxford, Oxford University Press, 2012, p. 1.

② Henriques v. Dutch West India Co. (1728)2LD Raym1532, 92 ER 494.

③ Paschalis Paschalidis, *Freedom of Establishment and Private International Law for Corporations*, Oxford, Oxford University Press, 2012, p. 3.

④ Paschalis Paschalidis, *Freedom of Establishment and Private International Law for Corporations*, Oxford, Oxford University Press, 2012, p. 4.

⑤ Lancaster v. Amsterdam Imp. Co. 35 N. E. 964, 9671, col. 2(NY CA, 1894).

公司法的传统地域性，开始推行公司设立自由制度。①

在很长一段时间，联邦法院拒绝审理与有关外国公司的内部事务纠纷，但是，联邦最高法院在 Williams v. Green Bay & Western R. Co. 案②中改变了立场，开始认可审理外国(州)公司内部事务的案件。美国在采纳成立地主义的同时，也设置了适用成立地主义的例外条款，要求法院在审理外国公司案件时，如果公司实际经营所在地与成立地没有任何联系，则不再适用成立地法。③ 尤其是涉及虚假外国公司在本国(州)展开实际经营活动，发生法人人格滥用、损害本国(州)公共利益的情形时，可以作为例外情形不适用公司成立地法。

2. 法律起源

成立地主义是发起人的主观意志表达，并实现主观标准合法化，由各国承认其所选择的成立地法带来的法律效果，因此，成立地主义中主观意志发挥着重要作用，意思自治原则为成立地主义提供了法律基础。

意思自治原则作为一种法律精神或法律思想，起源于罗马法，契约自由作为反映商品经济法治化要求的一项法律原则，并不是近代才有的，它早在罗马商品生产者社会就已经初具雏形，是罗马法时期的契约自由思想长期演进的结果。可以说，一部罗马史是一部契约自由思想由不成熟到比较成熟的生成史。④ 但真正提出国际私法上的意思自治原则是法国杜摩兰。16 世纪的法国，其资本主义工商业已有相当的发展，但法国内部仍处于封建割据状态，法律极不统一，南部成文法与习惯法之间，以及北部各地习惯法之间均会发生冲突，在这样一种情况下，对于新兴的商人阶级建立一个比较统一的市场愿望是不利的，杜摩兰应此种客观事实的需要，提出"意思自治"原则，

---

① 邢钢：《公司属人法的确定：内部事务理论的规范路径》，载《湖南科技大学学报(社会科学版)》2019 年第 2 期，第 113 页。

② Williams v. Green Bay & Western R. Co. 326 U. S. 549(1946).

③ Mansfield Hardwood Lumber Company v. Johnson, 268 F. 2d 317(5th Cir. 1959).

④ 蒋先福：《契约文明：法治文明的源与流》，上海人民出版社 1999 年版，第 95 页。

以克服法律的封建性，冲破属地主义的禁锢。根据意思自治原则，由当事人自主选择所应当适用的法律。成立地主义以公司成立地法调整公司有关事项，看似是在选择公司成立地，实则是选择对本公司最有利的法律，公司发起人可以在各国法律中实现选择对自己最有利的法律，正是以意思自治原则为基础而得以实现。

英国率先完成资产阶级革命、工业革命，实现资本的原始积累，为促进经济发展，实现自由贸易这一客观形势要求形成富含自由理论和政策的制度环境。对自由的尊重体现在英国的多处制度中。英国在属人法上以住所作为连结点，根据住所规则，自然人可以根据自己的主观意愿选择、变更住所，主观居住意图在确定住所时具有重要意义。即便自然人有在此居住的事实，但不具有在此居住的意图也无法构成其住所。[1] 英国是典型采用成立地主义的国家，遵循英国对自由意志的尊重，但凡选择在英国成立的公司应当被视为英国公司，即使其在国外开展大部分甚至全部业务。

既得权理论为成立地主义提供了冲突法基础。为英国国际私法发展做出巨大贡献的戴塞提出既得权理论，该理论虽不直接承认或适用外国法，但承认并保护根据外国法所产生的权利。在采取成立地主义的国家，无论公司在任一国家展开实际经营活动，公司在成立地法中所应享有的权利均应当被承认，并继续有效，而按照既得权理论的逻辑，权利产生于外国法，并承认外国法所赋予的权利，两者在对外国法所赋予的权利的承认上相一致。

荷兰胡伯提出的国际礼让说也为成立地主义提供了冲突法基础。胡伯认为，任何主权国家必然有排除任何适用外国法的权利，但是出于商业的需要，只要与本国主权利益不相悖，不损害自己的主权权力及臣民的利益，出于一种礼让，也可承认外国法的域外效力。[2] 成立地主义承认依照外国法律成立的公司，这是主权国家对外国法律的礼让表现，让外国法律在本国境内也发生效

---

[1] Dicey and Morris, *On The Conflict of Law（FIFTEENTH EDITION）*, London, Sweet & Maxwell, 2012, p. 146.

[2] 韩德培：《国际私法新论(上)》，武汉大学出版社 2009 年版，第 55 页。

力，据此，根据外国法律成立的公司才能在他国境内以法人身份行为。

（二）成立地主义的价值取向

1. 自由价值

成立地主义具有与生俱来的自由价值。成立地主义允许发起人自由选择在条件最为宽松的国家设立公司，不论公司后续在任一国家和地区展开实际经营活动，其依旧可以保持成立地国的法人资格身份。不要求成立地和真实经营所在地之间存在任何联系。事实上，真实本座主义也有自由价值含义，公司同样可以选择他们青睐的营业地进行活动，因此所形成的真实本座地是自由选择的结果，但是真实本座主义中的自由是具有一定限度的自由，因为公司的事实行为必然受到实际经营地的约束，而成立地主义中公司的实际经营行为并不受经营所在地的约束。相较而言，成立地主义中的自由程度更高。

2. 确定性与预见性

当一家公司成立并在多国从事活动时，公司成立地的选择于公而言就十分重要。采用成立地主义，在不同国家成立会直接影响公司的利益，因此公司选择在何国成立时会考量贯穿整个公司法的各种因素，比较所涉多个国家的资质、制度环境及税收、劳动力形成的成本，进行整体权衡，综合分析对公司业务开展的影响，选择在对公司最有利的国家成立。

一方面，通过成立地主义本身所具有的自由价值，发起人在成立公司前已经对各国法律进行权衡比较，对于未来在不同法律制度下公司行为后果进行预测，以便于在稳定的法律预期下为公司的组织机构、股东权利义务、法人成立合并清算等方面做出安排。另一方面，公司交易相对方能够合理预见未来建立与公司的法律联系将会带来的收益与损失，据此规划自身行为。

（三）成立地主义的优势与劣势

1. 优势

首先，自由与高效是成立地主义的突出优势。采用成立地主义的国家认为，公司的真实本座、实际经营所在地可以在不影响公司存在的情况之下随意的移动，公司的基本权利能力和行为能力、组织机构、股东责任等事项仍由公司成立地法控制，在跨国经营中使公司免受不同国家在成立等各方面不同法律规定的约束，减少公司在他国作为法人运营的程序性限制，提升公司运转、发展的效率，降低公司自由转移、经营业务的成本，在一降一升中促进公司实体的自由流通，鼓励投资。

其次，符合法律适用的确定性和可预见性。坚持成立地主义，保证关于法人身份能力、组织机构、成立清算等始终适用同一法律，即使公司经营行为和管理机构地域发生改变，也依然适用成立地法，满足公司及交易相对方对法律适用结果的正当期待，并保证对不同交易主体的相同事项均适用相同法律，实现法律适用的确定性和预见性。

2. 劣势

首先，公司规避法律监管与公司法律人格滥用。成立地主义的自由价值既是其优势，也是成立地主义的主要劣势。公司发起人自由选择成立地法不利于实现对公司实际经营行为的控制。由于公司发起人可以自由选择受约束的国家法律，出于自身利益最大化考量，其多会选择对发起人和公司没有过多要求的国家设立公司，如没有最低限度的注册资本、董事长不需要承担任何责任等，成立地国的最低法律要求形成了公司在真实所在地展开经营活动的"保护伞"。

其次，成立地主义导致"垫底竞争"（race to the bottom）。各国为了吸引投资，竞相设置宽松法律制度，而公司寻求在监管最不严格的国家成立公司，同时在其他地方开展业务，致使小股东、债权人等利益受损的现象。① 公司在设立组织时总是希望选择对本公司最为有利的条件，这是符合公司运营的逻辑。而对于公司成立地国而言，希望增加本国税收，促进本国经济发展。在这样一种利益驱动之下，各国为吸引公司来本国投资，开始竞相设置宽松、灵活的公

---

① Jens C. Dammann, "The Future of Codetermination After Centros: Will German Corporate Law Move Closer to the U. S. Model?", *Fordham Journal of Corporate & Financial Law*, 8(2), 2003, p. 609; Nicole Rothe, "Freedom of Establishment of Legal Persons within the European Union: An Analysis of the European Court of Justice Decision in the Uberseering Case", *American University Law Review*, 53(3), 2004, p. 1113.

司法律制度，不断降低本国公司成立、监管底线。在美国因为这种竞争出现典型的"特拉华州效果"。

美国各州之间在吸引公司进驻本州存在各自的优惠政策，形成各自在吸引投资方面的竞争优势，特拉华州在公司法律竞争中一举夺魁，成为新成立或再设立公司最受欢迎的地方。虽然《示范商业公司法》(Model Business Corporation Act)最近的影响倾向于加强各州公司法之间的统一性，但仍有许多不同的规定、政策存在。① 因此，"特拉华州效果"不可能完全消失。

最后，公司成立地与实际经营地不一致对于实际经营所在地的其他主体而言不具有公平性。坚持成立地主义的国家常会出现这样的情况，本国公司法调整位于本国领域外的公司，外国公司法调整位于本国领域内的公司。德国联邦最高法院认为在连接因素为成立地的国家，公司的发起人处于优势地位，因为他们可以通过选择公司的成立地来选择对其最有利的法律体系。这就使得成立地原则存在着其根本缺点，即成立地原则没有考虑到当公司的实际控制地与成立地分处两个国家时，公司的成立和经营活动也会影响到第三人和公司实际控制地所在国家的利益。②

二、真实本座主义

真实本座主义认为只有一个国家有权管理公司的内部事务，该权力属于公司实际所在地的国家。采用该主义的国家要求公司全部或部分内部事务适用与其有重大联系的国家法律，即使这些公司是在其他国家成立的。

真实所在地原则限制了公司发起人对成立地的选择，从而限制了法律的选择，且对公司成立后的法律选择也有着深远的影响。真实本座主义对公司实际经营的要求限制了成立地主义中的设立公司选择自由。法人组织为寻求自身利益最大化，选择在限制性条件最少的国家设立公司，而在他国实际经营，为防

---

① Harry G. Henn, *Handbook of the Law of Corporations and Other Business Enterprises*, St. Paul, West Publishing Company, 1961, p. 126.

② [比]海尔特·范·卡尔斯特：《欧洲国际私法》，许凯译，法律出版社 2016 年版，第 236 页；Case C-Überseering[2002]ECR I-9199, para15-16.

止此种"声东击西"的情形盛行、保护本国法人组织的利益，实际经营地采取真实本座地主义，不管公司在何地成立，要求公司受制于实际经营地的法律规定，由此形成两大主义对峙的局面。

(一)真实本座主义的源起

1. 理论源起

比利时是欧洲第一个在法律层面上承认真实本座主义的国家，欧洲诸多大陆法系国家均采用真实本座主义。德国是采用真实本座主义的典型代表，德国将真实本座称之为 Sitztheorie，法国称之为 Siege Reel。德国民法典虽然没有规定公司属人法，但法院在判例中确定了真实本座理论。德国司法部门一直认为，由于缺乏关于解决公司法冲突的国内法和国际规则，难以应对不断攀升涉外公司案件，包括在德国开展业务的外国公司和在国外开展业务的德国公司案件。为了填补这一空白，19 世纪的德国和其他欧洲国家提出了各种各样的原则、规则和学说来解决公司法冲突问题。在提出的众多解决法律冲突的法律选择方案中，包括公司成立地点、控股股东或董事的国籍、公司主要业务机构所在地、公司的实际管理地以及中央管理控制地等。

第二次世界大战后不久，德国民事事务最高法院采纳了德国联邦最高法院的观点，以真实本座所在地 (sitztheorie) 来解决公司法的冲突问题。"sitztheorie"这一术语并非指公司章程或章程规定所在地，而是指公司实际或真实有效席位(effktiver verwaltungssitz)。德国最高法院在将"真实本座所在地"解释为"管理者做出基本商业决策并有效实施到日常商业活动所在地"，在确定公司实际所在地时，法院会考虑多个要素，如公司日常商业活动所在地、公司实际活动开展地等。①

2. 法律起源

真实本座理论可谓是从萨维尼提出的解决法律冲突的"法律关系本座说"

---

① Ebke, Werner F, "The Real Seat Doctrine in the Conflict of Corporate Laws", *International Lawyer*(*ABA*)36(3), 2002, p. 1022.

原则演化而来。①被誉为近代国际私法之父的萨维尼从完全区别于法律关系本座说的另一路径出发，解决法律的域内域外效力问题。萨维尼认为，每一法律关系都有其本质上所属的地域，且每一特定法律关系的本座相对比较固定，而本座所在地法即是该法律关系中所应当适用的法律。具体而言，人的身份与其住所地法联系最为密切；债的发生具有偶然性和临时性，但是履行是债的本质，当事人的预期应集中于此；继承的本质在于被继承人死亡时，将财产转移给他人，所以应当充分体现被继承人的真实意思，适用被继承人住所地法。诸如所述，法律关系本座所在地与该法律关系具有本质意义的联系。

真实本座主义要求分析寻找公司的"真实本座"，诸如其管理中心、主事务所所在地等是公司真实经营行为和活动所在地，能实现真正管控法人组织的目的，理应由真实本座所在地法调整公司相关事务。

胡伯国际礼让说为成立地主义提供冲突法基础，同时，该学说中的蕴含的主权观念也为真实本座主义奠定了理论基础。胡伯主张解决法律冲突时从属地原则出发，主权国家有权排除任何外国法在本国的适用，但可对本国境内的一切进行管辖。依据这一层面的含义，不管法人在何国成立，在本国开展实际经营活动时，依照胡伯学说中的主权含义即可进行管辖。

(二) 真实本座主义价值取向

1. 凸显国家主权和社会管理

主权国家将发生在本国范围内的所有事项置于本国法律管辖下，是维护一国法律权威、经济安全的有效手段和方式。真实本座理论要求适用与公司行为联系最为密切的法律，体现了事实和法律之间的联系。公司在一国开展经营活动，会涉及多方利益主体，关涉多层利益纠葛，需要协调公司股东、管理机构、雇佣人员、政府管理机关之间的利益冲突。由于公司涉猎范围广泛，关联主体多样，为维护自己国家交易安全，保障稳定的交易环境，以公司真实所在

---

① 邢钢：《国际私法视野下的外国公司法律规制》，知识产权出版社 2009 年版，第 27 页。

地法约束公司的行为，有利于查清事实，有效实现法律监管。

2. 平等价值

真实本座理论要求所有在本国有实际经营的公司均适用本国法律，一家公司与国家之间的实际联系是客观存在的，通过公司的实际经营活动与场所即可判断。如果对同样在本国境内展开实际经营活动，但一部分公司法律行为适用本国法律进行规制，其他公司适用他国法律，从而会导致在一国范围内出现一事两判的现象。适用真实本座理论，可以防止出现在本国实际经营的公司适用成立地国法律的情形，对在一国领域内开展实际有效活动的公司适用同一待遇，以实现对公司的平等对待。

3. 弱者利益保护

真实本座主义对弱者利益保护主要体现在侧重保护公司雇员、债权人的利益。具体而言，相较于真实本座主义，成立地主义因为允许公司发起人自由选择设立地和受何国法律支配，公司管理方必然选择有利于公司利益的国家法律，对于雇员利益的保护则不在考量范围内。适用真实本座所在地法的国家，有利公司雇员在工作当地寻找法律救济途径，减少雇员寻求外国法律证明公司行为不当的繁琐程序。

适用真实本座主义，有利于保障债权人等个体的利益的实体法得以适用。如最低资本要求，就这一点而言，大陆法系国家均规定公司最低资本额，但是英美法系国家没有类似规定，按照真实本座主义，最低资本限额的要求即可对依照英美法系成立的公司适用。公司资本制度的创始初因是立法者基于对公司债权人的保护而赋予公司及股东一系列义务要求的制度安排。这一制度使债权人在公司遭受巨大损失甚至面临破产时也能收到还款，同时，减少限制股东责任所产生的道德风险。① 英国 2006 年《公司法》有关债权人利益保护的规定，如公司减少资本时，要向股东返还已缴付资本，且在公司向法院申请减少资本

---

① 邹海林、陈洁主编：《公司资本制度的现代化》，社会科学文献出版社 2014 年版，第 52 页。

的法令时，债权人有权对资本减少提出异议。①

（三）真实本座主义的优势与劣势

真实本座理论从国家主权角度出发，追求公平、平等价值，对本国境内的所有主体和事项一视同仁，实现案件的实质正义。

1. 优势

首先，真实本座主义体现了一种保护性理论。真实本座主义减损了成立地主义的适用，同时也使得成立地主义中所导致的规避法律现象减少，并使有效的国家监督成为可能，督促法人遵循法律规定，以合法方式追求经济利益，进而达到保护雇员、小股东、债权人利益的效果，维护本国稳定安全的经济市场。

其次，真实本座主义准确反映了法律和事实之间的联系，没有任何法律比公司中央管理层所在地的法律与公司联系更密切，② 所受影响最严重的国家法律理应得到实施。虽然也有公司转移自己真实本座所在地的情形，但囿于转移经营业务中心的成本经济效益所致，转移公司真实本座所在地也绝非易事。因此，一般而言，公司的真实本座地与公司联系最为密切。

最后，选择适用真实本座地法律解决法人法律关系问题充分展现了法律的灵活性，有利于实现案件的实质正义。

典型的例子是 1994 年震惊法国的 Elf 丑闻。法国石油 Elf 公司的几位高管通过成立几家离岸公司和在国外开设多个银行账户，贪污 Elf 集团至少 30 亿法郎，成为法国有史以来最严重的一宗贪污案。Elf 集团的一名经理在加蓬 Gentil 港注册成立 Elf Gabon 公司，但贪污、欺诈行径在法国展开，后该经理辩称法国公司法的相关规定不适用于加蓬公司的董事，试图滥用 Elf 集团资产、逃避责任。法国最高上诉法院认为 Elf Gabon 公司是一家法国公司，因为其母公司

---

① 葛军伟：《英国公司法要义》，法律出版社 2014 年版，第 142 页。

② Paschalis Paschalidis, *Freedom of Establishment and Private International Law for Corporations*, Oxford, Oxford University Press, 2012, p. 13.

Elf Aquitaine 在法国，并持有 Elf Gabon 公司 58.28%的股份，Elf Gabon 公司保留了在法国登记注册的机构，董事会主席的住所也在巴黎，且所有相关欺诈活动的决定都是在巴黎作出的。因此，事实证明，Elf Gabon 公司的真正所在地在法国，法国法律应适用于其董事。最终，董事被处以承担刑事责任。

本案中，Elf Gabon 公司虽然在加蓬成立，但其实际行为主要是在法国，为达到规制其行为的实际效果，应适用真实行为所在地法，因此，适用法国法律。根据事实行为的地点确定所应当适用的法律是灵活处理案件的体现，有利于查清案件事实，保证违法事实受到行为地法律约束，实现个案实质正义。

2. 劣势

真实本座主义因为其事实联系需要考量更多联系因素，提升了适用成本，导致成为劣势之源。

首先，真实本座理论不利于资本市场自由、高效运作。当公司的成立地与真实本座地重合时，两大主义的区别和影响并不会凸显出来。当真实本座地与成立地不一致时，对于采纳成立地主义的国家不管法人在何国经营，最终均依照本国法律进行规制，不需履行复杂的手续和程序。但是采纳真实本座主义的国家，在国外成立的法人也必须按本国法律成立，否则不会予以承认其法人地位。这就意味着公司在转移真实本座所在地时，也需要履行重新设立、登记等程序，给公司、资本自由流动设置了障碍。

其次，真实本座地难以确定。国际上并不存在确定真实本座地的统一考量因素，各国认定方式各不相同，德国最高法院认为真实本座是公司管理者做出的基础商业决定被有效贯彻为日常商业活动的地方，[①] 我国《法律适用法》第14 条通过"主营业地"判断真实联系；法国要求尤要考量管理、决策地，对于存在多个管理机构的跨国公司，以其最高管理控制所在地为准;[②] 意大利强调总部和主要工作机构。由于没有具体可操作的方式，具体的确定需要发挥法官

---

① 邢钢：《国际私法视野下的外国公司法律规制》，知识产权出版社 2009 年版，第 28 页。

② Paschalis Paschalidis, *Freedom of Establishment and Private International Law for Corporations*, Oxford, Oxford University Press, 2012, pp. 8-10.

自由裁量权，主观性因素的融合增加了真实本座的不确定性。而且，公司的真实本座并不是固定不变的，因为公司的行政管理、业务经营发生变化时，公司的真实本座也随之改变。

最后，不利于各国公司法的竞争发展。尽管成立地主义会导致各国竞相设置宽松法律制度，出现"垫底竞争"（race to the bottom）的情形，但同时，也会促使各国不断优化本国的公司法制度，构建公平、有活力的营商环境，出现"race to the top"的状况。真实本座主义则较少有国家主动关注本国与他国公司法律制度的优劣比较，并修正本国法律制度。

（四）法人真实本座地的确定

随着交通方式和电信通信业务的飞速发展，公司可以在全球任何一个地方设立其管理中心，管理人员足不出户通过网络就可指挥遍布全球的经营业务，并在决策作出后，要求分布在世界各地的公司部门贯彻执行。此种情形下一家公司的管理中心所在地、经营所在地、控股股东所在地可能分散在多地。同时，随着公司不断发展壮大，一家公司的业务可以拓展到世界各地，使公司的主要财产聚集地、公司管理人员所在地、产品消费地等可能同时出现在多个国家和地区，从而使得确定公司真实本座所在地的问题更为复杂。

尽管对"实际席位"一词没有公认的定义，但该词通常被解释为指中央管理层决策日常实施的地点。[1] 强调重要管理对日常业务的实际效用。

法国通过一系列判例解决了真实本座所在地的确定问题。法国法院认为，真实本座地应考量股东大会召开地、董事会办公地以及公司管理和决策机构所在地。根据这一标准，公司真实本座地不是注册办事处，而是实际办事处，尤其是公司做出重要决定、进行有效管理的地方，这一般被认为是中央管理地。[2]

---

[1]　Ebke, Werner F, "The Real Seat Doctrine in the Conflict of Corporate Laws", *International Lawyer* (*ABA*) 36 (3), 2002, p. 1016.

[2]　Paschalis Paschalidis, *Freedom of Establishment and Private International Law for Corporations*, Oxford, Oxford University Press, 2012, pp. 8-9.

　　《德国民法典》虽然没有直接定义真实本座地，但真实本座原则在判例法中早已确立。通过判例，德国将真实本座所在地定义为中央管理和控制地。中央管理地被解释为管理者的决策正在被有效实施到日常业务活动中的地方，由此来看，中央管理地不仅仅是做出决策之地，而是决策发挥实际效用的地方。①

　　从法国、德国的判例法来看，真实本座地虽主要是指公司的中央管理地，但是强调公司做出重要决策，对日常业务活动产生有效管理。

　　意大利在公司属人法上坚持合并理论。1995 年 12 月意大利国际私法典第 25 条对于公司属人法的规定采用的是成立地法。第 25 条第 1 款后半段表述为"如果公司总部位于意大利或主要工作机构位于意大利，则应适用意大利法律"。公司"总部""主要工作机构"主要涉及公司的管理决策，所以意大利法律规定表明，成立地与真实本座地不一致时，以真实本座地为准，真实本座地主要是指公司管理、决策所在地。意大利学者认为，"真实本座"这一标准是事实，而非法律特征，因此要确定公司的真实本座地相当复杂。在意大利，公司总部所在地、管理和控制中心对于确定真实本座地具有重大意义，但仅有专门持续的管理场所是基本要素，还要求在事实上展开主要商业活动，且后者具有更重要的作用。

　　关于真实本座地的确定，德国、法国、意大利主要通过公司总部、管理及控制中心来确定，其中，强调对实际经营业务的管理及控制。除了管理和控制中心之外，公司的主营业地也常被作为确定真实本座地的方法，如 1948 年《埃及民法典》第 11 条规定："公司、合伙、基金会等，适用法人主要和实际管理地国法，但如果该法人在埃及从事其主要活动，将适用埃及法。"公司的管理地和主营业地间本就具有密切联系，有的国家甚至将主营业地等同于管理地。如《罗马尼亚民法典》第 2570 条规定，"法人的主要营业地是该法人管理中心所在地"；《比利时国际私法典》第 4 条规定，"法人主营业所的确定应首先考虑其管理地和营业活动中心地"。

---

　　① Paschalis Paschalidis, *Freedom of Establishment and Private International Law for Corporations*, Oxford, Oxford University Press, 2012, p. 10.

适用真实本座主义的国家，主要以管理和控制中心地、主营业地来确定真实本座地，前者虽是公司管理、控制中心地，但强调对日常业务的有效管理和控制，后者强调公司的营业活动，本就是公司真实经营的表达，均强调公司开展实际业务。

真实本座地的含义强调公司与特定国家或地区之间的密切联系，因此，最密切联系原则也是确定真实本座地的方式之一，如美国《第二次冲突法重述》第 302 条第 1 款规定，除第三人以外的关涉公司权利义务的问题，可依据第 6 条原则所确定的与事件及当事人有最重要联系的州的本地法，该条第 2 款规定，当非成立地与公司争议问题具有更重要联系时，非成立地的法律应予适用而排除成立地法。美国将最密切联系原则用于法人属人法的确定中，以排除成立地法的不恰当适用。

第三节　法人属人法两大主义之争

在自然人属人法中，国籍和住所分庭抗礼几百年之争，在法人属人法中，成立地和真实本座地也是各国采用的有关公司属人法的主要确定方法。在经济全球化、一体化发展的当前形势下，成立地主义不断抢占真实本座主义的份额，似乎呈现出真实本座主义式微之势。然而，成立地主义本身的劣势，需要寻求的修正路径正是真实本座主义的应有之义。两大主义优劣互补，在法人属人法上共存发展是两大主义之争的最终路径。

一、欧盟关于两大主义的冲突和立场

成立地主义和真实本座主义各自价值取向不一，分别具有自己的优势和劣势，能满足不同主体在特定经济、文化影响下的价值利益追求，不同的国家坚持不同的属人法原则，在具体适用中必然导致两大主义之间发生冲突。

(一)欧盟关于两大主义的冲突

欧盟各成员国在法人属人法上规定不一，直接导致了法人属人法上的冲

突。同时，欧盟建立单一统一市场的要求与各成员国追求各自利益之间存在着
"集体和个人"利益的冲突，为了促进资本自由流动，欧盟要求坚持成立地主
义，但是，各国为了自己国家的公共利益，要求对法人成立地法例外适用或者
直接适用真实本座所在地法，进而导致两大主义之争在欧盟尤为突出，这在
Centros 案、Inspire Art 案、Überseering 案中得到集中体现。

1. Centros 案①

Centros 案涉及公司在欧盟成员国间自由流动与虚假外国公司管制、成立
地主义与真实本座主义之间的对抗等多层法律问题，受到多个国家的关注和探
讨，在丹麦、比利时、德国、美国、法国等多个国家进行了细致的分析和详尽
的讨论。

Centros 是一家成立于英国的公司，但从未在英国开展经营活动，Centros
公司希望在丹麦设立一个分支机构，从而形成在英国成立、在丹麦实际经营的
状态，且只需遵循英国的法律，而不需受丹麦关于成立公司的一系列法律要
求。但是 Centros 公司被丹麦商业部下属的商事和公司中央管理处拒绝，因为
丹麦商事和公司中央管理处认为 Centros 公司的行为是对丹麦最低资本化规则
的非法规避，构成对公司设立自由的非法滥用。另外，丹麦主张一个公司想要
从一个国家自由流动到另一国家，就必须至少在其原籍国有最低程度的经济活
动。

Centros 公司将丹麦商事和公司中央管理处的行为诉至丹麦法院，丹麦最
高法院将案件提交至欧洲法院，请求欧洲法院做出裁决，并解释丹麦拒绝
Centros 公司在本国注册的行为是否违反《欧盟条约》第 43 条和第 48 条（现行
《欧盟运行条约》第 49 条、第 54 条），其中，第 43 条对开业自由做了明确的规
定，禁止对一个成员国国民在另一成员国境内的开业自由实施限制，该规定适
用于任一成员国在其他成员国境内设立代表处、分支机构、子公司等情形。第
48 条规定开业自由应适用于公司。

---

① Case C-212/97-Centros Ltd. v. Erhvervs-og Selskabsstyrelsen, ［1999］ ECR I-1459;
［1999］2 C. M. L. R. 551.

（1）Centros公司是否符合设立自由。欧洲法院一开始就明确表示，Centros案属于《欧盟条约》设立自由条款的范围。丹麦政府辩称，该案"纯属丹麦内部事务"，因此，《欧盟条约》第43条和第48条不应适用于本案。然而，欧洲法院未对此给予足够的重视，且做出与之前类似的案例结果相背离的结果，坚持认为违反《欧盟条约》的自由条款。曾在Werner案①中，欧洲法院将类似于Centros公司所涉活动视为"私人跨境活动"，不在欧盟成立自由条款的范围内，而纯粹是欧洲法律无法触及的"内部"事项。

欧洲法院认为，一个公司通过选择在限制条件最少、赋予公司最大自由权限的国家成立，而通过分支机构在其他国家展开实际经营，并非对设立自由的滥用。但与此同时，欧洲法院强调，《欧盟条约》第43条和第48条所倡导的自由并不排除成员国采取任何适当措施防止或惩罚欺诈行为，无论是否与公司本身欺诈行为有关。对此，各国可以通过采取实体法措施来应对虚假公司的欺诈行为，但是，传统上大多数欧盟成员国试图通过适用真实本座原则来解决上述欺诈或规避法律管辖行为。

实际上，为了应对跨国公司中虚假公司等欺诈行为，无论是采取实体法进行规制，抑或是采用冲突法规则中的真实本座理论进行调整，均会形成对欧盟法律制度中自由权的挑战，根据欧洲法院的判例法，对基本自由的限制只有在满足以下四个条件时才是正当的：第一，必须以非歧视的方式加以适用；第二，必须以符合公共利益的迫切要求为前提；第三，必须确保实现他们追求的目标；第四，限制自由的程度不得超出实现目标所需的范围、限度。②

（2）Centros公司是否构成对开业权的滥用。Centros公司选择在约束条件最少的国家成立公司，同时在另一国家实际经营，这并不构成对开业权的滥用，在Kafalas案③中，对滥用作出定义，如果一个人以损害他人利益而获得不正当利益的方式行使他的权利，则构成对开业权的滥用。利用另一国提供的不同

---

① Case C-112/90-Werner v. Finanzamt Aachen-Innenstadt, [1993] ECR 1-463.

② Ebke, Werner F, "Centros-Some Realities and Some Mysteries", *American Journal of Comparative Law* 48(4), 2000, p. 642.

③ CASE C-367/96, [1998] ECRI-2843.

的公司形式和成员国的法律差异，这本身并不构成对国内法的非法规避，也并未损害他人利益。另外，在 Centros 案中，法院对开业权做了广义的解释，将公司设立一个二级机构或是分支机构也认定为是开业行为。①

欧洲法院最终做出裁决，如果一家公司选择在限制条件最少的成员国合法设立、但没有在那里开展经营活动，而请求在另一个成员国注册分支机构，并在分支机构所在国从事全部经营活动，以规避公司成立地国关于缴纳公司最低资本等的法律规定，该行为属于《欧盟条约》第 43、48 条所赋予的自由权，因此丹麦中央管理处不准予 Centros 公司登记的行为违背了欧盟成员国间的开业自由。

2. Inspire Art 案②

Inspire Art 公司是一家根据英国法律成立的公司，而选择在英国成立的唯一目的即是利用英国的最低注册资本规定，规避荷兰公司法规定的公司组建和最低资本要求。该公司在荷兰设立分支机构，所有业务均在荷兰开展，且不打算在英国开展任何业务，因此其真实本座所在地在荷兰。

荷兰《虚假外国公司法》第 2~5 条为外国公司设定了各种义务，包括公司在商业登记册中的注册、在其编制的所有文件中表明该外国公司地位、最低股本以及年度文件的编制、制作和发布，以及不遵守上述义务的惩罚，如果公司经理在注册公司时未遵守荷兰《虚假外国公司法》的要求，则会对其处以连带和严重责任的法律处罚。

荷兰政府对 Inspir Art 公司的不当注册等行为提出异议，指出 Inspire Art 公司未按照《虚假外国公司法》的要求履行注册等义务。Inspire Art 公司辩称，荷兰《虚假外国公司法》不符合《欧盟条约》第 43 条和第 48 条。由此发生争议并诉至阿姆斯特丹地区法院。

阿姆斯特丹地区法院将该案提交到欧洲法院，并请求欧洲法院解决以下问

①　[比]海尔特·范·卡尔斯特：《欧洲国际私法》，许凯译，法律出版社 2016 年版，第 242 页。

②　CASE C-167/01，30 SEPTEMBER 2003.

题。对于一个在英国成立的公司，但与英国没有任何进一步的实际联系，该公司业务几乎全部或完全在荷兰开展业务，且申请在荷兰注册设立的唯一目的是规避关税形式和资本要求。对于这样的一家公司，《欧盟条约》第 43 条和第 48条是否禁止荷兰对该公司在荷兰的分支机构施加《虚假外国公司法》第 2~5 条所述的要求？即荷兰政府对 Inspire Art 公司所施加的要求是否违反《欧盟条约》设立的自由权？而关涉自由的最终争议核心问题归结到 Inspire Art 公司是否必须在商业登记簿中注册为外国公司等信息，但事实仍然是，该注册自动且不可避免地产生了《虚假外国公司法》第 2~5 条规定的若干法律后果。

(1)荷兰政府观点。荷兰政府认为《虚假外国公司法》没有以任何方式侵犯公司设立自由，因为外国公司在荷兰得到充分承认，并且外国公司在荷兰进行商业登记没有被拒绝，《虚假外国公司法》仅规定了一些被归类为"行政"的附加义务。

奥地利政府支持荷兰政府观点，认为关于最低资本的规则是适当和相称的，也是为欧洲共同体法律所承认的。关于股份公司，欧共体理事会关于公司法的第二号指令本身就确立了最低资本的重要性，尽管对于有限责任公司没有此类规定。然而，除爱尔兰和大不列颠及北爱尔兰联合王国外，所有成员国都有关于外国公司最低资本制度的规定。而且，相较于公司成员的个人责任，公司资本能提供更稳定的安全保障，成员的个人责任在强制清算的情况下通常是无效的。[1] 在这方面，美国商会也坚持认为，一家公司不满足或不再满足最低资本规定的事实且该公司与该国没有形成实际联系状态时，存在欺诈或欺诈风险。[2]

(2)欧洲法院观点。事实上，从《欧盟条约》第 43 条和第 48 条的基本内容来看，立法者关于《欧盟条约》自由权适用范围的意图是，不仅涉及自然人的跨境流动，也包括法人(包括分支机构)的跨境行为。

就 Inspire Art 案而言，问题不在于对其在荷兰的活动行为进行监管，而在

---

① See CASE C-167/01, 30 SEPTEMBER 2003. at para. 116.

② See CASE C-167/01, 30 SEPTEMBER 2003. at para. 117.

于在荷兰设立分支机构时是否必须遵守荷兰公司法的规定，如关于最低资本的规定。欧洲法院裁定，利用另一成员国更有利的规则本身不能构成对设立权的滥用，但这是行使设立自由所固有的权利。

欧盟法院指出，《虚假外国公司法》不符合欧盟的关于设立自由权的规定，但是如果涉及《欧盟条约》第 46 条（《欧盟运行条例》第 52 条）所规定的国家公共政策、公共安全等公共利益，则可以通过法律、法规对外国国民、公司进行特殊待遇和管理。因此，如果 Inspire Art 案中涉及荷兰的公共利益，则应确保第 43 条和第 48 条不会减损《虚假外国公司法》的适用。

对此，荷兰政府虽然提出适用《虚假外国公司法》中有关最低资本和董事责任的规定是为了保护债权人的利益，打击不当使用外国公司和滥用设立自由的行为，实现公平交易的市场环境，但这并不能参照与公共利益有关的的理由进行评估。① 因此，荷兰政府为证明主要程序中存在争议的立法的合理性而提出的任何论点都不属于《欧盟条约》第 46 条有关公共秩序的范围。

3. Überseering 案②

Überseering BV（以下简称 Überseering）是一家根据荷兰法律成立的公司，该公司要重建权属自己而位于德国境内的不动产，并将此工程交给一德国公司，后两者因完成的工程质量发生争议，Überseering BV 公司遂将合同争议诉至杜塞尔多夫地方法院，被告德国公司提出异议，Überseering BV 公司不是德国公司，不具有诉讼主体资格。

与此同时，Überseering 公司被两个德国人取得公司的所有股权，公司的管理和控制办事处也位于德国境内。

德国是采用真实本座主义的典型国家，公司法律人格、基本权利依照真实本座所在地法，公司的"真实本座所在地"是指实际或真实有效所在地，进行经营、管理，强调公司与当地之间的法律、经济、社会联系，而不是公司章程

---

① See CASE C-167/01, 30 SEPTEMBER 2003. at para. 132.

② CASE C-208/00, 5 NOVEMBER 2002

中规定的所在地。①

（1）德国法院。德国法院认为，Überseering 公司在本国境内展开实际经营活动，因此该公司的法律身份、权利义务应当依照德国法律规定。同时，德国并不承认 Überseering 公司依据荷兰法律成立所享有的法人资格，Überseering 公司将实际管理控制中心转移到本国后，需要在德国重新注册，从而根据德国法律获得法律行为能力，否则该公司不能享有权利，抑或是成为义务、诉讼的主体。

德国坚持真实本座所在地法的理由是，有利于保护债权人等第三方以及公司实际管理中心所在地的国家利益，这与德国公司法中有关公司最低注册资本、资本维持等要求的出发点相一致。其次，坚持适用公司真实所在地法律有利于确保所有主要营业地位于德国的公司都必须遵守同样的法律要求，防止市场竞争扭曲，维护本国良好稳定的经济环境。另外，如同 Centros 案一样，在一成员国成立，但在另一成员国实际经营和管理，存在规避实际所在地国法律的欺诈风险。

（2）欧洲法院。在 Überseering 案之前，关于德国真实本座原则是否符合《欧盟条约》自由权的规定就争论了很长时间，德国法院在本案中适用真实本座原则，为欧洲法院解决这一争论提供了契机。

欧洲法院认为，如果一家公司在一成员国 A 国注册成立，并在 A 国拥有注册登记地，后将其实际管理中心转移至成员 B 国。根据《欧盟条约》第 43 条和第 48 条，要求成员 B 承认该公司根据 A 国具有的法律能力，因此，该公司在 B 国既具有提起法律诉讼的能力，也应履行在成员国 B 签订的合同项下的义务。

德国认为 Überseering 公司无法在德国提起法律诉讼以捍卫合同项下的权利，除非根据成员国 B 的法律重新成立公司。欧洲法院认为，这构成对设立自由的限制，原则上不符合欧共体第 43 条和第 48 条。

---

① Ebke, Werner F, "The Real Seat Doctrine in the Conflict of Corporate Laws", *International Lawyer*(*ABA*)36(3)，2002，p. 1028.

如果说在 Centros 案和 Inspire Art 案中只是直接坚持适用成立地法，但没有直接针对真实本座主义，那么 Überseering 公司就是直接否认了对外国公司适用真实本座所在地法。

然而，欧洲法院在 Überseering 案中虽驳斥了德国采用的真实本座理论，但应解释为只是对真实本座理论的修改，以确保对外国注册公司的承认，而不是完全废除真实本座理论。①

为了遵守欧洲法院在 Uberseering 案中的裁决，欧盟成员国必须审查其涉外公司法，并在必要时对其进行修订，以确保采纳真实本座主义的成员国承认在另一个成员国注册成立的公司获得法律人格。

在 Ubersering 案中，欧洲法院承认在欧盟成员国成立的公司有权将其主要营业地或实际所在地从其注册国迁至另一欧盟成员国，而不丧失其注册国法律规定的法人实体法律地位。在 Inspire Art 案中，欧洲法院终止了荷兰立法机关试图对在其他成员国成立但仅在荷兰或几乎仅在荷兰开展业务活动的公司施加某些法律义务的企图。Centros 案中，欧洲法院否定了丹麦要求在其他成员国成立并在成立地国有实际经营活动这一条件作为公司自由流动的前提。Centros、Ueberseering、Inspire Art 这三个裁决就意味着真实本座理论在欧盟内的实施走到了尽头，② 这与欧盟一体化价值取向和趋势不无关联。

(二) 欧盟的选择——坚持成立地主义

上述 Centros、Inspire Art、Uberseering 三个案件中，虽然在具体事实上存在差异，但基本争议均是因公司在一成员国成立，同时在另一成员国开展实际经营活动，公司真实本座所在地国以成立地和实际经营所在地不一致而予以拒绝该公司在本国具有法人资格，或者设置其他限制性条件，随之而产生的问题

---

① Nicole Rothe, "Freedom of Establishment of Legal Persons within the European Union: An Analysis of the European Court of Justice Decision in the Uberseering Case", *American University Law Review*, 53(3), 2004, p. 1134

② Paschalis Paschalidis, *Freedom of Establishment and Private International Law for Corporations*, Oxford, Oxford University Press, 2012, p. 23.

即是真实本座所在地国要求外国公司符合本国法律规定的行为是否构成对《欧盟条约》第 43、48 条关于公司自由权的限制。

欧洲法院在上述三个案件中均肯定了外国公司在东道国应享有自由权，在一成员国成立后，可以在另一成员国开展经营，真实经营所在地国应承认公司在成立国的法律资格。这实际上是在成立地主义和真实本座主义之间坚持了成立地主义。

欧盟的成立地主义政策一直未改变，2019 年欧盟发布了《跨境转换指令》（Directive 2019/2121）并要求各成员国在 2023 年 1 月之前履行，将上述案件中所坚持的成立地主义和公司自由流动的判例法规则转换为次级立法的形式。该指令要求，欧盟境内各成员国公司可自由流动，除非存在欺诈、法律规避甚至犯罪的情形时，各国可以拒绝。但是，这一指令可予适用的确切范围并不清楚，必然导致在推广适用中遇到执行障碍等问题。

欧盟坚持成立地主义是由其立场所决定的。欧盟的出发点和落脚点是欧洲一体化，致力于为一体化进程铺平道路，扫清欧盟成员国之间在经济贸易、法律监管上的障碍，建设自由发展制度。真实本座主义相对灵活，而其所带来的法律上的不确定性对于像欧洲单一市场这样在很大程度上依赖私人投资、私人企业和跨境交易的经济体来说是不利的。相较之下，成立地主义的可预见性和确定性迎合了欧盟发展目标和价值取向，欧洲法院在 Centros 案、Inspire Art 案、Überseering 案中的意见即可为证。事实上，在所有案例中，均存在基本自由压制国内法的可能性，并且可能产生（针对国内法的）去监管的效果。①

二、真实本座主义式微之势

成立地主义与真实本座主义作为确定法人属人法的方式被各国广泛接受，原本难分伯仲，但在 21 世纪后，尤其从欧洲法院所做的一系列判决中，欧盟坚持成立地主义的意图明显，欧盟通过《欧盟条约》第 43 条（《欧盟运行条约》

---

① ［德］斯蒂芬·格伦德曼：《欧盟公司法》，周万里主译，法律出版社 2018 年版，第 12 页。

第49条),《欧盟条约》第48条(《欧盟运行条约》第54条)否定了各成员国限制公司自由流动、设立的规定和行为。无论欧盟的做法是否妥当,因其有自己的价值取向和目标,在公司规则制度上,自由主义占了上风,在公司属人法中,成立地主义成了主流,导致真实本座主义似乎呈现式微之势。

即便是一贯坚持真实本座主义的典型国家德国,也开始转向成立地主义。Überseering案裁决作出之后,在德国没有公司属人法成文立法的状况下,德国低等法院在实践中无一例外地转向了内部事务主义,奥地利最高法院也开始对在任何其他成员国成立的公司不适用真实本座主义,还有法国、西班牙等国也开始按照内部事务主义处理外国公司的权利能力、跨国迁移等问题。[①]

从世界各国有关法人属人法立法规定来看,成立地主义占绝对优势,真实本座主义地位渐趋式微。有学者统计的世界上最具代表性的主要经济体国家中,有33个法域采取成立地理论,占比达到63%,有19个法域遵循真实本座理论,占比为37%。[②]

在国际立法上,海牙国际私法会议1956年通过的《承认外国公司、社团和财团法律人格的公约》、欧共体1968年通过的《关于相互承认公司和法人团体公约》、1979年《美洲国家间有关商业公司的冲突法公约》和1984年《美洲国家间关于法人人格和能力的冲突法公约》都承认并坚持了内部事务主义。

随着经济全球化、一体化的发展和公司设立自由理念的不断深入,真实本座主义在公司属人法中的地位正在被急剧改变,其重要性日渐式微。尤其随着欧洲法院一系列支持公司开业自由裁决的作出,欧盟内原本采取真实本座主义的国家也纷纷转向成立地主义。

然而,欧盟有关两大主义的立场选择,各国立法、国籍条约的规定等各方面都不能表明真实本座主义已走向绝境,理由如下:

第一,欧洲法院坚持的成立地主义判例规则法律适用范围有限,其并非适

---

① 邢钢:《公司属人法的确定:真实本座主义的未来》,载《法学研究》2018年第1期,第195~197页。

② 邢钢:《公司属人法的确定:真实本座主义的未来》,载《法学研究》2018年第1期,第195~196页。

用于法人属人法所有内容。欧洲法院在 Überseering 案中的裁决仅限于要求东道国承认外国法人的法律人格，除此之外的有关法人属人法的内容并不在要求之列，这就意味着除了与法人能力相关的法律问题之外，其他均可适用真实本座地法律。① 事实上，欧洲法院的裁决并没有说明外国公司被东道国承认后将适用哪国法律对其行为进行管制，应继续适用成立地国法律，还是适用真实所在地国法对这些公司实施监管和控制的问题尚未达成定论。

第二，欧洲法院有关确定成立地主义立场和倾向的空间适用范围有限，仅适用于欧盟成员国，对非欧盟成员国并不必须适用。Inspire Art 案后，荷兰《虚假外国公司法》并未废止，对非欧盟成员国依然适用。Überseering 案后，德国也仅对于在欧盟成员国内成立的公司不施以真实本座限制，而对非欧盟成员国成立的公司仍严格适用真实本座地法。上述国家形成了关于法人属人法立场上的双层结构。

第三，真实本座主义的优势弥补了成立地主义的劣势。成立地主义有其自身劣势，包括不利于保护小股东、债权人等个体的利益，以及因为过于追求自由所导致的公司规避法律监管和滥用法人人格等问题，诸多劣势通过适用真实本座主义都能得到一定程度的化解。采用成立地主义的国家选取有关对成立地主义的修正路径中，要求适用公司行为地法律，或是具有最密切联系地法律，这正是适用真实本座主义的本质含义和基本方式。

即便在坚持真实本座主义的欧盟主战场存在倒向成立地主义的倾向，但从成立地主义的实际适用范围和情况，以及成立地主义的修正路径来看，真实本座主义依然有存在的必要。囿于成立地主义固有的缺陷，无论是欧盟，抑或是采用成立地主义的其他国家均各有修正路径。

三、欧盟对成立地主义的修正

欧洲法院对成立地主义的追捧必然导致前述成立地主义天然性劣势凸显，

---

① Nicole Rothe, "Freedom of Establishment of Legal Persons within the European Union: An Analysis of the European Court of Justice Decision in the Überseering Case", *American University Law Review*, 53(3), 2004, p. 1141.

最主要的表现就是"垫底竞争"(race to the bottom)。各国为修正成立地主义缺陷，采取的方式主要包括虚假公司的实体法规制、规定外国公司在内国的法律规范等，但是欧盟在修正成立地主义时不能仅考量个别成员国的利益，而需要总揽全局，因此欧盟修正成立地主义的方式与各国的方式有所区别。

(一)对成立地主义的修正——统一各国立法

追根溯源，产生"垫底竞争"(race to the bottom)的最根本的原因还是各国法律制度不一样，导致各国对于运营公司的限制性条件存有差异，如，德国关于设立公司的规则基本上比其他成员国(如英国)的法律限制性程度更高，在英国成立一家有限责任公司，最低资本仅为 100 英镑，而在德国至少需要25000 英镑。在这样的对比之下，发起人必然选择在英国成立公司。

在欧洲法院坚持成立地主义的情况下，为防止出现"垫底竞争"，最直接的解决方式就是统一欧盟公司法。尽管欧盟成员国在某些领域寻求法律协调，但欧盟法律统一程度并不高，甚至在与公司法有关的主要、次要法律中都未涉及协调公司登记的内容。① 虽然各方利益胶着不下，要完全达成欧盟公司法的统一尚难以实现，但欧盟仍在不断推进一体化进程。

在欧盟层面，与公司法有关的规则主要是欧盟条约法和以二级立法的形式存在的，后者包括对各成员国国内法加以协调的各项指令、针对超国家公司类型的核心规则的各项法规。

为达到欧盟要求，欧盟成员国间可以通过签订条约，殊途同归，通过统一实体法规则也能实现法律统一的效果。欧盟通过《欧盟条约》第 43 条(《欧盟运行条约》第 49 条)、《欧盟条约》第 48 条(《欧盟运行条约》第 54 条)涉及公司作为独立主体的设立自由，包括设立、变更、合并等。另外，1968 年欧盟《关于相互承认公司和法人团体的公约》，协调缔约国间关于商业形式相互承认的公

---

① Nicole Rothe, "Freedom of Establishment of Legal Persons within the European Union: An Analysis of the European Court of Justice Decision in the Uberseering Case", *American University Law Review*, 53(3), 2004, p. 1136.

约，并要求给予外国公司与本国公司同等待遇。欧盟通过签订条约、发布指令等方式统一成员国法律，以建立一个明确、平衡的法律框架，为促进公司自由设立和跨境流动提供条件，这需要建立在相互承认、行政合作、必要时协调的基础上。

为配合条约适用达到实际效果，成员国在本国法律中规定条约优先于本国法律适用，比如，1896 年德国《民法典施行法》第 3 条第 2 款规定，国际条约中已成为可直接适用的内国法的各项规定，否则，当案件与外国有联系时，依照本章规定确定应适用的法律(国际私法)。① 依照该条规定，在德国，国际条约优先于国内法规则适用。通过德国与他国之间的协议直接承认外国公司的法律地位，而不再受德国真实本座主义约束。欧盟立法级别中的指令，不可直接适用于国内法律实践，需转化为国内法。

为了遵循判例规则，欧盟成员国只能通过不断修改自己的法律达成目标，如根据 Überseering 案的判决，德国需要修改公司真实本座地转移到本国后的重新注册要求。而 Überseering 案不断加强了欧盟各成员国协调公司立法的压力，暂且可以先在成员国之间确立公司在任一成员国开展业务时必须遵守的最低标准，这些最低标准可以通过公布判例、发布指令等方式确立，并将这些标准所涉内容纳入欧盟未来立法中。②

欧盟公司法在统一各国公司法立法上，并不包含协调公司冲突法的措施，以防止冲突规则减损欧盟内有关公司实体法规范的法律效果。正因为此，欧盟有关合同之债的法律适用《罗马条例Ⅰ》将公司法的事项排除在本条例适用范围之外。③ 应适用哪国公司法的问题，由国内冲突法规则或在欧盟境内具有最高权威的条约法的一般性原则来决定。

---

① 邹国勇译：《外国国际私法立法选译》，武汉大学出版社 2017 年版，第 109 页。

② Christoph U. Schmid, " Pattern of Legislative and Adjudicative Integration of Private Law", *Columbia Journal of European Law*, 8(3), 2002, p. 416.

③ 凡启兵：《〈罗马条例Ⅰ〉研究》，中国法制出版社 2014 年版，第 41 页。

(二)对成立地主义的修正——设立超国家公司

无论是统一立法还是公共秩序作为例外规则,均是从规制方式出发,但设立欧盟公司则站在另一面,是从被规制主体出发,解决被规制主体法人在成员国间经营本身所产生的问题,从源头上切断产生问题的可能。

欧盟尝试通过发起设立欧盟层面的公司来阻止各国"垫底竞争"(race to the bottom)和维护公司治理、管控。这种方式就是发起人设立"欧盟公司",即Societas Europaea("SE"),此种形式的公司发起人可以在欧盟层面上设立公司,随后公司在整个欧盟范围内运营。① 欧盟公司仅受欧盟法律的限制,有关公司设立、解散等基本事项不再受不同国家法律的控制,因此直接从源头上化解了各国竞相设置宽松法律制度的可能性。

(三)对成立地主义的修正——公共秩序作为例外规则

在坚持成立地主义,又无法完全统一各国公司法的情况下,考虑到公司真实本座所在地国的公共利益,应允许东道国要求在其境内开展业务的公司遵守东道国公司法的基本法律规定,以防止公司通过成立地主义完全规避真实本座所在地国的法律。

欧洲法院认为,公共秩序因素应当考量包括债权人、少数股东、雇员以及税务机关等的利益,但是,所考量的这些公共利益也只能在特定情况下并以不减损外国公司设立自由权的条件下才能适用。② 其次,涉及公共利益的强制性要求必须具有不可忽视的重要性,而且经过欧洲法院的司法判例的严格处理。在这方面,最重要的是比例原则,如信息规则必须被赋予高于实体强制性规范的优先地位。③ 最后,各成员国和欧洲法院必须确定东道国可以实施监管的基

---

① Klause Heine, "Regulatory Competition Between Company Laws in the European Union: The Überseering Case", *INTERECONOMICS*, 38(2), 2003, p. 108.

② CASE C-208/00, 5 NOVEMBER 2002, at para. 92-93.

③ [德]斯蒂芬·格伦德曼:《欧盟公司法》,周万里主译,法律出版社2018年版,第85页。

本框架和限制，在限度之内保护公共利益。

总之，涉及各国公共利益的强制性规则可以排除成立地主义的适用，但是对公共秩序的适用应当在一定限度之内，并符合比例原则，防止公共利益被滥用。

统一公司法规则后，由于各国基本法律规则均一致，将削弱公司通过在其他成员国经营而规避成立地国规则的动机，从而削弱真实本座主义和成立地主义作为解决法人属人法法律冲突的竞争作用。但是，事实上这种协调是削弱真实本座所在地原则作为成立地主义的替代作用，因为在坚持成立地主义且各国法律都一致的情况下，真实本座所在地国法和成立国地法是同等有效的，无论适用其中二者之一，法律后果均一致。欧盟本质上是不愿意采纳真实本座主义的，因为真实本座主义的价值取向与欧盟追求统一性的目标背道而驰，将真实本座主义的类似方式作为例外规则或许是对成员国做出的最大让步。

欧盟对成立地主义的修正以一般性的统一规定和例外规制为主要路径。其中，例外规制的适用体现着真实本座主义的价值取向，可为世界范围内各国所借鉴。而另外两种方式，通过统一性的公司法律规定与通过设置超国家公司让公司在产生之初即可在成员国内无区别化的自由流动，需要以欧盟区域一体化为前提，因此，此种路径为欧盟所独有。

四、各国对成立地主义的修正

诚然，采纳成立地主义的国家也面临着一种矛盾的局面，既试图以一种宽松、灵活的法律制度以吸引外国投资者成立公司，促进本国经济发展，也需要确保公司财务安全，保护公司雇员、债权人的利益，保障公平竞争，营造稳定安全的经济环境。因此，坚持采用成立地主义的国家，开始逐渐从绝对适用转变设有限制的相对适用。

从各国实践来看，有关成立地主义的修正主要是实体法和冲突法的方式。

（一）实体法方法

欧盟在修正成立地主义时所采用的统一各国立法、发布指令、签订条约的方式均属解决各成员国法律冲突的统一实体法方法。然而，在欧盟一体化区域内统一各国立法尚且难以实现，更不用考虑在全球范围内实现立法统一。因此，这里所指的实体法方法是各国从本国实体法律规定出发，对成立地主义中的过度自由进行规制，具体而言，主要是各国在本国法律中直接对外国公司，尤其是对外国虚假公司进行规制，这一方式在荷兰、美国的加利福尼亚州、纽约州表现最为突出。

荷兰于 1997 年颁布了《虚假外国公司法》（ *Wet Formee Buitenlandse Vennootschappen* ）①。第 1 节将"虚假外国公司"定义为"根据荷兰以外的其他国家法律成立的具有法人资格的公司，但是该公司几乎完全在荷兰开展业务，而与根据其成立的州没有任何进一步的实际联系"。根据荷兰《虚假外国公司法》后续章节的规定，上述类型的公司在荷兰开展公司业务时应遵守多项要求，如披露账户、审计内容、注册公司的最低资本要求、公司董事经理承担连带责任等。②

除了采取部门法专门针对外国虚假公司之外，还有在本国公司法中通过法律规定直接规制外国公司的行为。

加利福尼亚州《公司法》第 2115 节规定，对于满足条件的外国公司，应当受本州公司法中有关于董事选举和罢免、董事和职员责任分配、公司合并等方面的约束。对于外国公司与本州有密切联系的公司，适用本州法律，不再适用公司成立地法。③

纽约州《商业公司法》要求在纽约州从事经营活动的外国公司遵循本州法律。其中，第 1317 条规定外国公司董事和高级职员的责任；第 1318 条规定，在本州开展业务的外国公司应当履行披露义务，包括公司的财产信息、股份分

---

①　Wet Formee Buitenlandse Vennootschappen，英文翻译为 Pro-Forma Foreign Companies Act，中文翻译为"虚假外国公司法"，参见邢钢：《国际私法视野下的外国公司法律规制》，知识产权出版社 2009 年版，第 90 页，翻译为《虚假外国公司法案》。

②　Stephan Rammeloo，"Cross-Border Mobility of Corporations and the European Union：Two Future Landmark Cases"，*Maastricht Journal of European and Comparative Law*，8（2），2001，p. 119.

③　Cal Corp Code § 2115.

配和变更内容，且规定若未能善意遵守这些要求要承担相应责任；第 1319 条规定，其他有关如股东对雇员的责任、公司合并或重组、提起派生诉讼的权利等条款内容也均适用于外国公司。① 纽约州通过公司法的规定保证在本国开展业务的外国公司适用本州法律要求，以保护股东、劳动者、债权人等的利益。

我国《公司法》对外国分支机构在我国从事业务要求应当遵循有关设立、信息披露、承担民事责任等义务，同时符合国务院的相关规定。

英国 1985 年《公司法案》第 691 条第 1 款第(a)项规定，在外国成立的公司，若要在英国从事商业活动，需要提供公司登记处的成立文件副本。② 该法案第五部分详细规定了外国公司在英国展开商业活动应当遵守的规则。

(二)冲突法方法

1971 年，美国第二次冲突法重述第 302 条规定，除公司对第三人之外的其他权利和义务的问题，可适用第 6 条原则③所确定的与事件及当事人有最重要联系的州的本地法。第 2 款规定，公司设立地州的本地法，决定此类问题。但在非常情况下，就该特定问题，另一州与事件及当事人有更重要的联系时除外。在此情况下，依该另一州的本地法。④ 从本条有关法人属人法的规定来看，本应适用公司成立地法，但是如果存有与公司联系更为紧密的法律，则应予适用。将最密切联系原则作为公司成立地法的例外适用，实际上就是以真实本座主义作为成立地主义的例外。纽约和加利福尼亚州明确要求适用本地的法律来调整与本州有密切联系的公司的有关特定内部事务。

---

① NY CLS Bus Corp § 1317-1319.

② 邢钢：《国际私法视野下的外国公司法律规制》，知识产权出版社 2009 年版，第 102 页。

③ 1971 年美国《第二次冲突法重述》第 6 条：法律选择的原则 1. 法院，除受宪法约束外，应遵循本州关于法律选择的立法规定。2. 在无此种规定时，与适用于选择法律的规则有关的因素包括：(1)州际及国际体制的需要；(2)法院地的相关政策；(3)其他利害关系州的相关政策以及在决定特定问题时这些州的有关利益；(4)对正当期望的保护；(5)特定领域法律所依据的政策；(6)结果的确定性、可预见性和一致性，以及(7)将予适用的法律易于确定和适用。

④ The American Law Institution, Restatement(Second)of Conflict of Laws § 302(1971).

1995 年意大利《国际私法》第 25 条规定，法人组织受其成立地国法律支配，但若法人的管理机构或主要业务在意大利，则应适用意大利法。1987 年瑞士《国际私法》第 154 条规定，如果公司符合其据以成立的国家的法律所规定的公示或注册条件，或在无此种规定时，公司是依照该国法律成立的，则适用该国法律。不符合前款规定条件的公司，适用其事实上的管理地国家的法律，还有 2013 年《黑山共和国国际私法》第 19 条、2005 年《保加利亚国际私法》第 56 条、2011 年《波兰共和国国际私法》第 19 条①等各国法律中均有类似的规定，即以成立地法作为公司属人法的原则，以真实本座地为例外。

在两大主义的适用中，单独采用成立地主义，会导致规避法律、虚假公司等乱象滋生，不利于营造公平、正义的法律环境；而单独采用真实本座主义，对于法人任何行为都适用真实本座地，那么，适用于规制公司法律行为的规则将具有极大不确定性，导致公司交易相对者对难以预见自身行为的法律后果。

在前述有关两大主义的基本理论中可知，真实本座主义和成立地主义各有其价值取向、优势和劣势，并不存在哪一种理论更具制度优势。即便成立地主义似乎占绝对适用优势，也需要在其演进过程中不断修正，而在已有的修正路径中即可彰显出真实本座主义的价值取向。

从两大主义的理论演进过程中可见，两大主义结合适用优劣互补，其中最突出的便是成立地主义的确定性与真实本座主义灵活性之间的互补。

通过成立地法确定法人属人法体现了法律的确定性，因为成立地是确已客观存在的，容易被公众所知晓，法官也易于确定。成立地主义要求关涉法人的行为规制均适用成立地法，所体现的确定性满足了法人对自身行为合法性与合理性的预见，以更好规制自己的行为，同时，也有利于保障法人的交易相对方对法律后果进行预测，总之，保障当事人对法律适用的可预见性。但是明确的确定标准无疑会牺牲法律的灵活性，成立地主义缺失的灵活性正是真实本座主义的突出特质。真实本座地主义要求结合法人事实行为以确定规制法人法律问题的依据，灵活应对当前法人在一地成立而在多国开展业务的发展现状，反映

---

①　参见邹国勇：《外国国际私法立法选译》，武汉大学出版社 2017 年版。

法人与行为地法律之间的真实联系。

　　确定性和灵活性是法律中所蕴含的一对价值冲突，在国际私法中表现得尤为突出，美国前两次冲突法重述对于解决冲突法问题从"规则"到"方法"的转变，正是僵硬性、机械性与灵活性之间的典型交锋。

　　成立地主义和真实本座主义正是确定性和灵活之间对立的典型例证，这也表明单独采用任一主义都无法在法人属人法的确定问题上完全实现确定性和灵活性的统一。因此，单独采用成立地主义的国家，不免会有虚假公司频频出现的现象，需要辅之以真实本座主义作为例外进行修正；单独采用真实本座地的国家，限制了公司的自由设立和自由迁移，公司日益去中心化的事实致使真实本座地难以确定，法人属人法的确定难以实现唯一性，在法人属人法问题上显得过于灵活，所以出现真实本座主义式微之式。因此，两大主义相结合在法人属人法的确定上更为合理和准确。

第六章 属人法研究视阈下之未来出路

自然人属人法从国籍、住所分庭抗礼几百年之争后，惯常居所逐渐受到各国青睐，而如何确定惯常居所成为一个主要问题。各国关于法人属人法则在两大主义间不断选择和修正。不同国家立足于本国的法律传统和政策，在属人法选择上确立了自己的立场。百年未有之大变局下，我们要积极推动国内法治和涉外法治协调发展，以维护国家主权、安全、发展利益为出发点和落脚点，并在属人法上做出适应时代发展的抉择。

第一节 自然人经常居所确定标准之我国抉择

我国立法关于经常居所的确定主要包括主观标准、客观标准、除外情形三大方面，三者之间的关系形成了当前确定经常居所的三种方式，即单独适用客观标准、主客观标准相结合、客观标准与除外情形相结合。由于需要对客观标准进行修正，辅以主观标准或除外情形，在此主要讨论主客观标准、客观与除外情形两种方式之间的抉择。我国既有司法实践主要采取单独适用客观标准的方式、客观标准与除外情形相结合的方式，较少涉及主观居住意图的考量。然而，对主观居住意图的考量是《司法解释（一）》第 15 条（现为第 13 条）的应有之义，但也并非因此必须增加考量主观标准，还需结合我国司法现状予以综合考量。

一、主观标准、客观标准与除外情形之关系处理：两种确定标准

根据主观标准、客观标准与除外情形三大标准之间的关系，在确定经常居

所时，形成了主客观相结合、客观与除外相结合的复合型标准。

(一) 主观与客观相结合的标准

主观居住意图与客观居住状况是确定经常居所的两个重要方面。两者不仅相互联系、印证，也相互对立、削弱。两者之间的关系形成了一种被不少国家所采用的确定经常居所的方式。这一方式最主要的特点就是以人为中心，尊重当事人主观意愿，需要考量主观确定标准。

1. 相互印证、相互统一的关系

当自然人表达的居住意图与其客观居住状况相符时，两者相互印证，统一于一体确定经常居所。比如，自然人因公务移居到一新所在地，如果该自然人愿意居住于此，为了日常生活需要必定会展开自己在本地的社会联系，主客观相统一。

2. 客观为主，主观为辅的关系

因为客观标准的内容主要包括居住时间与生活中心这两方面的内容，因此以下分别从这两个方面探讨客观标准与居住意图之间的关系。

(1)居住时间与居住意图的关系。居住时间的长短本身并不重要，它只有作为定居意图的证据时，才是重要的。[①] 这是确定选择住所中的重要规则，凸显了主观居住意图在确定住所时的重要性。但惯常居所因强调习惯性、客观性，发挥主导作用的并非主观居住意图，而是客观居住状况。居住时间作为客观方面的重要内容之一，必然发挥着主导作用，但是当客观要素"失灵"，比如在几个地方均有居住时长且相差不大，那么，居住意图就会发挥决定性作用，但需要具有在该地居住的事实，不得与客观事实相违背。当居住时间足够长，以至于通过长时间居住形成了生活中心，此时已经能够确定经常居所，居住意图就不再重要；当居住时间不够长，仅通过客观要素无法确定时，则需要借助主观居住意图共同判断。

---

① [英]J. H. C. 莫里斯主编：《戴西和莫里斯论冲突法(上)》，李双元、胡振杰、杨国华等译，中国大百科全书出版社1998年版，第156页。

因此，在某种程度上可以说，居留期限越长，居住意图就越不重要；居住时间越短，则判断居住意图的重要性更为突显，但此时居住意图需与基本的客观事实相符。如移民、订立长期劳动合同的海外雇员以及有移民倾向的海外留学生，因为有明确居住于国外的意图，可以通过到达居留国后较短期的事实居住，设立经常居所，当然，前提是已在海外建立起基本的社会生活联系。这在国外一些案例中也得到体现。如，Re S（Custody：Habitial Residence）案①中，法院认为如果能明确当事人在此居住的意图，那么在很短的时间内就可确定其经常居所在此地。相比之下，在 A v. A（Child Abduction）案②中，法院认为由于当事人的定居意图不明确，即使他在澳大利亚居住了 8 个月，也不足以证明其在该地确立了经常居所。由于居住意图不明，可能需要更长的居住时间才能确定为经常居所。

由此可以看出，若居住意图的证明相对全面，能准确确定，或者说居住意图在真实有效的基础上十分明显，则对居住时间的要求相对较短；若意图的证明难以明确，则会要求居住时间更长。或者说，居住时间越长，居住意图的证明要求就不高；居住时间越短，居住意图的证明要求越高。两者呈现出一种互相削弱、此消彼长的关系。

（2）生活中心与居住意图之间的关系如下：

①此消彼长的关系。正如居住意图与居住时间之间互相削弱、此消彼长的关系，由于生活中心也是客观确定标准的内容之一，因此生活中心与居住意图之间也形成了同样的关系。若自然人的居住意图能明显被证实，那么对生活中心基本要素的证明要求则相对较低；若居住意图是一个难以明确的问题，生活中心的证明就要求尽量详尽、全面。

②两者确定经常居所的结果相互对立时，生活中心将发挥决定性作用。客观居住状况推翻主观意图的情形常有存在，当事人为享受在某地的权利，可能表明自己有在某地永久居住的意图。然而，客观居住状况会"出卖"其所表达

---

① Re S（custody：Habitial Residence），［1997］4 All ER 251.

② A v. A（Child Abduction），［1993］2 FLR 225 at 235.

的居住意图，最终只能依据更为客观居住状况确定经常居所。

这也即居住意图与生活中心两者之间对立面的体现，当两者所证明的经常居所相反，此时必定只有其中一种标准是真实的，但呈现出主客观标准均模糊不定、不可信的状况。依据一般的证据规则，应当采用证明力强的证据，而舍弃证明力较弱的证据。就在居住意图和生活中心两者作为确定经常居所的内容来说，应当依据生活中心这一客观标准来确定经常居所。理由是，第一，客观居住状况作为证据时更能凸显其优势，因为居住意图的确定相较于客观状况更加捉摸不透、易于改变，两者均不明确的情形下，客观情况更为可靠。第二，自然人在某地定居的目的可能是一个或者几个，可能是学习或是孩子上学，工作、家庭或只是喜欢这个地方等，这些在此居住的目的均是经常居所的主观意图表达。但是，所有在此居住的主观意图，最终均需要通过客观标准证明。第三，相较于客观居住事实来说，主观居住意图作为证明内容，其证明力更低。正如拉兴顿博士所说，这种意思表示是一种"最低级的证据"。但是，也不能把它"弃之不顾，而应该同提出的其他证据一起给予适当的衡量"。①而这其他的证据主要指的就是客观标准，主观意图只能给予适当的衡量。

总之，居住意图的表达与客观居住状况不一致时，以相对明确的客观居住状况来认定经常居所会更为客观公正。

如在 IRC v. Duchess of Portland②案中，Duchess of Portland 声称，她与其出生地加拿大保持着密切的联系，自己每年都花 10~12 周的时间回到加拿大魁北克省探亲，并表示希望能回到加拿大生活。但是，除了这 10~12 周的时间之外，每年剩下的其他时间她都与丈夫一起住在英国。Nourse 法官认为，在确定其经常居所这一问题上，她在英国的居住状况的证据优势明显胜过她返回加拿大居住的主观意愿，并通过强调她在英国的居住性质和所持续时间，进而

---

① 马丁·沃尔夫：《国际私法（上）》，李浩培、汤宗舜译，北京大学出版社 2009 年版，第 133 页。

② IRC v. Duchess of Portland, [1982] STC 149. 转引自 Trakman L. Domicile of choice in English law: an Achilles heel?, Social Science Electronic Publishing, 2015, 11(2), p. 330.

否定了她所表达希望返回加拿大居住的主观意图。

因此，如果存在客观居住状况的相关证据与一个人的居住意图明显相反，法院应进一步分析自然人客观持续居住情况，依据客观标准确定当事人的经常居所。

③主观居住意图发挥决定性作用的例外情形。尽管主观居住意图多是用来辅证客观居住状况，但也存在主观意图否定客观居住状况的情形，成为在确定经常居所时主观居住意图仅发挥辅助作用的例外情形。这在前文有关惯常居所的主观标准部分中已论述，简而言之主要包括三种情况：第一，当一个人有不止一个居住地时，或在几个居住地的社会生活联系不相上下时，居住意图在确定自然人的住所时尤其重要；第二，强烈居住意愿下的短暂居住可确定为自然人的经常居所；第三，主观居住意图修正客观居住的"非客观性"。通过真实居住意图确定经常居所，以修正将目前客观居住地确定为经常居所的结果。当事人的真实主观意图不是居住于当前所在地，而是希望居住在原所在地，类似于我国《司法解释(一)》第15条(现为第13条)中所规定的除外情形，由于客观居住状况与当事人主观意图相违背，而最终确定原所在地为经常居所的结果就是主观意图发挥决定性作用的表现。

由此可见，主客观标准之间的关系可总结为，当主观居住意图与客观居住状况两者能相互印证时，不需确定以哪一方面的判断结果为主，因为两者所确定经常居所的最终结果是一致的；若两者所确定的经常居所相反，则以客观标准为主，但如果出现居住意图发挥决定性作用的例外情形，则以主观意图表达为主。

无论是主观居住意图用于辅证客观居住状况，还是主观居住意图作为确定经常居所的决定性因素，均是综合考量主观标准与客观标准的体现，其基础均需考量主观标准，是对自然人主观意图的尊重，符合当前以人的意愿和发展为中心的时代要求。但事实是，目前仍有不少国家在确定惯常居所时并不考量主观居住意图，而仅仅通过客观居住状况确定经常居所，此种做法难以体现当事人的真实意图。因此，综合考量二者是当今社会尊重自然人自由意志的必然体现。而且通过主客观相结合的方式可以准确确定经常居所，无需判断和适用除外情形，避免了除外情形的适用所带来的新问题，总体而言不失为一种较好的确定方式。

(二) 客观与除外情形相结合的标准

除外情形是我国确定经常居所的特有内容，《司法解释(一)》第 15 条(现为第 13 条)通过"连续居住一年""生活中心"的客观标准，以及"作为其生活中心的地方"的主观标准来判断，并最终通过设置除外情形对前述方法下所确定的经常居所发挥纠偏作用，以使最终的确定结果更加符合实际情况，符合当事人的利益。

但我国既有司法实践表明，对除外情形的适用并没有取得良好的效果，法条对除外情形的规定也不够明确，导致司法实践部门无法得到立法上的明确指引，最后在法院地主义的倾向下，法官选择回避认定是否属于除外情形，或是随意认定除外情形，而寻找各种法律依据，以确定我国法院享有管辖权。

我国关于除外情形的适用效果不佳，但也较少通过居住意图综合考量，之所以产生如此现象，主要是因为适用"客观+除外"这一方式的优势。首先，除外情形是可以由法条明确规定的，虽然存有其他情形需要法官在具体实践中判断，但其他情形可以通过除外情形的特性予以判断；其次，除外情形作为可具体分析的客观事实，不具有主观居住意图易变和琢磨不透的劣势。正是因为其客观性，法官在司法实践中的具体判断才会有迹可循、令人信服。因此，就司法实践角度而言，除外情形在法条中的明确规定给法官提供了明确的指引，有利于法官根据既有规则进行判断，减轻法官的司法任务。

事实上，根据当事人的客观居住状况若能准确判断自然人的主观居住意图，恰当处理主观、客观标准之间的关系，此时就不再需要除外情形发挥纠偏作用，因为此时主客观相结合已可以确定经常居所，同时还可避免因除外情形的适用所导致的认定不统一、法院地主义倾向等问题。因此，倘若采用主客观结合的方式，就不再需要采用客观与除外情形结合的方式。

二、我国经常居所确定标准之未来选择

主观标准、客观标准、除外情形三者之间的关系形成了确定经常居所三种标准，分别是单独适用客观标准、主客结合的标准、客观与除外情形结合的标准，我国对经常居所确定标准的抉择需要分析立法模式，比较司法模式，选择与我国司法现状最合适的标准。

(一) 我国经常居所确定标准之立法规定

就我国立法实践而言，"作为当事人生活中心"要求我国在确定经常居所时也关注当事人的主观居住意图。因此，《司法解释(一)》第 15 条(现为第 13 条)实质是要求客观标准、主观标准、除外情形三者相结合。对居住意图的考量，体现了对当事人意思自治的尊重，但主观意图的易变性与难以把握性却也对法官提出了较高的要求。

由于客观标准有明确的规则，而规则的确定性为法官提供明确的指引，从而节省了珍贵的司法资源，但同时也导致了客观规则僵硬化的问题，此时需要通过主观居住意图或是除外情形对客观标准确定的经常居所发挥纠偏作用，形成了确定经常居所的两种方式，即主客观相结合、客观与除外情形相结合。我国既有司法实践表明，在确定经常居所时主要以"连续居住 1 年"为判断标准，对生活中心的认定甚少，而对居住意图这一主观标准几乎不纳入考量范围，整体上呈现出以客观居住时间为主要依据的确定方法，而对适用客观标准确定的结果修正主要依赖于除外情形，相较于我国立法实践，我国司法实践形成了以客观标准为主、除外情形纠偏为辅的经常居所确定标准。

在确定经常居所问题上，我国立法模式采取重叠适用主观、客观、除外情形三者，但从司法实践来看，主客观相结合标准、或者客观与除外情形相结合两种方式已然可以确定经常居所，我国司法实践所采取的客观与除外情形相结合的标准更符合逻辑，也更符合我国司法现状。因此，即便我国司法实践并未重叠适用三种标准，但不失为一种合理的处理方式。

(二) 我国确定经常居所标准之选取

简明的法律规则虽给法官明确的指引，便于法官实践操作，但易于确定的法律不一定是合适的法律，太过于确定的规则反而不利于实现个案的实质正义，这也是其劣势所在。这似乎又回到了如何平衡国际私法上确定性与灵活性、形式正义与实质正义这一永恒话题。

确定性与灵活性、形式正义与实质正义是国际私法的永恒话题，我国经常居所的确定标准将国际私法的这一矛盾表现的淋漓尽致。《司法解释(一)》第15条(现为第13条)规定在一定程度上可以调和冲突法适用过程中灵活性与法律确定性、可预见性之间的价值冲突。① 首先，该条所规定的生活中心，给予法官较大自由裁量权，使得生活中心的确定具有较大灵活性，同时明确规定居住一年的时间要求，充分展现了灵活性与确定性的结合。其次，客观标准有相对确定的内容和规则，而主观标准易于变化以及法官对当事人居住意图判断的不确定性，同样展现了灵活性与确定性的结合。最后，在除外情形内部，法条所列举的三种情形与"等除外情形"表明是一种不完全列举，也是在确定规则基础之上，保持灵活性的体现。

《司法解释(一)》第15条(现为第13条)这一法条内容本身，有关客观、主观、除外情形的规定分别都体现了确定性和灵活性的结合，"客观+主观""客观+除外"的确定标准均在努力寻求二者之间的平衡。就主观标准与客观标准相结合、客观标准与除外情形相结合的这两种确定方式而言，各有优劣。本书认为，前一种标准在被准确适用时，能够涵盖所有情形以确定经常居所，但后一种标准更符合我国司法现状。

第一，"客观+主观"的确定标准中，主观意图未被广泛采用的主要原因正是主观居住意图本身主观性极强，其难以确定、易变的属性，给人留下了一种捉摸不透的印象。加之考量主观意图尚不具有统一规则情况下，需要法官在司

---

① 薛童：《论作为自然人生活中心的经常居所地》，载《国际法研究》2015年第6期，第116页。

法实践中具体判断，与我国法官不具有较大自由裁量权的惯例难以相符。尽管主观居住意图的确定需要与客观居住事实相呼应，得到客观居住状况的印证，辅以动机、证人证言等方面，使主观居住意图有据可循，但自然人主观意图易于变化、难以确定的特性依然存在。然而，不可否认的是，主客观相结合的标准的确能够避免适用除外情形存在的问题，且主客观相结合，还体现了对自然人主观意愿的尊重，并在特殊情形下发挥确定经常居所的决定性作用。通过主观居住意图具有但不限于对客观居住状况发挥纠偏作用的功能，能够准确确定经常居所。

第二，"客观+除外"的确定标准中，除外情形看似是对客观情形的判断，且有具体的规则作为依据和指引，但是，除外情形条款本身的设置就存有疑问，劳务派遣作为除外情形排除不一定有利于维护当事人利益，同时，将所有公务、劳务派遣纳入除外情形予以排除过于绝对。正因为其本身设置存在问题，所以才会在具体实践中出现认定不准确、法院地主义倾向等混乱情形。另外，对除外情形中"等情形"的判断同样需要发挥法官的自由裁量权，同样具有较大不确定性。然而，除外情形条款相对于主观意图而言更为客观，在总结除外情形特性的基础上，有具体的规则可以援引和适用，其相对确定的规则为法官在司法实践中提供了明确的指引和依据，从而减轻法官解释法条的司法任务。同时，我国是非判例法系国家，法官并不拥有较大自由裁量权，采用明确的法律规定以引导法官确定经常居所更符合我国司法现状。再者，依据客观标准确定经常居所是多数国家在确定经常居所时必定会考量的要素，采用除外情形更能与国际惯用做法接轨。因此，相较于我国立法规定而言，司法实践采用客观与除外情形相结合的处理方法更为合理。

"客观+主观"和"客观+除外"的确定标准各有优劣，前者因为考量主观居住意图具有不确定性，后者因为对除外情形未准确判断，可能导致所确定的经常居所并不准确。无论采取"客观+主观"的确定标准或是"客观+除外情形"的确定标准，均需完善对客观标准的考量。司法机关在实践中多通过当事人的居住时间确定生活中心，抑或是通过居住时间直接确定经常居所，这不仅难以适用于居住时间较短的案件，而且其判断标准与我国关于住所、经常居住地的确定标准相类似，从而未能体现我国对经常居所规定的进步之处。因此，明确客观标准的双重确定方法，即通过生活中心和居住时间共同确定经常居所更为合理，其中，生活中心可以从当事人社会生活状况、主要社会关系展开地、主要财产所在地来确定，并在生活中心的认定基础之上灵活处理对居住时间的要求。另外，"客观+主观"的确定标准已然可以替代"客观+除外情形"的确定标准，前者能涵盖后者所包含的情形，并能避免适用后者所带来的问题。但是，"客观+除外情形"的确定标准更适合我国司法传统和司法实践，也更贴合国际上适用惯常居所的习惯与要求。

因此，对当前司法实践中确定经常居所的既有标准应予以肯定，在往后的司法实践中，应当坚持除外情形的适用，继续保持适用客观、除外情形相结合的"实用主义"标准。对于司法实践中存在的不尽如人意之处，尤其关于客观标准的认定，需要进一步改进，综合考量生活中心与居住时间，恰当处理确定性与灵活性、形式正义与实质正义的关系。

(三)结论

经常居所的主观标准和客观标准之间的关系主要表现在既相互印证，又彼此削弱。当主观居住意图与客观居住状况两者能相互印证时，则不需确定以哪一标准的判断结果为主，因为两者确定经常居所的最终结果是一致的。当主客观标准均明确的情况之下，自然人经常居所已可以确定，此时可以省去对除外情形的考量。但若主客观之间的证明力不相上下且证明方向相悖，则以客观居住状况为主确定经常居所，但如果出现前文所提到的居住意图在确定经常居所时发挥决定性作用的例外情形，则以主观居住意图为主确定经常居所。此即主客观相结合的标准。

由于居住意图的不稳定性，我国司法实践较少在实务中对自然人的居住意图进行判断，但仅依据客观居住状况确定经常居所存在非唯一性、绝对化的问题，因此需要发挥除外情形的纠偏作用，这也是我国既有司法实践在确定经常居所时主要采取的标准。

确定经常居所的两种标准各有弊端和优势。我国立法实践规定确定经常居所的标准是主观、客观与除外情形相结合，存有逻辑上的矛盾，而我国司法实践以客观标准、客观与除外情形结合标准为主，虽然司法实践与立法实践并不统一，但实际上是一种合理的选择，既符合我国法官在司法裁判中对法律确定性的要求，也符合关于确定惯常居所标准的法理逻辑要求。

在对主客观相结合的标准与客观除外情形相结合的标准进行充分比较论证后发现，客观与除外情形相结合的标准存在条款设置、适用不当等问题，无法准确涵盖所有情形，且运用该标准所确定的结果不一定能与客观实际相吻合。主客观相结合的标准不仅能避免除外情形所带来的问题，而且几乎能在所有情况下准确确定经常居所。但是，客观与除外情形结合的标准更适合我国司法实践，若能解决除外情形存在的问题，该标准将更值得我国采纳。

通过对除外情形特性的总结，列举除外情形的内容，对尚未完全列举的情形也可以通过除外情形特性分析得出，进而解决除外情形存在的设置、适用问题。基于此，本书认为，在往后的司法实践中我国应保持采用客观与除外情形相结合的实用主义确定标准，但具体到客观标准的认定上需要进一步改进，细化对生活中心的认定，并综合考量生活中心与居住时间。

第二节　法人属人法确定之我国抉择

我国有关法人属人法的立法沿革表明我国在法人属人法的确定上历来坚持成立地主义为主、真实本座主义为辅的立场，但司法实践并未表现完全等同的选择。为进一步发挥真实本座主义对成立地主义的限制和纠偏作用，需要进一步明确"主营业地"的考量要素，既营造开放、公平的竞争经营环境，也对外国法人予以合法规制。

一、我国属人法的立法沿革

我国有关法人属人法的立法可追溯至上世纪初北洋政府时期，经过数百年的发展，属人法立法也不断完善，这一立法历史演变表明了我国在法人属人法立场上的变化。

(一)1918 年北洋政府《法律适用条例》

我国国际私法立法史可追溯至唐代，公元 651 年唐朝的《永徽律》"名例章"中规定："诸外化人，同类自相犯者，各依本俗法；异类相犯者，依法律论。"即可见我国及世界上最早的成文的冲突规范。① 宋代沿用唐代的规定，明朝在法律适用上采用严格的属地主义，无国际私法可言。清朝虽出现过法律冲突的规定，但只适用于刑事规范，并未见私法意义的冲突规范。上述朝代中涉及冲突规范更无关涉法人属人法的内容。因此，我国最早涉及法人属人法的规定出现在 1918 年北洋政府制定的《法律适用条例》第 3 条，"外国法人经中国法认许成立者以其住所地法为其本国法"。

(二)1982 年《宪法》

1982 年《宪法》和现行《宪法》(2018 年修正)第 18 条均规定，在中国进行投资和经营的外国企业，均需依照中国法律。我国宪法保障外国法人合法的权利和权益，同时要求在我国的实际活动遵守我国法律，正是法人属人法采取适用真实本座地法的体现。

(三)1988 年《最高人民法院关于贯彻执行〈中华人民共和国民法通则〉若干问题的意见(试行)》(以下简称《民法通则意见》)

我国《民法通则》第八章有关涉外民事关系的法律适用中没有规定外国公司的法律适用问题，随后《民法通则意见》弥补了空缺。该意见第 184 条规定，外国法人以其注册登记地国家的法律为其本国法，法人的民事行为能力依其本国法确定。外国法人在我国领域内进行的民事活动，必须符合我国的法律规定。

上述规定存在些许缺陷。第一，该条所包含的属人法事项仅涉及法人的民事行为能力，规范范围狭窄；第二，适用登记地法存在落空的情况，因为有的

---

① 刘想树：《国际私法基本问题研究》，法律出版社 2001 年版，第 34 页。

国家公司成立无须商业登记；第三，仅采取内部事务主义，没有例外规定，难以有效规制外国公司。① 但第 2 款提出要符合我国的法律规定，能在一定程度上修正外国虚假公司规避实际经营活动所在地的行为。

该意见第 185 条规定，当事人有两个以上营业所的，应以与产生纠纷的民事关系有最密切联系的营业所为准；当事人没有营业所的，以其住所或经常居住地为准。该条以最密切联系原则确定法人营业所，可理解为是采用真实本座主义。1988 年《民法通则意见》有关法人属人法的不完整规定来看，是以成立地主义为主，兼采真实本座主义进行修正和限制。

（四）2000 年《中华人民共和国国际私法示范法》（以下简称《示范法》）

由中国国际私法学会草拟的《示范法》第 68 条规定，"法人及非法人组织的权利能力，适用成立地法或主要办事机构所在地法"。第 69 条规定，"法人及非法人组织的行为能力，除适用其成立地法或者主要办事机构所在地法外，还须适用行为地法"。《示范法》虽不具有法律效力，但其专业性为我国后续法律规定提供了思路和方案。

（五）2002 年《中华人民共和国民法（草案）》

2002 年第九届全国人大常委会第六十七次委员长会议审议的《中华人民共和国民法（草案）》第九编涉外民事关系的法律适用法第 23 条②规定的内容与《示范法》第 68、69 条内容几乎完全一致，在法人属人法立场上，兼采成立地法和真实本座所在地法，但如此弹性的规定反而导致规则不明确。

（六）2011 年《涉外民事关系法律适用法》（以下简称《法律适用法》）

各国为了促进资本自由流通，在本国营造具有吸引力的营商环境，坚持成

---

① 邢钢：《公司属人法的确定：内部事务理论的规范路径》，载《湖南科技大学学 报（社会科学版）》2019 年第 2 期，第 122 页。

② 2002 年《中华人民共和国民法（草案）》规定："法人的民事权利能力，适用其成立地法律或者主要办事机构所在地法律。法人的民事行为能力，除适用其成立地法律或者主要办事机构所在地法律外，还适用行为地法律。"

立地主义，但同时为防止公司滥用设立自由的情形、维护本国公共利益的需求，以及要求公司满足在本地经营的法律要求，即可通过适用"主营业地法"实现，这也正是适用真实本座主义的表现。《法律适用法》第 14 条①的规定即是如此，以成立地主义为主，兼采真实本座主义。进一步丰富法人属人法的适用范围，而不再限于法人权利能力、行为能力，并通过"等事项"为适用范围留有余地。

(七)《公司法》

2018 年修订的《公司法》第 191 条、2005 年修订的《公司法》第 192 条规定，"本法所称外国公司是指依照外国法律在中国境外设立的公司"。该条的规定是关于外国公司的认定标准，每一个合法存续的公司，一定是依据某个国家的法律而成立的，而一国的法律具有地域效力，所以该公司只能在其注册地国家享有法人人格。他国对于该外国公司法人资格的认可也只能依据公司注册地法。我国公司法中的这一法律规定虽然并非是严格意义上的公司属人法规定，但也表明了成立地主义的立场。

根据公司法理论，公司法改革以放松管制、尊重自治为理念，最终目标为实现管制型公司法向自治性公司法的战略转型。② 我国公司法中虽然没有关于法人属人法的具体规定，但在自治性公司法的引导下，为公司资本流动和运营提供自由的环境，在公司法人属人法的选择上应当更倾向于适用成立地法。

通过对我国有关法人属人法的立法沿革进行梳理可以发现，兼采成立地主义和真实本座主义是我国一贯的立场，其中，成立地主义为主，真实本座主义为辅。现行有效并直接规定法人属人法的《法律适用法》第 14 条，其主旨也是如此。第 14 条第 1 款以登记地表明成立地主义的立场，第 2 款采用主营业地

---

① 2011 年 4 月 1 日起施行的《法律适用法》第 14 条规定："法人及其分支机构的民事权利能力、民事行为能力、组织机构、股东权利义务等事项，适用登记地法律。法人的主营业地与登记地不一致的，可以适用主营业地法律。法人的经常居所地，为其主营业地。"

② 赵万一、赵吟：《中国自治型公司法的理论证成及制度实现》，载《中国社会科学》2015 年第 12 期，第 156 页。

即是采纳真实本座主义的表现。

二、我国法人属人法的司法实践选择

按照《法律适用法》第 14 条规定，涉及法人内部事务事项应依据登记地或主营业地确定。但在我国司法实践中，法人属人法的确定方法远不止登记地和主营业地所属的两大主义内的方法，还包括意思自治、侵权、最密切联系等多种方式。

(一)采用两大主义之外的多种方式确定法人属人法

1. 意思自治

在王某生与香港中成集团有限公司、浙江中成实业有限公司等股权转让纠纷案中①，法院采用意思自治原则，通过当事人选择确定法人属人法。同方光电(香港)有限公司、广州同艺照明有限公司股东出资纠纷案②，一审法院援引当事人选择的法律，该案二审法院却依据《法律适用法》第 14 条和第 41 条，重叠适用法人属人法和合同法冲突规范。两审法院最终均以我国内地法律为准据法。同一原告(广州同艺)针对被告(同方光电公司)不同董事提起了类似诉讼，在同方光电(香港)有限公司、广州同艺照明有限公司股东出资纠纷案③中，一审法院援引当事人选择的法律，该案二审法院却依据《法律适用法》第 14 条确定准据法。同一原告针对不同股东的出资责任纠纷，却有截然不同的处理方式，我国对此游走于合同关系或股东权利义务关系之间，而认定为合同关系成为适用意思自治的重要原因。

2. 侵权

除了将公司与股东间的出资作为合同纠纷处理外，另有将董事、高管损害公司利益的行为作为普通侵权纠纷处理，适用侵权行为法律适用法，如吴某

① 最高人民法院(2016)最高法民终 136 号。
② 广东省广州市中级人民法院(2019)粤 01 民终 7364 号判决书。
③ 广东省广州市中级人民法院(2019)粤 01 民终 700 号判决书。

春、上海乐萌信息科技有限公司等与瓦纳特媒体网络有限公司损害公司利益责任纠纷案①，股东损害公司债权人利益也作为侵权纠纷处理，适用侵权行为法律适用法，如宋某、山东船舶管理有限公司股东损害公司债权人利益责任纠纷案②。

　　案涉事项是股东损害公司债权人利益、董事高管损害公司利益等内容，分别属于与公司有关的股东权利义务、组织机构等事项。相较于作为普通侵权案件处理，按照公司纠纷处理更为恰当，类似一般与特殊的关系。同时，与公司有关案涉事项的处理将涉及与公司的其他事项和后续纷争，统一适用公司属人法确定案件的法律适用具有统一性和可预见性。

　　3. 最密切联系地法

　　在光浩企业有限公司与陈某光债权人利益责任纠纷案③、夏某与刘某敏股权转让纠纷案④中采用最密切联系原则。在金某琴与上海百兰王贸易发展有限公司、周某股东资格确认纠纷案⑤，黄某华与广州市翌骅电子材料有限公司股东知情权纠纷案⑥，阜康投资有限公司与广州美亚股份有限公司公司决议撤销纠纷案⑦中，均是一审法院适用最密切联系地法，二审适用登记地法确立案件准据法的适用。上述三个案件中，虽最终适用结果相同，均适用我国法律，但二审法院对一审错误适用最密切联系原则确定公司案件准据法的纠正，表现出我国法院具有滥用最密切联系原则的嫌疑，并因而导致法人属人法适用的不准确性。

　　4. 法院地法

　　我国司法实践以法院地法确定法人属人法主要是在法人属人法指向适用外国法，但又无法查明外国法或当事人无法提供外国法时，则适用法院地法，以

---

① 上海市第二中级人民法院(2016)沪02民终1156号。
② 山东省高级人民法院(2020)鲁民终878号。
③ 北京市高级人民法院(2013)高民终字第1272号。
④ 江苏省南京市中级人民法院(2018)苏01民初1200号判决书。
⑤ 上海市第一中级人民法院(2018)沪01民终13036号判决书。
⑥ 广东省广州市中级人民法院(2018)粤01民终15254号判决书。
⑦ 广东省广州市中级人民法院(2018)粤01民终9672号判决书。

我国法律为准。如，东莞市峰华食品贸易有限公司与广东一统国际酒类交易市场经营管理有限公司、凯昇投资有限公司合同纠纷案，① 本应适用公司登记地塞舌尔法，但因法院不能查明，当事人又无法提供，最终适用我国法律。

5. 适用登记地法

我国司法实践中不乏依据法人登记地确立法人属人法的案例，典型的如最高人民法院公报案例新加坡中华环保科技集团有限公司与大拇指环保科技集团(福建)有限公司股东出资纠纷案②，外国投资者的司法管理人和清盘人的民事权利能力及民事行为能力等事项，应当适用该外国投资者登记地的法律。还有，王某与某贸易公司跨境股权转让纠纷案③适用成立地理论确定股权变更的准据法、王某生等诉香港中成集团有限公司等股权转让合同纠纷案④，何某英、王某莹股东知情权纠纷案⑤，(株)圃木园控股与上海福生豆制食品有限公司、上海市张小宝绿色食品发展有限公司股东出资纠纷案⑥，陈某阳与义乌市蜃景服饰有限公司、阿力·阿杜哈曼·欧某承揽合同纠纷案⑦，公司决议效力确认纠纷⑧，吕某云与张某股权转让纠纷⑨中涉及变更股权登记及公司股东变更的法律适用公司登记地法，不胜枚举。

6. 适用营业地法

事实上，我国司法实践以主营业地法确定法人属人法的案例并不多⑩。《法律适用法》第14条规定，在主营业地与登记地不一致时，可以适用主营业

---

① 广东省广州市中级人民法院(2015)穗中法民四初字第22号判决书。

② 最高人民法院(2014)民四终字第20号民事判决书。

③ 江苏省高级人民法院(2021)苏05民终2105号民事判决书。

④ 浙江省高级人民法院(2014)浙商外初字第1号判决书。

⑤ 广东省广州市中级人民法院(2019)粤01民终20289号民事判决书。

⑥ 上海市高级人民法院(2013)沪高民二(商)终字第s36号，最高人民法院(2014)民提字第170号。

⑦ 浙江省义乌市人民法院(2018)浙0782民初8147号民事判决书。

⑧ 上海市浦东新区人民法院(2015)浦民二(商)初字第S3867号民事判决书。

⑨ 上海市浦东新区人民法院(2017)沪0115民初65578号民事判决书。

⑩ 见下文表1-1。

地法。王某亚、陈某股东资格确认纠纷案①中，新世纪公司在香港注册，但主营业地在我国内地，因此应适用我国内地法律。而对于如何确定主营业地，在江门市富成金属制品有限公司与德国弗兰德斯艺术品投资有限公司、何某园定作合同纠纷案②、上海瑷馨露贸易有限公司、江中制药集团(中国)有限公司合同纠纷案③、谢某芬、陈某、盛某妹等合同纠纷案④等案中有较为详细的分析。

而在有的案例中，公司的登记地和主营业地在同一地，这种情形可以说是重叠适用登记地法和主营业地法。如，泛金管理有限公司与盈之美(北京)食品饮料有限公司股东知情权纠纷案⑤、陈某棠、厦门嘉裕德汽车电子科技有限公司公司解散纠纷案⑥、广州帛颖服装有限公司、阿桑娜投资(零售)有限公司等买卖合同纠纷案⑦、张某天等诉张某强等公司证照返还纠纷案⑧等案例，公司登记地和主营业地均在我国，最终确定我国法律为公司属人法。

尽管我国《法律适用法》第14条规定，"法人的经常居所地，为其主营业地"，但法人的经常居所也并非确定唯一的概念，因而在采用主营业地的上述案例中，我国法院对于确定主营业地没有统一的标准，司法实践中根据个案情况各有侧重。总体而言，考量主营业地的因素主要包括公司经营地、管理决策地。前者主要考量公司的经营活动，具体而言可以从公司与对方当事人签订各类合同和来往函件中所载明的公司信息，包括但不限于公司地址、付款账户、交货收货、仓库等所在地等内容。后者关于管理决策地则主要考量公司办公场所、营业执照及公章的存放所在地。

---

① 最高人民法院(2020)最高法民申 5479 号。
② 浙江省义乌市人民法院(2020)浙 0782 民初 4715 号民事判决书。
③ 江西省高级人民法院(2019)赣民辖终 100 号民事裁定书。
④ 浙江省宁波市中级人民法院(2017)浙 02 民初 456 号民事判决书。
⑤ 北京市第四中级人民法院(2019)京 04 民初 507 号民事判决书。
⑥ 福建省高级人民法院(2017)闽民终 58 号民事判决书。
⑦ 广东省珠海市中级人民法院(2021)粤 04 民终 300 号民事判决书。
⑧ 福建省高级人民法院(2017)闽民终 453 号民事判决书。

（二）一案兼采多种方式确定法人属人法

实证研究发现，除了单独适用上述方式、原则确立法人属人法之外，同时兼采几种方式的案例不胜枚举。

1. 登记地法+意思自治

在华某潮、王某平等股东损害公司债权人利益责任纠纷案①中，再审法院将当事人未选择适用法律作为适用法人属人法的前提条件。在 Martin Kratzer 与上海玮卡机电设备工程有限公司股东资格确认纠纷案②中，公司登记地位于我国，各方当事人也选择适用我国法律，同样是重叠适用意思自治和法人属人法。倘若股东出资协议等具有合同性质纠纷适用意思自治具有一定合理性，但若仅涉及公司能力问题、内部争议等事项，以法人属人法替代意思自治更为恰当。

2. 登记地法+侵权行为地法

在杨某蓉等与王某宏等损害股东利益责任纠纷上诉案中③，兼采《法律适用法》第 14 条的登记地法和第 44 条的侵权行为地法，二者刚好重合位于我国大陆，最终确定适用我国法律作为准据法。

3. 登记地法+最密切联系

在李某旭与陈某鸿、朱某林、谢某股东损害公司债权人利益责任纠纷案④中，兼采登记地法和最密切联系原则，二者重合于我国，最终确定我国法律作为解决本案争议的准据法。

4. 登记地法+合同法律适用法

在同方光电（香港）有限公司、广州同艺照明有限公司股东出资纠纷案

---

① 浙江省高级人民法院（2018）浙民申 3077 号民事裁定书。
② 上海市崇明县人民法院（2019）沪 0151 民初 8590 号
③ 广东省中山市中级人民法院（2017）粤 20 民终 2730 号。
④ 广东省中山市第二人民法院（2012）中二法民三初字第 8 号民事判决书。

中①，二审法院却依据《法律适用法》第 14 条和第 41 条，重叠适用法人属人法和合同法冲突规范。

(三) 小结

从我国司法实践出发，我国确定法人属人法的方法形成了以两大主义方法为主，兼采多种方式的特点。而这主要是由于法人属人法的适用范围以及规范立场不明确所致，使得原本具有灵活性的优势却演变为不确定性结果，使得原本应采用公司属人法解决争议的案件，却适用了侵权或合同法律适用。

1. 公司属人法确定方法

关于法人属人法的确定方法，我国《法律适用法》第 14 条表明了我国立法上的规范立场，即以成立地法为原则，以真实本座地法为辅。然而，从我国司法实践选择来看，并不仅限于法人属人法的两大主义方法，在某些个案中还采用意思自治、侵权、最密切联系等各种方式。为保证公司事项适用法律的统一性和预见性，应统一适用法人属人法确定公司争议案件的准据法。

2. 两大主义之争

尽管我国法院在法人属人法问题上呈现出多元化，不仅方式多样，单独或结合适用，但仍以成立地主义和真实本座主义两大原则方式为主。

有学者认为，《涉外民事关系法律适用法》第 14 条的规定似乎借鉴了意大利立法经验。② 但是，相较于意大利国际私法中"必须适用真实本座地法"，我国法律适用法表述为"可以适用主营业地法律"，其中的"可以"使得本条规定整体规范立场不明，该规定是否构成在一定条件下对内部事务主义适用的限制和例外难以给出肯定式的判断。因此，有学者认为，在指引不明的情况下，将公司准据法的确定完全置于法官的主观判断之下，在国际私法中本身就存在适用法"回家化"的倾向下，司法实践可能无法达到对内部事务主义限制和例外

---

① 广东省广州市中级人民法院 (2019) 粤 01 民终 7364 号判决书。

② 杜涛：《涉外民事关系法律适用法释评》，中国法制出版社 2011 年版，第 148 页。

适用的目的，会依旧重蹈真实本座主义的覆辙。①当出现"法人的主营业地与登记地不一致的"情况下，都适用主营业地法律，最终倒向真实本座主义的阵营。② 然而，从法人属人法的案件检索结果来看，我国司法实践并不完全如此。

《法律适用法》第 14 条包括两款，第一款内容只涉及登记地法，第二款的内容强调登记地和主营业地不一致时，可以适用主营业地法。从表 1-1 来看，以中国裁判文书网为例，在以"《中华人民共和国涉外民事关系法律适用法》第十四条规定"为关键词的检索结果中，输入"登记地"有 421 篇，在结果中继续检索输入"主营业地"有 138 篇。排除"主营业地"的文书数量，在适用《法律适用法》第 14 条时，采用"登记地"作为法人属人的文书约为 283 篇。从检索结果来看，以主营业地确定法人属人法的文书要少于适用登记地法的文书。当然，以"登记地+主营业地"的检索结果文书中，可能存在只是完整援引《法律适用法》第 14 条，但并未适用主营业地的情形。那么，实际采用主营业地的文书会少于 138。在经过对 138 份文书进行仔细研读后发现，实际上最终适用主营业地法确定法人属人法的文书只有 27 份，有效案例只有 23 例，③ 其中还包括重叠适用登记地和主营业地的案例 7 例。另外，这 138 份文书中，适用香港法律的案件有 18 例（与前述适用主营业地的 23 个案例并非一一对应），适用英属维尔京群岛法、印度尼西亚法、俄罗斯法的案例各 1，剩下 117 份文书均适用我国法律，呈现出"回家化"的倾向，而我国法律为案件准据法也主要根据登记地法确定。

---

① 邢钢：《"一带一路"建设与公司准据法的确定》，载《中国法学》2017 年第 6 期，第 105~106 页。

② 邢钢：《公司准据法确定中的理论争议与中国立场》，载《争鸣》2019 年第 3 期，第 72 页；邢钢：《公司属人法的确定：真实本座主义的未来》，载《法学研究》2018 年第 1 期，第 204 页。

③ 此 138 份文书中均有"主营业地"，但实际上适用"主营业地法"的文书只有 27 份，其他均是适用"登记地法"。在该 27 份文书中，有几份文书实际是同一案件的不同审级，实际为同一案件，因此有效案例的数量少于对应法律文书。

表 1-1①

检索关键词及检索步骤	中国裁判文书网	北大法宝
(1)以"《中华人民共和国涉外民事关系法律适用法》第十四条规定"为法律文书全文关键词进行检索	435 篇文书	494 篇文书
(2)上述结果中输入"登记地"	421 篇文书	476 篇文书
(3)在(1)和(2)的检索结果中输入"主营业地"	138 篇文书	145 篇文书
(4)在(1)的结果下重新输入"主营业地"	140 篇文书	147 篇文书

由此来看，以"《中华人民共和国涉外民事关系法律适用法》第 14 条规定"为法律检索的 435 篇结果中，只有 23 件案例适用了主营业地，去除同时考量登记地和主营业地的 7 个案例，单独适用主营业地法的案例只有 16 例。我国司法实践在法人属人法问题上仍以"成立地"为主，倒向了成立地主义。

从北大法宝、中国裁判文书网等数据库的案例检索结果来看，因主营业地与登记地不一致，通过适用主营业地法确定法人属人法的案例较少，这与成立地主义的优势和真实本座主义的劣势不无联系。于我国法院而言，确定公司成立地简单、准确，而确定主营业地则需要结合案件事实，综合多方面要素全面考量，从而增加了法官的诉讼负担。同时，在有的案件中，又加重了当事人的举证责任，要求当事人证明在某地经营的事实②，或者提供证据材料证明公司主营业地与登记地不一致③，又或者证明并未将某地作为主营业地且对自己的

---

① 通过中国裁判文书网，以"《中华人民共和国涉外民事关系法律适用法》第 14 条规定"为法律依据检索，判决文书的起止时间为 2011 年 4 月 1 日至 2023 年 11 月 1 日为搜索条件，共计检索到 435 篇文书。在这一级检索结果中再输入不同的关键词，输入"登记地"，可检索到 421 篇文书，若改为"主营业地"，可检索到 140 篇文书；若在上一级检索结果 435 篇中，同时输入"登记地"和"主营业地"，可检索到 138 篇文书。以同样的检索条件和关键词，在北大法宝上检索出的结果分别是，494、476、147、145 篇文书。

② 北京市朝阳区人民法院 (2021) 京 0105 民初 88659 号民事判决书。

③ 林枝春与朱正等损害股东利益责任纠纷再审案，最高人民法院 (2013) 民申字第 1302 号。

主张承担举证不能的后果①。当事人需要承担证明主营业地的责任和不利后果，同时法官将面临更重的司法负担，这均成为主营业地法适用的障碍。因此放弃选择适用主营业地法的可能性在实践中大幅增加，致使我国在司法实践中仍以成立地法为主。

由于两大主义自身的优劣，无论司法实践倒向哪一方，均无法通过适用法人属人法实现较好规制效果。若完全导向真实本座主义，则无法营造自由竞争的环境，会限制资本的流通和运营。若让成立地主义发挥主导作用，导致真实本座主义的例外和限制作用无法发挥，则会助长虚假公司恶性竞争的现象频发，扰乱市场秩序，损害股东、债权人，甚至实际营业地国家的公共利益。在两大主义之间的选用最终会波及一国实体法律规范的构建，影响经营环境的宽严性质、公平正义。通过适用公司属人法，既要解决法人能力、组织机构等事项，更要营造建设健康的营商环境。实现公司法律规制和社会经济的平稳运行，则要处理好两大主义之间的关系，以成立地主义为主，切实发挥真实本座主义的纠偏作用。

我国《法律适用法》第 14 条第 1 款表明了成立地主义的基本规范立场，辅以适用第 2 款通过"主营业地"发挥真实本座主义的作用。但从我国司法实践来看，对主营业地的分析较少，难以恰当、准确的适用，无法保障发挥真实本座主义对成立地主义的修正作用。我国无论是在立法上还是司法实践中，均形成了以成立地主义为基本规范立场，但还需充分发挥真实本座主义的纠偏作用。因此，关于法人属人法的适用关键最终落脚到"主营业地"的确定。

三、真实本座主义的适用与我国主营业地的确定

《法律适用法》第 14 条第 2 款规定，法人的主营业地与登记地不一致的，可以适用主营业地法律。法人的经常居所地，为其主营业地。该条款通过适用主营业地法，以发挥真实本座主义对成立地主义的修正作用，但是，这一作用并未得到充分发挥。

---

① 江西省高级人民法院(2019)赣民辖终 100 号民事裁定书。

我国《法律适用法》第 14 条对"主营业地"的适用要求，表述的是"可以"，对"主营业地"的解释是"法人的经常居所地"。这一弹性适用要求和模糊解释致使真实本座主义的适用陷入不确定的状态。

首先，对于"可以"，最终是否适用由法官自由裁量，主观色彩的融入意味着适用的不确定性，前述已表明因为"可以"的表述，可能出现实践中倒向成立地主义或真实本座主义的情形，而我国司法实践似乎是导向了成立地主义，"主营业地"的适用因而落空。然而，即便将"可以"改为"必须"也未必就能实现真实本座主义发挥例外限制作用的实效，因为何时可以适用并不明确。"可以"适用的条件是"法人的主营业地与登记地不一致"，但该条件中的"主营业地"也是一个待解释的概念，"主营业地"的合理认定成为是否能发挥真实本座主义修正作用的关键。因此，首要是明确公司主营业地的确定。尽管我国在为数不多的个案中，论述了考量"主营业地"因素，但总体而言，我国司法实践对"主营业地"的认定缺乏统一而具体的解释，这与我国法律规定中关于"主营业地"的具体解释存在空白和缺位不无关系。

(一) 法人的经常居所地为其主营业地

国籍、住所是自然人属人法两大传统连结点，二者分庭抗礼几百年之争，国际社会为了促使自然人连结点适用统一，开始广泛适用惯常居所，也就是我国法律中的经常居所。囿于自然人和法人之间的属性、特征差异，有关自然人经常居所这一概念并不适用于法人。

《法律适用法》第 14 条将法人的"经常居所地"解释为"主营业地"。而在以往的法律规定中尚未有对法人经常居所地的限定，此种解释也未能起到明示的作用。法人经常居所地这样的称谓在国际范围内确实是鲜见的，徒增概念反而使解释陷入无限循环之中。①

《司法解释(一)》第 15 条(现为第 13 条)是关于自然人经常居所的解释，

---

① 邢钢：《公司属人法的确定：内部事务理论的规范路径》，载《湖南科技大学学报(社会科学版)》2019 年第 2 期，第 123 页。

其中包括具体确定要素。主要包括对自然人主客观方面的考量，从主观方面来说，法人是法律拟制的个体，但对法人不存在主观意图的考量。从客观方面来说，自然人是实在的个体，确立经常居所必须有身体物理的存在，而且是持续一段时间的习惯性、经常性居住状态，进而通过人的物理存在确定自然人的经常居所具有唯一性。但是法人的经常居所不具有唯一性，法人可以同时在多个国家或地区的经营场所从事经营活动，会同时与多个国家产生密切联系。随着科技发展、交通便利而不断智能化的先进商业环境中，公司的成立、经营、管理高度分散，公司去中心化趋势日益明显。经常居所地连结点不适合用于法人的根本原因在于，在一段时间内，法人、自然人与一个或多个地区生成法律联系，二者的法律适用应遵循不同的逻辑思路。①

通过经常居所可以实现自然人身份、能力等事项的法律唯一性。但是，法人经常居所难以实现唯一性，也就无法准确确定法人属人法。我国现行法律规定中，将法人主营业地认定为法人的经常居所地，反而使得法人主营业地的解释更加模糊，导致法人属人法适用不确定性提高。

(二) 考量法人主营业地的要素

我国确定法人"主营业地"缺乏统一的考量因素，难免出现法官对主营业地的随意自由裁量，导致"主营业地"认定不准确，进而难以通过"主营业地"实现修正、限制成立地主义的法律效果。《法律适用法》第 14 条第 2 款设立"主营业地"的实质意义是为了确定公司与某地之间存在真实联系，以发挥真实本座主义的修正作用。正如，美国《冲突法第二次重述》中运用最密切联系原则来补救适用成立地国法确定法人属人法的不合时宜。② 因而，

---

① 胡曙东：《属人法连接点之历史发展与我国立法模式之选择》，载《前沿》2012 年第 5 期，第 73 页。

② 美国《第二次冲突法重述》第 303 条规定："公司设立地州的法律决定公司的股东。但在非常情况下，就该特定问题，据第六条规定的原则，另一州与有关之人及公司有更重要的联系时除外。在此情况下，依该另一州的本地法。"其后的第 304、305、306、309 条关于股东参与管理和分红、表决委托、董事义务等内容均做出了类似的规定。

关键并不在于确定法人的主营业地、经常居所，如果能通过相关要素判断某地与法人的真实联系，进而确定法人的真实本座所在地，条款原有设置目的也能得以实现。

我国法人属人法对真实本座的确定可以从公司展开经营活动和对公司经营活动的管理出发，通过考量营业中心、管理中心确定公司主营业地。

1. 营业中心

真实本座主义的适用是需要对法人在一地的实际行为进行规制，而法人实际行为最主要的内容即是经营活动。确定法人的真实本座地和主营业地统一于考量法人的营业中心。

法人展开经营活动一般以盈利为目的，运用各种生产要素(土地、劳动力、资本、技术和企业家才能等)，向市场提供商品或服务，实行自主经营、独立核算，对自身自负盈亏负责，是法人债权债务的第一责任主体。公司展开主要营业活动，需要以生产要素为基础，通过公司合法合理运营，获取利润，并履行纳税义务，与营业相关的必要环节均是考量主营业地的主要要素。

(1)生产要素所在地。公司通过土地、劳动力、资本等生产要素在一国展开经营业务活动，所述主要生产要素与公司展开日常商业活动具有直接联系。另外，生产要素可通过数据、实地考量进行客观评估，具有稳定性、客观性的优点。

(2)收入来源地。公司通过对一系列生产要素的创新性排列组合，加上高效合理的运营，促使资本在运作过程中不断产生新的收益。公司在实际经营过程中获取收益是公司追逐的目的和期望的结果。公司为获取利益必然需要在该地有实际经营活动，因此公司与利益实现地、公司收入来源地必定具有真实密切联系。

(3)主要纳税地。公司在某地展开经营活动具有纳税义务，因而公司纳税地与公司实际经营之间具有密切联系。公司纳税地与净收入来源地往往同时发生在一个地方。英国《公司法》中规定，公司必须在其利润或收益产生地，董事会开会地，公司宣布、分配和支付股息的最终业务交易地征税(如果有的话)。根据该法令，一家公司的住所地必须与该法案实际宣布的住所地一致，不是在制造地或贸易地,而是在净收入最终归属地。

为了确定负担所得税的责任,公司的居所是在"公司进行真正的营业"的地方。① 公司在营业所在地通过合法经营享有获取利益的权利,同时也需履行纳税义务,使得税收成为确立公司主营业的重要要素。

(4)公司经营相关的主要信息集中地。除了上述信息之外,公司在展开主要经营活动时,通过与对方当事人的业务往来,存在合同以及各类函件,这些书面文件中记载的公司地址、付款账户、交货地与公司的经营活动具有密切联系。我国司法实践中对公司主营业地的认定就是将公司业务往来合同中的上述事项作为主要考量要素。

2. 管理中心

首先,管理地包括中央管理地和日常管理地。我们一般不对中央管理和日常管理进行区分,习惯于把这两个短语等同起来,但这两者实际上在管理水平和性质上是存在区别的。根据英国判例法,公司的居住地是由"中央管理和控制地"确定,而不是"有效管理地"确定的。② 有效管理也就是日常的、直接的管理。③ "中央管理和控制"是指最高级别决策性的管理,主要是有关公司全局、广泛的战略或政策性管理,区别于有关日常业务直接、具体的管理。中央管理控制地与日常管理地之间的区别在于确定公司住所时是否具有重要作用,前者在确定公司住所上具有唯一性。但是,有效管理直接关涉公司的日常业务,在适用真实本座主义时,有效管理地与公司主营业地联系更为密切。

(1)有效管理地与中央管理地的区别。中央管理是指高级管理层所在地(如董事会开会决定整体业务战略的地方),而不是指公司日常管理的地方(通常是实际开展业务的地方),当然不排除二者重合的情形。但二者不一致时,需要区分日常管理与高层管理,管理和控制权可以下放,但中央管理和控制权不能下放。一家公司有可能拥有多个有效营业地,但做出中央决策管理的只有

---

① [德]马丁·沃尔夫:《国际私法(下)》,李浩培、汤宗舜译,北京大学出版社2009年版,第328页。

② De Beers Consolidated Mines Ltd. v. Howe[1906]AC 455.

③ Cessna Sulpher Co. Ltd. v. Nicholson(1876)1 TC 88).

一地。如，在新西兰航运公司案例（New Zealand Shipping Company case）①中，该公司在伦敦和澳大利亚均有公司事务开展，有股东登记册，在两地都举行了股东大会。伦敦公司董事会对财务和行政事务行使专属控制权，公司在新西兰也有独立的董事会，管理公司在澳大利亚的事务，独立谈判重大交易，但受伦敦董事会的制约。该公司的会计账簿保存在伦敦办事处，并由伦敦办事处编制账目、宣布股息。在本案中，该公司被认定为英国公司，位于新西兰的管理层不构成单独的管理业务，而是受控于伦敦董事会。

在该案中，尽管公司在几地均有董事会、股东大会，但因为中央管理地的唯一性，在澳大利亚的事务仍应受英国管理机构控制，用以确定公司的住所也在伦敦。但该公司在澳大利亚的业务仍应受澳大利亚法律约束，否则容易出现公司仅受成立法约束，而逃避真实业务地法律规制。因此，当中央管理地和有效管理地不一致时，应当以有效管理地为主。事实上，不可能将一个国家作为中央管理与控制地，因为最高权是可分离的，或者至少从理论上说是可以变动的。② 中央管理权无法实现管理空间的唯一性，其分离后，对当地公司事宜进行管理，此时更类似于有效日常管理，与公司实际经营有着更为密切的联系。德国、法国将公司的真实本座所在地认定为中央管理地，进一步解释为公司的管理决策被实施到日常业务活动中并有效管理的地方。③

另外，有关中央管理和控制地确定有多重要素，包括但不限于主要合同谈判地点、公司账目编制和审计地点以及公司总部所在地、公司金融等重大策略做出地等。采用这种灵活性、拓展性方式的优点在于，其中某些因素过于僵硬，与现实状况不符，不同案件中应有不同的考量。此外，由于某些因素明显比其他因素更重要，因此纳入各种因素可能反而不利于最终结果的确定，例如，总部所在地比公司账户所在地是更为重要的管理因素，对这两者进行均等

---

①　（1922）8 TC 208（HL）

②　［英］J. H. C. 莫里斯主编：《戴西和莫里斯论冲突法（上）》，李双元、胡振杰、杨国华等译，中国大百科全书出版社1998年版，第1084页。

③　Paschalis Paschalidis, Freedom of Establishment and Private International Law for Corporations, Oxford, Oxford University Press, 2012, pp. 8-10.

考量就是不恰当的。

（2）有效管理地的确定。有效管理地是有关公司日常业务直接的管理。日常管理相对简单易确定，管理公司日常业务运营的事项均属于日常管理。但具有多个日常管理地点时也要求达到一定规模程度才能被认定为有效管理地。

铁路公司作为诉讼当事人时如何确定其主营业地点？许多案件的判决都是由铁路公司作为被告的。一条铁路在其线路上的不同位置设置有路基和车站，那么每一个车站所在地都是铁路公司的主营业地吗？事实并非这样，铁路公司的主营业地并非在整条铁路上，只有铁路公司在沿线经常召开董事会、处理主要事务之地才是其主营业地。

Brown v. L. & N. W. R. Co. 案①具有充分的代表性。该公司的总部设在 Euston Square，该地有公司的公章，董事和股东也在此地开会。该公司在 Chester 设有一个车站，该线路的整个管理工作由一名地区主管负责，该主管由 Euston Square 奥斯顿广场的董事们全面管理。

该公司在 Chester 县法院涉诉。"被告也即该铁路公司在哪里开展业务？"有人主张 Chester 车站只是次要车站之一，难以认定该公司是在此开展业务，在 Ahrens v. McGilligat 案②中，也有类似的意见，在该案中，普通上诉法院做出了类似裁决，即铁路公司不在其总部以外的任何其他地方"生活和经营业务"，但实际上，Brown v. L. & N. W. R. Co. 案稍有不同，Chester 车站的规模足以认定此地是主要开展业务之地。

最终，虽然认定该铁路公司的中央管理地是在 Euston Square，但是在 Chester 设有较大车站，也在此开展日常业务。虽然，Chester 车站只是一个处理次级事务的公司所在地，但最终可以认定该公司的主营业地在 Chester，因为在此地已形成公司的有效管理地。

公司的有效管理地是公司日常实际业务展开地，因而同样可用于确定公司的主营业地。除此之外，需要注意的是，股东做出决策地、代理人所在地均与

---

① 4 B. & S. 326.

② （1873）23 Upp Can C. P. 171.

实际业务活动具有密切联系，但并非管理地。理由如下：

第一，股东决策地并非管理地。

依据公司法的一般规定，公司的管理权通常授予董事会。但是，如果董事会将这些权力委托给了一个小组委员会、执行董事或常务董事，那么这些机构或个人实际上就是在管理公司。因此，决定谁管理一家公司总是涉及事实调查。虽然股东通过投票可以说拥有公司的最终控制权，但人们普遍认为，他们并不管理公司，除非他们经常了解并积极参与公司的决策过程和业务。而且即便可以认为股东管理公司，但也不可将股东所在地管理地或决策地等同于公司的管理地，理由如下：

(1)股东经常居所容易发生变化。公司的主要决策由股东大会、董事会决策而定，实际上相应重大决策是由在公司占有重要份额，拥有决策权的成员所做出的，而自然人的住所是较容易变更的，如法人的住所、国籍遵循其多数股东或其大部分资本持有人的国籍或住所，因为多数股东的国籍、住所可能会迅速变化，公司的国籍、住所也可能会波动，例如，如果一家股份制公司的股票在多个国家上市，那么在任何时间，该公司的实际国籍都是不确定。这样的结果将导致极大的混乱，甚至使公司无法生存。

(2)难以同时对多人的经常居所进行确定。虽然在前述内容中已经探讨过自然人经常居所的确定，但是享有公司决策权的不只是一个成员，通过对多数股东或其大部分资本持有人的经常居所的确定，难以统一多人经常居所，且多数情况下不同自然人的经常居所可能位于不同地点，这同样会导致极大不确定性。

第二，代理机构、代理人所在地并非管理地。

公司分支机构不具有独立法人资格，但公司代理机构区别于公司分支机构，代理机构是其他独立的主体，具有法人资格。然而，公司在外国雇佣代理机构或代理人，并与之签订合同的行为与公司在外国有实际的经营业务的行为是存在差别的。公司代理人、代理机构的行为受公司管理和约束，虽有公司范围内的经营业务，但并非公司的主要业务开展地，且大多数情况下，代理机构还有属于自己原本的经营业务。

比如，在 Minor v. L. C N. W. R. Co. ① 案中，原告起诉被告铁路公司时，认为被告的代理机构皮卡德公司所在地即为被告经营所在地。事实上，皮卡德公司（Pickard & Co.）只是作为被告铁路公司的代理机构开展承运业务，但也只是几条运输线的代理，负责接收铁路公司列车货物运送的业务。皮卡德公司尽管作为这样的代理机构，但实际上他们主要还是经营自己的业务和生意。被告铁路公司因在皮卡德公司开展业务的地方被起诉。然而，法院最终认为，皮卡德公司虽作为被告的代理机构经营铁路运输业务，但这已属于两个独立的主体，因此，皮卡德公司经营铁路业务所在地不应认为是被告铁路公司的主营业地。另在 Corbett v. Gen. Steam Nay. Co. C② 案中，也有类似的法律效果。本案中，一家在伦敦经营业务的公司，在一个乡村城镇雇佣了一名总代理，该总代理在当地开展业务，总代理所租住的办公地点由伦敦公司支付，该总代理所在地依然不能认为是伦敦公司的主营业地。同样在 Ex Parte Charles③ 案中，曼彻斯特的一家制造商企业不可因为 Charles & Co. 公司作为其代理公司在伦敦展开业务，即认为其是伦敦公司，因为 Charles & Co. 公司只是从事代理业务，主要负责招揽订单，且代理公司其本身的业务主要在谢菲尔德展开。

四、结论

以成立地主义为主符合现代法人属人法的发展趋势，也与我国建设更高水平的开放型经济体制目标相吻合。我国立法历史沿革体现了以成立地主义为主，真实本座主义为辅的发展主线，现行《法律适用法》中有关属人法的规定同样沿袭了这一规范立场。然而，就我国法人属人法司法选择来看，偏离了立法本意，兼采法律选择的多种方式。

首先，我国司法实务中并未严格依照《法律适用法》第 14 条确定法人属人

---

① "The Residence of a Corporation", *Canadian Law Times*, vol. 4, no. 9, July 1884, p. 316.

② Corbett v. The General Steam Navigation Company, (1859)4H. &N. 482.

③ "The Residence of a Corporation", *Canadian Law Times*, vol. 4, no. 9, July 1884, p. 316.

法，而是兼采意思自治、合同、侵权、最密切联系等多种法律适用方法。更有甚者，在有的以法人为主体的案件中，直接摒弃适用法人属人法，单独采用其他法律适用方法，这是由于法人属人法规范立场不坚定、不明确导致的。

其次，在两大主义之争上，我国司法实践倾向于以成立地主义为主、真实本座主义为辅，与法人属人法立法一致。但是，"主营业地"缺乏统一考量要素，在法人经常居所并不明确的情况下，《法律适用法》第14条将主营业地解释为经常居所反而加大不确定性，从而难以通过"主营业地法"较好实现真实本座主义的法律效果，对成立地主义的修正作用有限。两大主义中，真实本座主义修正成立地主义的确定性，成立地主义修正真实本座主义的灵活性，形成相互掣肘之势，达到平衡的状态。

最后，为在我国司法实践中更好发挥真实本座主义的限制和修正作用，需要明确"主营业地"的确定，关于公司"主营业地"的考量可以主要从公司经营地和管理决策地出发。确定公司的主营业地，经营中心是直接相关要素，与公司经营中心密切相关的主要要素包括生产要素所在地、收入来源地、主要纳税地、公司经营相关的主要信息集中地，其中任一要素都集中体现了营业中心，因而可作为确定营业中心的方式。另外可用于确定"主营业地"的管理地主要是指公司的有效管理地，即公司日常经营业务管理地，区别于公司中央决策管理地。因为有效管理基于公司的实际经营业务，因此，有效管理地也可用于确定"主营业地"。

参 考 文 献

一、中文著作类

[1] 陈卫佐：《比较国际私法：涉外民事关系法律适用法的立法、规则和原理的比较研究》，法律出版社 2012 年版。

[2] 陈卫佐：《瑞士国际私法法典研究》，法律出版社 1998 年版。

[3] 《戴西和莫里斯论冲突法》（上），李双元等译，中国大百科全书出版社 1998 年版。

[4] 杜涛：《国际私法的现代化进程》，上海人民出版社 2007 年版。

[5] 杜涛：《涉外民事关系法律适用法释评》，中国法制出版社 2011 年版。

[6] 杜涛：《国际私法原理》，复旦大学出版社 2018 年版。

[7] 凡启兵：《〈罗马条例Ⅰ〉研究》，中国法制出版社 2014 年版。

[8] 葛伟军：《英国 2006 年公司法》，法律出版社 2008 年版。

[9] 葛军伟：《英国公司法要义》，法律出版社 2014 年版。

[10] 郭玉军，向在胜：《国际私法》，中国人民大学出版社 2023 年版。

[11] 韩德培：《国际私法新论(上)》，武汉大学出版社 2009 年版。

[12] 韩德培主编、朱克鹏等编：《国际私法》，高等教育出版社 2000 年版。

[13] 洪莉萍，宗绪志：《国际私法理论与实践探究》，中国法制出版社 2011 年版。

[14] 黄进、何其生、萧凯主编：《国际私法：案例与资料（上）》，法律出版社 2004 年版。

[15] 胡天野：《公司法任意性与强行性规范研究》，法律出版社 2012 年版。

［16］［比］海尔特·范·卡尔斯特：《欧洲国际私法》，许凯译，法律出版社 2016 年版。

［17］蒋先福：《契约文明：法治文明的源与流》，上海人民出版社 1999 年版。

［18］李双元、胡振杰、杨国华等：《戴西和莫里斯论冲突法（上）》，中国大百科全书出版社 1998 年版。

［19］李双元、蒋新苗主编：《现代国籍法》，武汉大学出版社 2016 年版。

［20］刘仁山：《加拿大国际私法研究》，法律出版社 2001 年版。

［21］刘仁山主编：《国际私法》，中国法制出版社 2012 年版。

［22］刘想树：《国际私法基本问题研究》，法律出版社 2001 年版。

［23］罗剑雯：《欧盟民商事管辖权比较研究》，法律出版社 2003 年版。

［24］李金泽：《公司法律冲突研究》，法律出版社 2001 年版。

［25］李双元、欧永福：《国际私法（第六版）》，北京大学出版社 2022 年版。

［26］马丁·沃尔夫著，李浩培，汤宗舜译，《国际私法》，北京大学出版社 2009 年版。

［27］裴普主编：《涉外民事关系法律适用实务》，厦门大学出版社 2017 年版。

［28］［德］斯蒂芬·格伦德曼：《欧盟公司法》，周万里主译，法律出版社 2018 年版。

［29］涂广建：《澳门国际私法》，社会科学文献出版社 2013 年版。

［30］万鄂湘：《〈中华人民共和国涉外民事关系法律适用法〉条文解读与适用》，中国法制出版社 2011 年版。

［31］邢钢：《国际私法视野下的外国公司法律规制》，知识产权出版社 2009 年版。

［32］肖海军：《营业准入制度研究》，法律出版社 2008 年版。

［33］邹国勇译：《外国国际私法立法精选》，中国政法大学出版社 2011 年版。

［34］邹国勇译：《外国国际私法立法选译》，武汉大学出版社 2017 年版。

［35］邹海林、陈洁主编：《公司资本制度的现代化》，社会科学文献出版社 2014 年版。

［36］赵磊：《公司法中的外国公司法律问题研究》，法律出版社 2017 年版。

[37] 张庆元：《国际私法中的国籍问题研究》，法律出版社 2010 年版。

[38] 张学哲：《欧洲公司法理论与实务》，中国政法大学出版社 2013 年版。

二、中文期刊类

[1] 陈卫佐：《涉外民事关系法律适用法的中国特色》，载《法律适用》2011 年第 11 期。

[2] 陈小云、屈广清：《英国属人法问题研究：从坚持传统到温和改革》，载《河北法学》2006 年第 4 期。

[3] 陈杰：《关于确立"假外国公司"法律制度的思考》，载《广东社会科学》2007 年第 4 期。

[4] 蔡毅：《论审理涉外股权纠纷案件之法律适用》，载《法律适用》2006 年第 7 期。

[5] 单海玲：《论涉外民事关系中住所及惯常居所的法律适用》，载《比较法研究》2006 年第 2 期。

[6] 董海洲：《从"身份"到"场所"——属人法连结点的历史与发展》，载《法学家》2010 年第 1 期。

[7] 杜焕芳：《自然人属人法与经常居所的中国式选择、判准和适用——兼评〈涉外民事关系法律适用法司法解释(一)〉第 15 条》，载《法学家》2015 年第 3 期。

[8] 杜焕芳：《论惯常居所地法及其在中国的适用》，载《政法论丛》2007 年第 5 期。

[9] 杜新丽：《从住所、国籍到经常居所地——我国属人法立法变革研究》，载《政法论丛》2011 年第 3 期。

[10] 高晓力：《关于适用中华人民共和国涉外民事关系法律适用法若干问题的解释(一)的理解与适用》，载《人民司法》2013 年第 3 期。

[11] 郭玉军：《中国国际私法的立法反思及其完善——以〈涉外民事关系法律适用法〉为中心》，载《清华法学》2011 年第 5 期。

[12] 郭燕明：《我国涉外法人法律适用的司法分歧与解决思路——〈法律适用

法〉第 14 条实施的实证研究》，载《国际法研究》2017 年第 2 期。

[13] 葛伟军：《英国公司法改革及其对我国的启示》，载《财经法学》2022 年第
2 期。

[14] 何其生：《我国属人法重构视阈下的经常居所问题研究》，载《法商研究》
2013 年第 3 期。

[15] 贺连博：《两大法系属人法分歧及我国属人法立法完善》，载《烟台大学
学报(哲学社会科学版)》，2008 年第 2 期。

[16] 洪莉萍：《中国〈涉外民事关系法律适用法〉评析》，载《中国政法大学学
报》2012 年第 5 期。

[17] 胡曙东：《属人法连接点之历史发展与我国立法模式之选择》，载《前沿》
2012 年第 5 期。

[18] 黄栋梁：《美国联邦法院关于惯常居所的确定》，载《求索》2012 年第 5
期。

[19] 黄栋梁：《我国 2010 年〈涉外民事关系法律适用法〉中的属人法问题》，
载《时代法学》2011 年第 4 期。

[20] 黄辉：《略论公司法一体化：中国视角及启示》，载《比较法研究》2013 年
第 5 期。

[21] 黄进：《中国涉外民事关系法律适用法的制定与完善》，载《政法论坛》
2011 年第 3 期。

[22] 黄志慧：《国际私法上儿童经常居所的确定》，载《石河子大学学报(哲学
社会科学版)》2018 年第 1 期。

[23] 林承铎：《外国公司法人认许与外国公司法人人格的区分理论》，载《河
北科技大学学报》2007 年第 7 期。

[24] 刘仁山：《现时利益重心地是惯常居所地法原则的价值导向》，载《法学
研究》2013 年第 3 期。

[25] 刘仁山，黄志慧：《国际民商事合同中的默示选法问题研究》，载《现代
法学》2014 年第 5 期。

[26] 李晶：《公司法律适用规则初探》，载《武大国际法评论》2006 年第 1 期。

［27］李清池：《美国的公司法研究：传统、革命与展望》，载《中外法学》2008
　　　年第 2 期。

［28］李双元：《关于我国〈涉外民事关系法律适用法〉的几个问题》，载《时代
　　　法学》2012 年 6 月第 3 期。

［29］李旺：《国际私法中国籍和住所的确定——兼论〈涉外民事关系的法律适用
　　　法（草案）〉第 6 条和第 18 条的相互关系》，载《法学杂志》2010 年第 3 期。

［30］刘益灯：《惯常居所：属人法趋同化的必然选择》，载《中南工业大学学
　　　报》（社会科学版）2002 年第 3 期。

［31］宋航：《属人法的发展趋向及其在中国的适用》，载《安徽大学学报》（哲
　　　学社会科学版）1997 年第 1 期。

［32］宋晓：《属人法的主义之争与中国道路》，载《法学研究》2013 年第 3 期。

［33］田曼莉、李腾：《"经常居所地"规定之思考》，载《公民与法》2012 年第 4
　　　期。

［34］汪金兰：《关于涉外婚姻家庭关系的法律适用立法探讨——兼评〈涉外民
　　　事关系法律适用（草案）〉的相关规定》，载《现代法学》2011 年第 4 期。

［35］王霖华：《论自然人属人法及其历史发展趋势》，载《广州大学学报》2002
　　　年第 4 期。

［36］王胜明：《〈涉外民事关系法律适用法〉的指导思想》，载《政法论坛》2012
　　　年第 1 期。

［37］邢钢：《公司属人法的确定：内部事务理论的规范路径》，载《湖南科技
　　　大学学报（社会科学版）》2019 年第 2 期。

［38］邢钢：《公司属人法的确定：真实本座主义的未来》，载《法学研究》2018
　　　年第 1 期。

［39］赵万一、赵吟：《中国自治型公司法的理论证成及制度实现》，载《中国
　　　社会科学》2015 年第 12 期。

［40］邢钢：《"一带一路"建设与公司准据法的确定》，载《中国法学》2017 年
　　　第 6 期。

［41］邢钢：《公司准据法确定中的理论争议与中国立场》，载《争鸣》2019 年第

3 期。

[42] 邢钢：《公司准据法适用范围限定的实证考察与改进路径》，载《江西社会科学》2019 年第 1 期。

[43] 萧凯：《论公司属人法的确定》，载《中国国际私法与比较法年刊》2003年。

[44] 许庆坤：《重回冲突法确定性？——美国〈冲突法重述（第三版）〉草案初探》，载《国际法研究》2022 年第 1 期。

[45] 许庆坤：《我国冲突法中法律规避制度：流变、适用及趋势》，载《华东政法大学学报》2014 年第 4 期。

[46] 薛童：《论作为自然人生活中心的经常居所地》，载《国际法研究》2015 年第 6 期。

[47] 肖永平：《国际私法中的属人法及其发展趋势》，载《法学杂志》1994 年第3 期。

[48] 向在胜：《日本国际私法现代化的最新进展——从〈法例〉到〈法律适用通则法〉》，载《时代法学》2009 年第 1 期。

[49] 向在胜：《中国涉外民事专属管辖权的法理检视与规则重构》，载《法商研究》2023 年第 1 期。

[50] 于飞：《论我国国际私法中的经常居所》，载《河北法学》2013 年第 12 期。

[51] 袁发强：《属人法的新发展：当事人所在地法》，载《法律科学（西北政法大学学报）》2008 年第 1 期。

[52] 于喜富：《法人属人法的确定及其适用范围——〈涉外民事关系法律适用法〉第 14 条的理解与适用》，载《山东审判》2011 年第 4 期。

[53] 郑尚元：《劳动派遣之立法因应——劳动派遣之社会价值与负效应》，载《南京大学法律评论》2005 年秋季号。

[54] 张悦仙：《住所与国籍的冲突与调和》，载《河北法学》2006 年第 9 期。

三、英文著作类

[1] Andreas Cahn & David C. Donald, *Comparative Company Law: Text and Cases*

on the Laws Governing Corporations in Germany, the UK and the USA, Cambridge University Press, 2010.

[2] C. M. V. CLARKSON and JONATHAN HILL, *The Conflict of Laws*, OXFORD University Press, 2006, Third edition.

[3] David McCLEAN and Kisch Beevers, *The Conflict of Laws*, Sweet&Maxwell LTD, 2005.

[4] David Hill, *Private International Law*, Edinburgh University Press Ltd, 2014.

[5] E. B. Crawford and J. M. Carruthers, *International Private Law in Scotland*, W. Green&Son Ltd, 2006.

[6] Eva Micheler, *Company Law: A Real Entity Theory*, Oxford University Press, 2022.

[7] Gang Xing, *Legal Regulation of Foreign Companies in the View of Private International Law*, Intellectual Property Press, 2009.

[8] Geert Van Calster, *European Private International Law*, Oxford, Hart Publishing, 2021.

[9] Henry C. Black, *Black's Law Dictionary*, West Publishing, 2009.

[10] Harry G. Henn, *Handbook of the Law of Corporations and Other Business Enterprises*, West Publishing Company, 1961.

[11] Maebh Harding, *Conflict of Laws*, Routledge, 2014.

[12] Michel Menjucq, *Towards the end of the real seat theory in Europe?*, *Perspectives in Company Law and Financial Regulation*, Cambridge University Press, 2009.

[13] Peter Hay, *Conflict of Laws*, West Publishing Co, 2005.

[14] Paschalis Paschalidis, *Freedom of Establishment and Private International Law for Corporations*, Oxford University Press, 2012.

[15] Trevor C. Hartley, *International Commercial Litigation*, Cambridge University Press, 2009.

[16] James Fawcett & Janeen M. Carruthers, Cheshire, North & Fawcett, *Private*

International Law, Oxford University Press, 2017.

四、英文期刊类

[1] Anjali Lyer, "Domicile and habitual residence", *Singapore Law Review*, 6, 1985.

[2] Christopher Forsyth, "The domicile of the Illegal Resident", *The European Journal of Private International Law*, 1(2), 2005.

[3] Clifford Hall, "Cruse v. Chittum: Habitual Residence Judicially Explored", *International Comparative Law Quarterly*, 24(1), 1975.

[4] Christopher H. Hall, "Establishment of Person's Domicile", *39Am. Jur. Proof of Facts 2d 587*, 1984.

[5] David F. Cavers, "habitual residence: A Useful Concept?", *American University Law Review*, 21, 1972.

[6] Divad Hill, "The Continuing Refinement of Habitual Residence: R, Petitioner", *The Edinburgh Law Review*, 20(1), 2016.

[7] Deborah Demoit, "Perspectives on Choice of Law for Corporate Internal Affairs", *Law and Contemporary Problems*, 48, 1985.

[8] Ebke, Werner F, "The Real Seat Doctrine in the Conflict of Corporate Laws", *International Lawyer(ABA)*, 36, 2002.

[9] Gang Xing, "The Construction of 'One Belt, One Road' and the Determination of the Governing Law of the Company", *China Legal Science* 6, 2017.

[10] Gerner-Beuerle, Carsten, et al. "Making the Case for a Rome v. Regulation on the Law Applicable to Companies", *Yearbook of European Law*, 39, 2020.

[11] Gang Xing, "Determination of the Company's Personal Law: The Future of Real Seat Theory", *Chinese Journal of Law*, 1, 2018.

[12] Gordon, Jeffrey N, "The Mandatory Structure of Corporate Law", (1989)7 *Columbia Law Review*.

[13] Harold W. Stock, "Economic Influences upon the Corporation Law of New Jersey", *Journal of Political Economy*, 38, 1930.

[14] Jonathan R. Macey & Geoffrey P. Miller, "Toward an Interest-Group Theory of Delaware Corporate Law", *Texas Law Review*, 65, 1987.

[15] Jens C. Dammann, "The Future of Codetermination After Centros: Will German CorporateLaw Move Closer to the U. S. Model?", *Fordham Journal of Corporate & Financial Law*, 8, 2003.

[16] James A. McLaughlin, "Conflict of Laws: The Choice of Law Lex Loci Doctrine, the Beguiling Appeal of a Dead Tradition, Part One", *West Virginia Law Review*, 93, 1991.

[17] Jan Wouters, "Private International Law and Companies' Freedom of Establishment", *European Business Organization Law Review*, 2, 2001.

[18] Justin Borg Barthet, "A New Approach to the Governing Law of Companies in the EU: A Legislative Proposal", *Journal of Private International Law*, 6, 2010.

[19] Joel Seligman, "A Brief History of Delaware's General Corporation Law of 1899", *Delaware Journal of Corporate Law*, 1, 1976.

[20] Lawrence M. Friedman, "Freedom of Contract and Occupational Licensing 1890—1910: A Legal and Social Study", *California Law Review*, 53, 1965.

[21] Leon Trakman, "Domicile of choice in English law: an Achilles heel?", *The European Journal of Private International Law*, 11(2), 2015.

[22] Lucian A. Bebchuk, "Federalism and the Corporation: The Desirable Limits on State Competition in Corporate Law", *Harvard Law Review*, 105, 1992.

[23] L. I. De Winter, "Nationality or Domicile? The Present State of Affairs", *Recueil des Cours de l'Académie de droit international de La Haye*, 128, 1969.

[24] Lestrade, Edward, "Company Law Shopping and the Regulation of Companies in the European Union", *Social Science Electronic Publishing*, 36, 2009.

[25] Melvin A. Eisenberg, "The Structure of Corporation Law", *Columbia Law Review*, 89, 1989.

[26] McClean, JD, "The Meaning of Residence", *International and Comparative Law Quarterly*. 4, 1962.

[27] Matthew G. Dore, "Deja Vu All Over Again? The Internal Affairs Rule and Entity Law Convergence Patterns in Europe and the United States", *Brook. J. Corp. Fin. & Com. L.* 8, 2014.

[28] Maj. Wendy P. Daknis, "Home Sweet Home: A Practical Approach to Domicile", Military Law Review, 177, 2003.

[29] Nicole Rothe, "Freedom of Establishment of Legal Persons within the European Union: An Analysis of the European Court of Justice Decision in the Uberseering Case", *American University Law Review*, 53, 2004.

[30] O. A. Borum, "Scaninavian Views on the Notion of Recognition of Foreign Companies", *Netherlands International Law Review*, 9, 1962.

[31] Pippa Rogerson, "Habitual Residence: The New Domicile?", *The International and Comparative Law Quarterly*, 49(1), 2000.

[32] Ruth Lamont, "Habitual Residence and Brussels IIbis: Developing ConceptsFor European Private International Family Law", *The European Journal of Private International Law*, 3(2), 2007.

[33] Robert, R, Drury, "The Regulation and Recognition of Foreign Corporations: Responses to the 'Delaware Syndrome'", *Cambridge Law Journal*, 57, 1998.

[34] Schall, Alexander, "The UK Limited Company Abroad—How Foreign Creditors are Protected after InspireArt (Including a Comparison of UK and German Creditor Protection Rules)", *European Business Law Review*, 6, 2005.

[35] Stephan Rammeloo, "Cross-Border Mobility of Corporations and the European Union: Two Future Landmark Cases", *Maastricht Journal of European and*

Comparative Law, 8, 2001.

[36] Stephen Hardy, "Jobseeker's Allowance and the 'habitual residence' legacy", *The European Journal of Private International Law*, 01, 2008.

[37] Stone Peter, "The Concept of Habitual Residence in Private International Law", *Anglo-American Law Review*, 29(3), 2000.

[38] Tung, Frederick, "Before Competition: Origins of the Internal Affairs Doctrine", *Journal of Corporation Law*, 32, 2006.

[39] Vliet, Lars Van, "The Netherlands-New Developments in Dutch Company Law: The 'Flexible' Close Corporation", *Journal of Civil Law Studies*, 7, 2014.

[40] W. F. Hamilton, "Recognition of Foreign Companies", *Journal of the Society of Comparative Legislation*, 8, 1907.

[41] Willis Reese and Edmund Kaufman, "The Law Governing Corporate Affairs: Choice of Law and the Impact of Full Faith and Credit", *Columbia Law Review*, 58, 1958.